Erfolgreich Reden halten für Dummies - Schummelseite

Reden vorbereiten

1. Halten Sie keine Rede, die Sie nicht halten möchten.

2. Ordnen Sie Ihre Informationen so, dass Ihre Zuhörer Ihnen leicht folgen können.

3. Verwenden Sie abwechslungsreiches Material – Beispiele, Geschichten, Statistiken, Zitate –, um Ihre Zuhörer bei der Stange zu halten.

4. Machen Sie Ihren Zuhörern in Ihrer Einleitung klar, was sie erwartet.

5. Bereiten Sie einen besonderen Schluss vor, mit dem Sie Ihre Rede jederzeit beenden können, wenn Ihre Zeit abgelaufen ist. Verzichten Sie nie auf einen Schluss.

6. Überlegen Sie vorher, welche Fragen man Ihnen stellen könnte, und bereiten Sie Antworten vor.

7. Üben Sie Ihre Rede mit lauter Stimme.

An der Darbietung feilen

1. Suchen Sie den Blickkontakt zu Ihrem Publikum.

2. Variieren Sie Ihre Sprechgeschwindigkeit und die Höhe, die Lautstärke und den Tonfall Ihrer Stimme.

3. Gestikulieren Sie mit den Händen, anstatt sie vor dem Körper zu verschränken.

4. Blicken Sie häufiger ins Publikum als auf Ihre Notizen.

5. Gehen Sie nicht hektisch hin und her, klimpern Sie nicht mit Kleingeld in Ihren Taschen und spielen Sie nicht mit Ihren Haaren.

6. Bleiben Sie ruhig hinter dem Rednerpult stehen, wenn Sie sich dabei wohler fühlen.

7. Zeigen Sie Begeisterung für Ihr Thema – das steckt an.

Den Raum vorbereiten

1. Suchen Sie den Vortragsraum frühzeitig auf, damit Sie gegebenenfalls noch Änderungen vornehmen können.

2. Schließen Sie die Vorhänge, damit das Publikum nicht aus dem Fenster sehen kann.

3. Bestimmen Sie die Anordnung der Stühle. Achten Sie darauf, dass Stühle und Tische so stehen, wie Sie es wollen. Lassen Sie überflüssige Stühle wegräumen.

4. Testen Sie das Mikrofon und die Lautsprecheranlage von der Position, von der Sie reden werden.

5. Sorgen Sie dafür, dass es in dem Raum weder zu warm noch zu kalt ist.

6. Finden Sie heraus, wo der Raum liegt und wie lange Sie brauchen, um dorthin zu gelangen.

W0173782

Erfolgreich Reden halten für Dummies - Schummelseite

Visuelle Hilfsmittel einsetzen

1. Achten Sie darauf, dass Ihre PowerPoint-Präsentationen und Overheadfolien gut lesbar sind. Wichtig: wenige Wörter pro Zeile, wenige Farben und ein ruhiges und großformatiges Layout.

2. Prüfen Sie Ihre Texte auf Rechtschreibfehler.

3. Nutzen Sie die Vorlagen Ihrer Software für die Erstellung visueller Hilfsmittel.

4. Planen Sie für die Gestaltung und Erstellung von Dias und Folien genügend Zeit ein.

5. Nummerieren Sie alle Dias und Overheadfolien.

6. Prüfen Sie die Funktionsfähigkeit des Dia- oder Tageslichtprojektors ruhig mehrmals.

7. Bringen Sie ein Verlängerungskabel und gängige Adapter mit.

Lampenfieber überwinden

1. Kein Alkohol, keine Pillen – das funktioniert nicht. Wenn die Wirkung nachlässt, bevor Sie Ihre Rede halten, werden Sie nur noch nervöser. Lässt die Wirkung nicht nach, kriegen Sie nichts auf die Reihe.

2. Kanalisieren Sie Ihre nervöse Anspannung in Ihren Vortrag.

3. Pusten Sie Ihre nervöse Anspannung mit ein paar tiefen Atemzügen aus dem Körper.

4. Planen Sie ein, kurz vor Ihrem Auftritt noch einmal zur Toilette zu gehen.

5. Denken Sie daran, dass Ihr Publikum möchte, dass Sie erfolgreich sind.

Nützliche Webseiten

Thema	Website
Hilfreiche Links für Redner:	www.vrds.de
Beginnen Sie Ihre Recherche hier:	www.internetbibliothek.de
Versuchen Sie es mit einem Webring, wenn Sie von der herkömmlichen Suche im Internet die Nase voll haben:	www.webring.de
Scherze, die Sie in Ihre Rede einbauen können:	www.wolles-website.de
Das Informationsangebot der Regierung:	www.bund.de
Visuelle Hilfsmittel:	images.google.de
Laden Sie den Real Player herunter, um sich Reden im Real-Media-Format auf dem Computer anhören zu können:	www.real.com

Erfolgreich Reden halten
für Dummies

200 Jahre Wiley – Wissen für Generationen

Jede Generation hat besondere Bedürfnisse und Ziele. Als Charles Wiley 1807 eine kleine Druckerei in Manhattan gründete, hatte seine Generation Aufbruchsmöglichkeiten wie keine zuvor. Wiley half, die neue amerikanische Literatur zu etablieren. Etwa ein halbes Jahrhundert später, während der »zweiten industriellen Revolution« in den Vereinigten Staaten, konzentrierte sich die nächste Generation auf den Aufbau dieser industriellen Zukunft. Wiley bot die notwendigen Fachinformationen für Techniker, Ingenieure und Wissenschaftler. Das ganze 20. Jahrhundert wurde durch die Internationalisierung vieler Beziehungen geprägt – auch Wiley verstärkte seine verlegerischen Aktivitäten und schuf ein internationales Netzwerk, um den Austausch von Ideen, Informationen und Wissen rund um den Globus zu unterstützen.

Wiley begleitete während der vergangenen 200 Jahre jede Generation auf ihrer Reise und fördert heute den weltweit vernetzten Informationsfluss, damit auch die Ansprüche unserer global wirkenden Generation erfüllt werden und sie ihr Ziel erreicht. Immer rascher verändert sich unsere Welt, und es entstehen neue Technologien, die unser Leben und Lernen zum Teil tiefgreifend verändern. Beständig nimmt Wiley diese Herausforderungen an und stellt für Sie das notwendige Wissen bereit, das Sie neue Welten, neue Möglichkeiten und neue Gelegenheiten erschließen lässt.

Generationen kommen und gehen: Aber Sie können sich darauf verlassen, dass Wiley Sie als beständiger und zuverlässiger Partner mit dem notwendigen Wissen versorgt.

William J. Pesce
President and Chief Executive Officer

Peter Booth Wiley
Chairman of the Board

Malcolm Kushner

Erfolgreich Reden halten für Dummies

Übersetzung aus dem
Amerikanischen
von Hartmut Strahl

WILEY-VCH Verlag GmbH & Co. KGaA

Bibliografische Information Der Deutschen Nationalbibliothek
Die Deutsche Nationalbibliothek verzeichnet diese Publikation
in der Deutschen Nationalbibliografie; detaillierte bibliografische
Daten sind im Internet über http://dnb.d-nb.de abrufbar.

1. Auflage 2007

© 2007 WILEY-VCH Verlag GmbH & Co. KGaA, Weinheim

Printed in Germany

Gedruckt auf säurefreiem Papier

Korrektur   Frauke Wilkens, München
Satz   Conrad und Lieselotte Neumann, München
Druck und Bindung   M.P. Media-Print Informationstechnologie, Paderborn

ISBN 978-3-527-70333-3

Über den Autor

Malcolm Kushner, »Amerikas beliebtester Humorberater«, ist ein international anerkannter Experte für Humor und Kommunikation und ein professioneller Redner. Seit 1982 hat er Tausenden von Managern, Geschäftsführern und Profis beigebracht, wie man mit sich mit Humor im Konkurrenzkampf profiliert. Zu seinen Kunden gehören Firmen wie IBM, Hewlett-Packard, AT&T, Chevron, Aetna, Motorola und die Bank of America.

In seiner beliebten Rede *Führen mit Humor*, die er auf zahlreichen Konzern- und Unternehmensversammlungen sowie im Smithsonian Museum gehalten hat, präsentiert er seltene Videoclips von amerikanischen Präsidenten, in denen Humor bewusst und mit Erfolg eingesetzt wird.

Kushner erwarb den BA in Sprachkommunikation an der Universität von Buffalo. Das Aufbaustudium an der Universität von Südkalifornien schloss er mit dem MA in Sprachkommunikation ab. Dort unterrichtete er auch die Studienanfänger in Rhetorik. Darüber hinaus hat er ein Jura-Examen an der Universität Kalifornien am Hastings College of the Law abgelegt. Bevor er seine Karriere als Humorberater begann, arbeitete er als Anwalt in einer großen Kanzlei in San Francisco.

Kushner ist nicht nur als Autor hervorgetreten. Er zeichnet mitverantwortlich für die Humor-Ausstellung in der Ronald Reagan Präsidentenbibliothek.

Kushner wird oft in den Medien interviewt. Porträts sind unter anderem in den Zeitschriften *Time Magazine* und *USA Today* sowie in der *New York Times* erschienen. Auch Radio und Fernsehen zeigten reges Interesse. Seine Auftritte konnten die Zuschauer und Zuhörer bei CNN, im National Public Radio, bei CNBC und in den Sendungen *Voice of America* und der *Larry King Show* mitverfolgen. Sein jährlich erscheinender *Cost of Laughter Index* wurde in der Sendung *The Tonight Show* und auf der Titelseite des *Wall Street Journal* veröffentlicht.

Kontaktinformationen: Malcom Kushner, P.O. Box 7509, Santa Cruz, CA 95061; Tel. 001-831-425-4839; E-Mail: mk@kushnergroup.com. Seine Website können Sie unter der Adresse www.kushnergroup.com besuchen.

Cartoons im Überblick

von Rich Tennant

Seite 189

Seite 115

Seite 115

Seite 115

Seite 189

Seite 115

Fax: 001-978-546-7747
Internet: www.the5thwave.com
E-Mail: richtennant@the5thwave.com

Inhaltsverzeichnis

Kapitel 7
Ende gut, alles gut: Der Schluss

Teil IV
Die Rede präsentieren — 133

Kapitel 11
Lampenfieber überwinden — 135

Kapitel 12
Körpersprache: Was ist in, was ist out und was ist international

Kapitel 13
Mit Fragen umgehen

Einführung

Schön, dass Sie »Erfolgreich Reden halten für Dummies« aufgeschlagen haben, das Buch, das dem Begriff »Einflussnahme« eine ganz neue Bedeutung verleiht. Keine Angst, ich werde Ihnen hier nichts Illegales aufschwatzen. Womit ich Sie allerdings bekannt mache, sind grundlegende rhetorische Fertigkeiten, mit denen Sie Einfluss nehmen können auf Ihren Chef, Ihre Kollegen, Ihre Lieben zu Hause, Ihren Metzger, Ihren Bäcker, Ihren Friseur oder andere Personen, die in Ihrem Leben wichtig sind. Sie können sogar Menschen beeinflussen, die für Sie nicht von Bedeutung sind.

Dieses Buch gibt Ihnen alle Werkzeuge an die Hand, die Sie für das öffentliche Reden brauchen. Dabei geht es gar nicht nur um richtige Reden. Die wichtigsten Reden, die Sie im Alltag halten werden, liefern Sie nicht auf einem Podium vor einem Mikrofon ab. Zu solchen Reden gehören etwa das kurze und prägnante Umschreiben Ihrer Strategie für einen Kunden, eine geschickte Antwort, die einer aggressiven Frage bei einer Geschäftsversammlung die Spitze nimmt, oder ein leidenschaftliches Plädoyer, das eine Politesse davon überzeugt, Sie doch noch einmal ohne Knöllchen davonkommen zu lassen. In all diesen Situationen hängen Erfolg oder Misserfolg davon ab, was Sie sagen und wie Sie es sagen.

Warum Sie dieses Buch brauchen

Ob Sie es nun mit einem Gegenüber zu tun haben oder mit eintausend, die Fähigkeit, Ideen verständlich und überzeugend an den Mann und die Frau zu bringen, gehört zu den wichtigsten so genannten Soft-Skills, die man erwerben kann. Sich verständlich zu machen, hat schon immer zu den grundlegenden Fähigkeiten gezählt, die das Überleben sicherten. Vom steinzeitlichen Höhlenmenschen, der seine Mithöhlenmenschen mit dem Ausruf »Feuer!« warnte, bis zum Websurfer in der heutigen Zeit, der jemanden im Internet eine Standpauke hält, haben die Menschen die Sprache seit jeher dazu benutzt, sich gegenseitig zu motivieren, zu überzeugen und zu beeinflussen.

Sie wollen einen guten Job? Sie möchten die Karriereleiter hinaufsteigen? Sie wollen, dass Ihre Kollegen Sie respektieren? Sie sind an einem Rendezvous interessiert? Alles hängt davon ab, was Sie sagen. Wenn Sie Ihre Vorstellungen vom Leben verwirklichen wollen, müssen Sie sich nachdrücklich, glaubhaft und überzeugend präsentieren. Sicher können Sie sich auch zurückhaltend verhalten und hinter Ihrem Rücken den großen Knüppel verstecken. Den Sieg wird aber derjenige davontragen, der Ihnen diesen Knüppel ausredet.

Im Informationszeitalter ist die Fähigkeit der öffentlichen Rede wichtiger als je zuvor. Wir leben in einer Gesellschaft der prägnanten Zitate. Kommunikation ist zu einer Art Währung geworden. In zahlreichen Studien wird die Fähigkeit zum öffentlichen Reden als wichtigstes Kriterium bei Einstellungen und Beförderungen genannt. Die Zeit, in der man es einfach nur durch gute Arbeit ganz nach oben schaffen konnte, ist längst vorbei. Die Vorstände, Geschäftsführer und Kunden wollen mehr. Sie müssen lernen, wie Sie Ihre Botschaft rüberbringen.

Reden wir nicht lange drum herum. Viele Menschen werden nervös, wenn sie eine Rede halten sollen, vor allem wenn es sich um eine größere Veranstaltung handelt. Mit diesem Buch möchte ich Sie ein für alle Mal von dieser Nervosität befreien. Wenn Sie einfach die hier beschriebenen Techniken anwenden, werden Sie Ihren Zuhörern kompetenter erscheinen als viele Oskar-Gewinner bei ihren Dankesreden. (Sie glauben mir nicht. Dann sehen Sie sich die nächste Oskar-Verleihung an und hören Sie genau zu.) Ich kann Ihnen nicht versprechen, dass Sie zum größten Redner aller Zeiten werden, aber Sie werden lernen, wie man eine Rede strukturiert und engagiert präsentiert.

Hängen Sie nicht dem Mythos vom »geborenen Redner« nach. Er entspricht einfach nicht der Wirklichkeit. Einige der größten Redner der Geschichte waren alles andere als »Naturtalente«. Demosthenes, der berühmte griechische Redner, war eine schüchterne, stammelnde, introvertierte halbe Portion, bevor er beschloss, ein erfolgreicher Redner zu werden. Er brachte sich das Reden bei, indem er mit Steinen im Mund sprach.

Auch wenn Sie bereits über ein »flottes Mundwerk« verfügen, können Sie in diesem Buch noch einiges lernen. Sie werden zum Beispiel nicht glauben, wie oft erfahrene Redner ihren gesamten Vortrag durch minderwertige Bilder und Folien ruinieren. Allein die Lektüre des betreffenden Kapitels (es handelt sich übrigens um Kapitel 10) lohnt schon die Anschaffung dieses Buches.

Um es ganz deutlich zu sagen: Es gibt nicht wenige Bücher über öffentliches Reden von mehr oder weniger kompetenten Autoren. Aber wer von denen hat an der Universität von Südkalifornien Rhetorik gelehrt, in einer internationalen Anwaltskanzlei gearbeitet, Reden für führende Geschäftsleute geschrieben, das Land als Hauptredner bei großen Unternehmensversammlungen bereist und die Gong-Show überstanden, ohne dass der Gong ertönte?

Ich habe all das gemacht und mehr, und deshalb ist dieses Buch etwas ganz Besonderes. Es ist vollgestopft mit wertvollen Informationen aus meinem reichhaltigen Erfahrungsschatz. Sie lernen, womit Sie Erfolg haben werden und womit nicht. Alle Fehler, die man so machen kann, habe ich schon gemacht. Sie müssen sie ja nicht wiederholen.

Über dieses Buch

Wenn Sie Ihre rhetorischen Fähigkeiten umfassend erweitern wollen, lesen Sie am besten das komplette Buch. Sie werden dadurch zum Kommunikationsexperten.

Sie haben keine Zeit für das ganze Buch? Kein Problem. »Erfolgreich Reden halten für Dummies« denkt auch an Leser mit wenig Zeit. Das Buch ist in leicht lesbare und sinnvoll gegliederte Kapitel zu den einzelnen Themenbereichen unterteilt. Wählen Sie aus, was Sie interessiert, etwa wie man mit Zwischenrufen umgeht, und lesen Sie das entsprechende Kapitel.

Sie können das Buch auch verwenden, um innenarchitektonische Akzente zu setzen. Stellen oder legen Sie es einfach gut sichtbar in Ihr Bücherregal. Der gelb-schwarze Einband ist ein willkommener Farbtupfer auf den meist in Brauntönen gehaltenen Regalen.

Konventionen in diesem Buch

Damit Sie sich besser in diesem Buch zurechtfinden, möchte ich Folgendes mit Ihnen vereinbaren:

✔ *Kursivdruck* verwende ich, um bestimmte Dinge hervorzuheben und auf neue Begriffe aufmerksam zu machen, die anschließend erläutert werden.

✔ **Fettdruck** verwende ich bei Schlüsselwörtern in gegliederten Aufzählungen.

✔ `Schreibmaschinenschrift` verwende ich für Webadressen.

✔ In grau unterlegten Kästen finden Sie Informationen, die interessant, aber für das Verständnis des jeweils behandelten Themas nicht unbedingt erforderlich sind.

Törichte Annahmen über den Leser

»Erfolgreich Reden halten für Dummies« wendet sich an ein breites Publikum, von dem ich allerdings eine gewisse Vorstellung habe. Ich nehme mal an, dass einige der folgenden Aussagen auf Sie zutreffen:

✔ Sie sind nervös, weil Sie demnächst eine Rede halten sollen und nicht wissen, wie Sie Ihre Zuhörer für sich einnehmen können.

✔ Sie haben keine Ahnung vom öffentlichen Reden, möchten aber nicht unvorbereitet dastehen, wenn man Sie um einen Redebeitrag bittet, sei es aus dem Stegreif oder geplant.

✔ Sie haben schon einige Erfahrung mit dem öffentlichen Reden, möchten aber den Aufbau und die Präsentation Ihrer Reden weiter verbessern.

✔ Sie wissen, wie man eine Rede hält, möchten aber Ihre rhetorischen Fähigkeiten in bestimmten Situationen – im direkten Dialog, in Sitzungen, in Gesprächen am runden Tisch oder in Debatten – weiter ausbauen.

✔ Sie haben sich die Grundlagen des öffentlichen Redens bereits angeeignet, möchten aber weiterführende Techniken wie die erfolgreiche Einbindung geistreicher Scherze oder bestimmte Stilelemente erlernen.

✔ Sie wissen zwar, dass man vor öffentlichen Redebeiträgen keine Angst haben muss, aber Sie haben dennoch Angst und wollen wissen, wie man sie überwinden kann.

Wie dieses Buch aufgebaut ist

»Erfolgreich Reden halten für Dummies« ist in sechs Teile gegliedert, die jeweils in mehrere Kapitel zu einzelnen Themen aufgeteilt sind. Die Kapitel sind jeweils abgeschlossene Einheiten voll geistreicher Einsichten und müssen nicht in einer bestimmten Reihenfolge gelesen werden. Es ist Ihnen also völlig freigestellt, wo Sie anfangen, weiterlesen und aufhören. Sie müssen dabei keine Angst haben, dass Ihnen etwas entgeht. Es gibt zahlreiche Querverweise zu anderen Kapiteln, die andere Aspekte des jeweiligen Themas behandeln.

Jeder Teil widmet sich einem größeren Bereich rhetorischer Fertigkeiten. Im Folgenden finden Sie eine kurze Übersicht über das, was Sie erwartet.

Teil I: Die ersten Schritte

Sie sollen eine Rede halten. Was nun? Wie finden Sie heraus, über was Sie sich auslassen wollen? Was ist, wenn Ihnen ein Thema so gar nicht liegt? Können Sie es ändern? Wie finden Sie etwas über Ihr Publikum heraus? Wo finden Sie interessantes Material für Ihre Rede? Diese – und ähnliche – Fragen beantworte ich im ersten Teil. Lernen Sie, wie Sie im Verlauf der Recherche für Ihre Rede einen guten Start hinlegen und gut weiterkommen.

Teil II: Die Rede vorbereiten

In unserer schnelllebigen, von Wettbewerb geprägten Zeit kann eine einzige Rede über Wohl oder Weh entscheiden. Sie sollten also dafür sorgen, dass sie gut ist. Gut heißt informativ, auf den Punkt, fesselnd und denkwürdig. Dabei kann man sich beileibe nicht auf Glück oder Zufall verlassen. Der Schlüssel zu einer guten Rede liegt in der sorgfältigen Vorbereitung, angefangen bei der Themenwahl über die Gliederung und die Wahl des Materials bis zum Verfassen der eigentlichen Rede. In diesem Teil zeige ich Ihnen, wie Sie eine Rede aufbauen, mit der Sie Ihre Zuhörer fesseln, ihr Denken beeinflussen und Ihre Ziele erreichen.

Teil III: Die Rede aufpolieren

Einflussreiche Redner unterscheiden sich nicht so sehr von Durchschnittsrednern. Beide verwenden Worte. Beide stützen sich auf visuelle Hilfsmittel. Und beide stehen vor einem Publikum. Wirklich einflussreiche Redner verwenden allerdings einflussreiche Worte. Sie polieren so lange an ihrer Rede herum, bis sie glänzt und funkelt. Sie stellen außerdem sicher, dass ihre visuellen Hilfsmittel ihre Worte unterstützen und nicht untergraben. Und wenn sie vor den Zuhörern stehen, machen sie den Eindruck, sie seien voller Selbstvertrauen und hätten alles unter Kontrolle. In diesem Teil des Buches erfahren Sie, wie Sie Ihrer Rede das gewisse Etwas verleihen und sie in ein aufregendes Ereignis verwandeln.

Teil IV: Die Rede präsentieren

Wenn es darum geht, eine Rede zu halten, muss man mehr berücksichtigen als nur das Thema. Sie müssen entscheiden, ob Sie ein Rednerpult verwenden wollen, was Sie anziehen, mit welchen Gesten Sie Ihre Worte unterstützen wollen, wie schnell Sie sprechen und wie Sie mit dem Publikum und eventuellen Fragen umgehen. Das sind nur einige wenige Punkte, die eine Rolle dabei spielen, wie man aus einer geschriebenen Mitteilung eine meisterhaft präsentierte Rede macht. In diesem Teil zeige ich Ihnen, wie Sie Ihrem Publikum Bewunderung abnötigen.

Lassen Sie sich nicht davon beeindrucken, dass Sie eventuell nervös, schüchtern oder unorganisiert sind. Ich erkläre Ihnen auch, wie Sie mit Ängsten im Hinblick auf öffentliches Reden umgehen können.

Teil V: Verbreitete Redesituationen und -anlässe

Selbst wenn Sie kein professioneller Redner sind, stehen die Chancen gut, dass Sie ab und zu in der einen oder anderen Form öffentlich reden müssen. Vielleicht müssen Sie bei einer Stadtratssitzung einen Antrag vorbringen oder eine Gruppe Geschäftsleute aus dem Ausland offiziell begrüßen. Oder Sie nehmen an einer Diskussionsveranstaltung teil, die ein Verein, eine Gesellschaft oder eine religiöse Organisation veranstaltet. Da die Technologie und die Globalisierung mittlerweile auch bis in den hintersten Winkel der Welt vorgedrungen sind, erfahren Sie in diesem Teil auch, wie Sie sich auf internationaler Ebene und über die verschiedensten virtuellen Medien verständlich machen können. Ich beleuchte verbreitete Redesituationen und helfe Ihnen, sich darauf bereits im Vorfeld einzustellen und vorzubereiten. Sie werden sogar lernen, wie man eine Rede aus dem hohlen Bauch heraus hält.

Teil VI: Der Top-Ten-Teil

In diesem Teil finden Sie Humoristisches, womit sich jede Rede aufpolieren lässt. Darüber hinaus versorge ich Sie mit einer Checkliste, die Sie vor einer Rede durchgehen können, damit Sie keine wichtigen Details vergessen und sich so Ihre Rede ruinieren.

Symbole, die in diesem Buch verwendet werden

Dieses Symbol kennzeichnet Tipps und Ratschläge, wie Sie die Effektivität Ihrer Rede optimieren können.

Elefanten vergessen nie, Menschen schon. Dieses Symbol weist auf Informationen hin, die Sie nicht vergessen sollten (es sei denn, Sie sind vor einen Untersuchungsausschuss geladen worden).

Dieses Symbol kennzeichnet Informationen, die dieses Buch zu einer lohnenden Investition machen – brillante Ratschläge, wie Sie sie sonst nirgendwo finden. Zum größten Teil basieren diese Informationen auf den persönlichen Erfahrungen, dem Wissen und den Einsichten meiner Wenigkeit und einiger Kollegen.

Dieses Symbol weist auf mögliche Probleme hin.

Wie es weitergeht

Sie halten gerade ein mächtiges Werkzeug in Ihren Händen – eine Anleitung, wie Sie Ihren Einfluss durch die bloße Macht des Wortes steigern können. Man kann mit diesem Werkzeug Gutes, aber auch Schlechtes bewirken. Was Sie damit machen, ist Ihre Sache, aber ich habe Sie gewarnt. Beginnen Sie Ihre Reise, indem Sie im Inhaltsverzeichnis oder im Stichwortverzeichnis ein Thema suchen, das Sie besonders interessiert, und dann die entsprechende Seite aufschlagen. Ich wünsche Ihnen viel Vergnügen. Sie können jetzt loslegen, es sei denn, Sie gehören zu den Leuten, die lieber warten, bis ein Buch verfilmt wird.

Teil I

Die ersten Schritte

In diesem Teil ...

Der Anfang ist immer am schwersten, das gilt auch für Reden. In den folgenden Kapiteln mache ich mit Ihnen die ersten Schritte auf dem Weg, der nun mal zurückgelegt werden muss. Darüber hinaus erfahren Sie, was Sie über Ihre Zuhörer wissen müssen, wenn Sie eine erfolgreiche Rede halten wollen. Und nicht zuletzt geht es darum, wie Sie herausfinden, was Sie denn sagen werden.

Eine Rede halten

In diesem Kapitel

▶ Ein Überblick über den Inhalt dieses Buches

▶ Was Sie in Erfahrung bringen müssen

*O*b Sie nun Ihre erste Rede oder Ihre fünfhundertste vor sich haben, dieses Buch vermittelt Ihnen, wie Sie Ihre rhetorischen Fertigkeiten weiterentwickeln können. Die hier zusammengetragenen praxisbezogenen Ideen, Techniken und Vorschläge ermöglichen Anfängern, grundlegende Fehler von vornherein zu vermeiden. Erfahrene Redner werden die Expertentipps und fortgeschrittenen Techniken zu schätzen wissen, die immer wieder eingestreut sind. Das Buch ist so angelegt, dass Sie Kapitel oder Teile von Kapiteln überspringen und sich nur auf die Sie gerade interessierenden Abschnitte konzentrieren können (natürlich können Sie das Buch aber auch von Anfang bis Ende lesen). Wenn Sie noch nicht genau wissen, wo Sie anfangen sollen, überfliegen Sie die folgenden Abschnitte. Dort erfahren Sie, was die einzelnen Kapitel zu bieten haben.

Was Sie wissen müssen

Bevor Sie eine Rede halten oder schreiben, gilt es, die nötigen Informationen zu sammeln. Die Kapitel 2 und 3 beschreiben, wie Sie grundlegende Informationen zusammentragen.

Vorbereitende Maßnahmen

Mit der Frage, ob Sie eine Rede halten können, beginnt ein Prozess, in dessen Verlauf zahlreiche Entscheidungen getroffen werden müssen. Zunächst müssen Sie entscheiden, worüber Sie reden möchten. Selbst wenn man Ihnen ein Thema vorgibt, haben Sie meist noch reichlich Möglichkeiten, wie Sie dieses Thema ausgestalten. Ein wichtiger Faktor bei dieser Entscheidung sind Ihre Zuhörer – nicht nur ihr Alter und Geschlecht, auch ihr Bildungsgrad, ihre Einstellungen und andere Aspekte sind hier von Bedeutung.

Kapitel 2 erläutert alles, was Sie wissen müssen und wie Sie es herausfinden.

Recherchen

Egal über welches Thema Sie reden, mit ein paar Recherchen können Sie immer Verbesserungen erzielen. Damit meine ich nicht nur Fakten und Statistiken. Sie können Ihre Rede auch mit Zitaten, Witzen und Geschichten aufpeppen.

Kapitel 3 gibt Ihnen die entsprechenden Werkzeuge und Techniken an die Hand, angefangen bei der Durchforstung der guten alten Bibliothek über Webadressen bis hin zur Beauftragung anderer Leute – und das umsonst.

Struktur

Nachdem Sie die Recherchen zu Ihrem Thema abgeschlossen haben, ist es an der Zeit, sich über die Strukturierung Ihrer Rede Gedanken zu machen. Um einen guten Redefluss zu gewährleisten, können Sie zwischen verschiedenen Mustern wählen: Problem-Lösung, Vergangenheit-Gegenwart-Zukunft oder Ursache-Wirkung. Kapitel 4 stellt viele solcher Muster vor und zeigt, wie man eine Struktur entwickelt, die nützlich ist und die zu der vorgegebenen Redezeit passt.

Eine Rede aufbauen

Viele Menschen haben Angst davor, eine Rede zu halten. Eine Rede zu verfassen wird von den meisten als schwierig empfunden. Wenn man es richtig machen will, kann das schon einige Zeit in Anspruch nehmen. Aber keine Angst, dieser Teil des Buches vermittelt Ihnen alles, was Sie wissen müssen, um eine Rede schnell zu Papier zu bringen.

Das richtige Material

Sie haben Ihre Recherchen abgeschlossen und sich für eine Struktur entschieden. Nun müssen Sie dem Gerippe noch etwas Fleisch auf die Knochen packen. Wenn Sie wissen wollen, wie man seine Zuhörer mit Statistiken, Zitaten, Geschichten und Beispielen in Bann zieht, sind Sie hier genau richtig. In Kapitel 5 gebe ich den Blick auf alle möglichen Redematerialien frei.

Anfang und Ende

Viele Leute glauben, man müsse eine Rede mit einem Witz beginnen. Viel besser ist es, seine Zuhörer zu Beginn der Rede – oder am Schluss – mit einer rhetorischen Frage oder einem Zitat ins Boot zu holen. In den Kapiteln 6 und 7 beschäftigen wir uns mit effektvollen Möglichkeiten, eine Rede zu beginnen und zu beenden. Sie werden lernen, wie Sie dafür sorgen, dass Ihre Zuhörer zur gleichen Zeit wie Sie das Ende Ihrer Rede erleben.

Feinarbeit

Jeder kann eine Rede zusammenschustern. Aber Ihre Rede soll doch sicher etwas länger in den Köpfen der Zuhörer nachhallen. Wenn Sie auf der Suche nach dem optimalen Satz, nach dem überzeugenden Argument, dem treffenden Beispiel oder einer unvergesslichen Anekdote sind oder wenn Sie wissen möchten, wie Sie Ihre Rede trotz großer Nervosität flüssig präsentieren können, finden Sie in den Kapiteln 8 bis 10 reichlich Anregungen für die Feinarbeit und Präsentation.

Sinn oder Unsinn

Für Sie selbst ist Ihre Rede selbstverständlich sinnvoll. Die Frage ist nur, ob Ihre Zuhörer das genauso sehen. Wenn Sie das nicht erst vor versammelter Mannschaft herausfinden wollen, sollten Sie in Kapitel 8 nachlesen, wie Sie Ihre Rede mit ein wenig Politur zu etwas Besonderem machen können.

Stilfragen

Sie müssen kein Dichter oder Literat sein, um Ihrer Rede das gewisse Etwas zu verleihen. Denken Sie einfach daran, dass bestimmte Wörter und Redewendungen treffender und aussagekräftiger sind als andere – Sie müssen nur die richtigen wählen. Kapitel 9 erläutert, wie Sie mit Hilfe rhetorischer Techniken anschauliche Sätze und Wendungen bilden, die Ihrer Rede die nötige Würze und Prägnanz verleihen.

Visuelle Hilfsmittel

Wenn Sie Ihrem Publikum auch etwas fürs Auge bieten wollen, lesen Sie in Kapitel 10 nach, wie Sie es anstellen, dass Ihre Bilder gut aussehen, und wie Sie häufige Fehler in diesem Bereich vermeiden. Von PowerPoint- und Overheadfolien bis hin zum guten alten Flipchart finden Sie hier hervorragende Anregungen für die visuelle Unterstützung Ihrer Rede.

Eine Rede präsentieren

Ihre brillant geschriebene, geistreiche Rede, die genau das rüberbringt, was Sie sagen wollen, müssen Sie jetzt natürlich noch vor Ihren Zuhörern angemessen präsentieren. Die Chancen, danach mit begeistertem Beifall gefeiert zu werden, erhöhen sich beträchtlich, wenn Sie die Kapitel 11 bis 14 lesen.

Lampenfieber überwinden

Nachdem Sie sich mit Ihrer Rede so viel Arbeit gemacht haben, wollen Sie sicher nicht alles zunichtemachen, indem Sie am Rednerpult in Ohnmacht fallen. Wenn Sie Ihre Angst bereits im Vorfeld klein halten wollen oder herausfinden möchten, wie professionelle Redner mit diesen Stresssituationen fertig werden, sind Sie in Kapitel 11 an der richtigen Adresse.

Körpersprache

Ob und wie Ihre Zuhörer aufnehmen, was Sie zu sagen haben, hängt auch davon ab, wie Sie sich bewegen und Blickkontakt herstellen. Um sicherzustellen, dass Ihre verbale und Ihre nonverbale Botschaft sich nicht widersprechen, sollten Sie in Kapitel 12 nachlesen, wie man sich am besten bewegt, anzieht, Blickkontakt herstellt und was man mit seinen Händen und eventuellen Angewohnheiten macht. Alle Ihre Fragen in Bezug auf Körpersprache werden hier beantwortet.

Auf Fragen eingehen

Fragen aus dem Publikum zu beantworten ist eine Kunst für sich. Was machen Sie, wenn Sie die Antwort nicht wissen? Wie gehen Sie mit aggressiven Fragen um? Was ist, wenn die Fragesteller keinen blassen Schimmer davon haben, was sie von sich geben? All diese Fragen werden in Kapitel 13 geklärt. Sie lernen, wie Sie Fragen vorwegnehmen, perfekte Antworten geben und ein Publikum dazu bringen, Fragen zu stellen.

Mit dem Publikum umgehen

Ihre Rede ist toll, aber Ihre Zuhörer nicht: Sie unterbrechen Sie, sie schlafen ein, sie stehen sogar auf und verlassen den Raum! Wenn man eine Rede halten muss, ist es wichtig, dass man die Zuhörer »lesen« kann. Man muss sich schnell anpassen und wissen, woran man sich anpassen muss. Wenn Sie wissen wollen, wie man mit schwierigen Zuhörern umgeht, wie man ihre Aufmerksamkeit aufrechterhält und sie mitreißt, schlagen Sie Kapitel 14 auf.

Besondere Redesituationen und -anlässe

Reden vor öffentlichen Gremien, formlose Reden, Einführungen, Podiumsdiskussionen, Debatten, internationale Konferenzen oder Sitzungen sind durchaus übliche Redeanlässe, die aber nicht viel mit den Reden gemein haben, die man bei Tagungen oder Kongressen oder anderen Zusammenkünften hält. Besondere Situationen verlangen besondere Vorbereitung. Deshalb beschäftigen wir uns in den Kapiteln 15 bis 20 mit diesen Situationen.

Reden vor öffentlichen Gremien

Besorgte Bürger haben zahlreiche Gelegenheiten, Reden zu halten: Anhörungen im Rahmen öffentlicher Stadt- oder Gemeinderatssitzungen, Schulpflegschaftssitzungen, Sitzungen von Planungskommissionen und Ähnliches mehr. Bei Reden vor solchen Foren muss man allerdings bestimmte Regeln beachten, sich etwa in eine Rednerliste eintragen, die Redezeit und bestimmte Anforderungen an eine schriftliche Fassung der Rede einhalten und grundlegende Regeln des höflichen Umgangs miteinander respektieren. Kapitel 15 macht Sie mit solchen Regeln vertraut und beschreibt wirkungsvolle Strategien, mit deren Hilfe man die zuständigen Offiziellen überzeugen kann.

Aus dem Stegreif reden

Eine der am häufigsten vorkommenden und am meisten gefürchteten Situationen ist, wenn Sie jemand bittet, aufzustehen und ein paar Worte zu etwas zu sagen. Der Vorteil dabei ist, dass Sie sich bei einer solchen Ansprache die ganze Vorbereitung sparen. Das ist gleichzeitig aber auch der Nachteil. Kapitel 16 erläutert, wie Sie solche Situationen vorausahnen, Vorbereitungen treffen und schließlich sagenhafte Reden aus dem Ärmel schütteln können.

Andere Redner ankündigen

Wenn Sie im Verlauf einer Sitzung, einer Konferenz oder einer Versammlung einen anderen Redner ankündigen müssen, werden Sie sich wahrscheinlich fragen, wie viel Aufhebens Sie davon machen sollen. Soll es eine lange und blumige Ankündigung sein oder sollten Sie lieber intensiv recherchieren und mit einigen »Insidergeschichten« über den Redner aufwarten? Wie Sie Ihre nächste Ankündigung gestalten, können Sie mit Hilfe von Kapitel 14 herausfinden.

Podiumsdiskussionen und Gespräche am runden Tisch

Viele denken, es sei doch eine recht einfache Sache, an einer Podiumsdiskussion oder einem Gespräch am runden Tisch teilzunehmen. Sie denken, man könne das einfach improvisieren, weil ja die anderen Teilnehmer immer einspringen können. Wenn Sie aber eher zu denen gehören, die Lücken lassen, als zu denen, die sie füllen, sollten Sie bedenken, dass die Zuhörer Sie mit den anderen Diskussionsteilnehmern vergleichen werden. Es empfiehlt sich also, eine gute Figur zu machen. Kapitel 17 vermittelt Ihnen, wie man bei solchen Gelegenheiten aus der Menge heraussticht.

Debatten

Wenn Sie sich öfter mit Kindern, Lehrern, Nachbarn, Politessen, Liberalen, Konservativen, Extremisten aller Couleur oder Geschäftsführern in Läden herumschlagen, wenn Sie etwas umtauschen oder zurückgeben wollen, sind Sie im Debattieren wahrscheinlich schon recht bewandert. Kapitel 18 macht Sie mit einigen Techniken bekannt, damit Sie bei Ihrer nächsten Debatte sicher punkten.

Auf internationalem Parkett reden

Die Globalisierung der Wirtschaft führt dazu, dass immer mehr Geschäftsleute vor internationalem Publikum reden müssen. Die Sprachunterschiede sind schon eine beträchtliche Hürde. Noch mehr Probleme können sich allerdings aus kulturellen Unterschieden ergeben. Bereiten Sie sich mit Hilfe von Kapitel 19 vor, damit Sie die überall lauernden Fettnäpfchen bei Ihrem nächsten internationalen Auftritt gekonnt umrunden.

Videokonferenzen und Ähnliches

Sitzungen, die im virtuellen Raum abgehalten werden, werden immer üblicher. So kann es durchaus passieren, dass Sie an mehr Sitzungen vor dem Bildschirm teilnehmen müssen als vor Ort. Vor der nächsten Videokonferenz sollten Sie sich die in Kapitel 20 vorgestellten Techniken zu Gemüte führen, damit Sie sich und Ihr Anliegen auch virtuell optimal präsentieren.

Der Top-Ten-Teil

In diesem Teil erläutere ich, wie Sie Ihre Rede mit der richtigen Prise Humor würzen, auch wenn Sie zu denen gehören, die keine Witze erzählen können. Die Techniken sind so einfach, dass Sie sich fragen werden, warum Sie das nicht schon früher so gemacht haben. Darüber hinaus erzähle ich Ihnen, was Sie noch einmal prüfen sollten, bevor Sie vor Ihre Zuhörer treten.

Reden ist Silber, Vorbereitung ist Gold

In diesem Kapitel

▶ Vorbereitung auf die Rede

▶ Das Wichtigste über die Zuhörer in Erfahrung bringen

▶ Eine Verbindung zum Publikum herstellen

Der Anfang ist immer am schwersten. Das gilt ganz bestimmt für das Verfassen einer Rede – besonders wenn man sich nicht danach gedrängt hat, eine zu halten. Das soll Sie aber nicht weiter beunruhigen. Redenschreiben muss keine Tortur sein, es kann sogar Spaß machen.

In diesem Kapitel stelle ich Ihnen einige einfache Techniken vor, mit denen man die ersten Schritte hin zu einer Rede machen kann.

Wichtige Vorbereitungen treffen

Eine Rede beginnt nicht erst in dem Moment, in dem man sich seinen Zuhörern präsentiert. Sie nimmt auch nicht erst ihren Anfang, wenn man die ersten Sätze zu Papier bringt. Im Grunde fängt alles schon an, bevor Sie eine Einladung zu einer Rede annehmen. Die folgenden Abschnitte benennen einige Aspekte, die Sie bedenken sollten, bevor Sie sich daran machen, eine Rede zu schreiben, und erläutern Punkte, die es zu beachten gilt, bevor man zusagt, eine Rede zu halten.

Entscheiden, ob Sie die Rede halten wollen

Nur weil Sie jemand bittet, eine Rede zu halten, müssen Sie dieser Bitte nicht nachkommen. Wenn Ihr Chef Sie darum bittet, sollten Sie ihm natürlich keinen Korb geben. Ich spreche hier von Situationen, in denen Sie aus freien Stücken entscheiden können, ob Sie reden oder nicht. Leider denken die meisten Menschen nicht viel oder gar nicht darüber nach, ob Sie eine Rede halten wollen oder sollen.

Bevor Sie eine Einladung zu einer Rede annehmen, sollten Sie sich folgende Gedanken machen, damit Sie sicher sind, die richtige Entscheidung getroffen zu haben:

✔ **Überlegen Sie, ob Sie genug Zeit haben.** Ich sehe einige von Ihnen mit den Augen rollen und sich fragen, warum ich hier Dinge erzähle, die Sie bereits wissen. Aber Sie müssen berücksichtigen, dass 30 Minuten Redezeit nicht bedeuten, dass Sie nur 30 Minuten Ihrer Zeit einplanen müssen. Sie müssen natürlich zum Ort der Rede gelangen und wieder zurück. Sie müssen aber auch Zeit für die Beantwortung von Fragen einplanen und Ihren

Zuhörern nach dem Ende Ihrer Rede noch eine Weile zur Verfügung stehen (siehe dazu Kapitel 13). Und sicher wollen Sie den Kontakt zu denjenigen, die Sie eingeladen haben, nicht auf ein kurzes Kopfnicken vor oder nach der Rede beschränken. Sie sehen, eine halbstündige Rede kann leicht einen halben Tag verschlingen.

✔ **Überlegen Sie, ob Sie genug Zeit für die Vorbereitung haben.** Wenn Sie eine Rede präsentieren wollen, auf die Sie stolz sein können und die die Erwartungen Ihres Publikums erfüllt, müssen Sie sicherstellen, dass Sie sich ausreichend vorbereiten können – Sie wollen sich ja nicht blamieren. Gerne würde ich Ihnen diesbezüglich eine präzise Formel präsentieren, aber in der Wirklichkeit kann die Vorbereitungszeit für eine 30-minütige Rede zwischen Stunden und Monaten schwanken, je nachdem, vor welchem Publikum Sie sprechen und wie viel von der Rede abhängt. Die Entscheidung darüber, wie viel Zeit Sie für die Vorbereitung brauchen, liegt ganz bei Ihnen.

✔ **Überlegen Sie, ob Sie etwas zu sagen haben.** Dass Sie jemand fragt, ob Sie eine Rede halten möchten, heißt nicht, dass Sie auch etwas zu sagen haben. Manchmal sind die besten Reden die, die man nicht hält.

✔ **Überlegen Sie, ob Sie sofort zusagen möchten.** Sie müssen sich nicht gleich entscheiden, wenn Sie gefragt werden, ob Sie eine Rede halten möchten. Wahrscheinlich sollten Sie es auch nicht. Nehmen Sie sich Zeit. Schlafen Sie eine Nacht darüber. Wenn Sie in Ruhe über die oben genannten Punkte nachgedacht haben, setzen Sie sich mit der betreffenden Person in Verbindung.

 Ich bin sicher, Sie können wunderbar reden. Machen Sie sich dennoch bewusst, dass manche Leute Ihnen hemmungslos schmeicheln, damit Sie ihrer Einladung folgen, besonders wenn es darum geht, jemand für das Podium zu gewinnen. Lassen Sie sich davon nicht blenden. Selbst wenn Sie die für den jeweiligen Zweck ideale Person sein sollten, kann es sich um etwas handeln, was Sie nicht wollen oder können. Es ist völlig in Ordnung, höflich abzulehnen, wenn Sie nach reiflicher Überlegung (siehe oben) zu dem Schluss kommen, dass Sie diese Rede nicht halten wollen.

Herausfinden, warum Sie reden

Es gibt drei Rednertypen: Die einen bewirken, dass etwas passiert, die anderen sehen zu, wie etwas passiert, und wieder andere fragen sich, was passiert ist.

Wenn Sie nicht zu Letzteren gehören wollen, sollten Sie sich sicher sein, warum Sie eine Rede halten. Um das herauszufinden, gibt es zwei Möglichkeiten:

✔ **Finden Sie heraus, was die Funktion der entsprechenden Rede ist.** Möchten Sie informieren, überzeugen, inspirieren oder unterhalten?

✔ **Werden Sie sich darüber klar, was Sie dazu motiviert zu reden und Ihr Publikum dazu motiviert zuzuhören.** Hat man Sie gebeten, eine Rede zu halten? Hat man Sie beauftragt, eine Rede zu halten? Wollen Sie eine Rede halten? Will das Publikum Ihnen zuhören? Sind Ihre Zuhörer gezwungen worden, Ihnen zuzuhören? Werden sie Ihnen zuhören?

Wie auch immer Sie es drehen und wenden, der Zweck bleibt der gleiche – Sie wollen wissen, warum Sie eine Rede halten, und sich nicht hinterher fragen müssen, was passiert ist.

Präzise Ziele setzen

Die meisten Leute setzen sich bei einer bevorstehenden Rede entweder gar keine oder allzu vage Ziele. Entweder wollen sie einen Knaller landen, ihre Mitarbeiter oder Chefs beeindrucken oder die Sache einfach nur hinter sich bringen. Es wird Ihnen aber umso leichter fallen, Ihre Rede vorzubereiten und zu entwickeln, wenn Sie sich darüber klar werden, was Sie mit Ihrer Rede zu erreichen hoffen.

Mögliche Ziele wären etwa die folgenden:

✔ **Sie wollen Ihre Glaubwürdigkeit steigern.**

✔ **Sie wollen Ihre Zuhörer von Ihrer Position überzeugen.**

✔ **Sie wollen, dass Ihre Zuhörer etwas verstehen.**

✔ **Sie wollen Ihre Zuhörer zum Lachen bringen.**

 Schreiben Sie Ihre Ziele auf, bevor Sie Ihre Rede verfassen. Sie können auf dieser Grundlage leichter entscheiden, welches Material Sie verwenden und was Sie besser weglassen. Außen vor bleiben kann alles, was Ihre Ziele nicht unterstützt.

Wichtige Informationen sammeln

Egal welche Art von Rede man von Ihnen erwartet, gewisse Informationen sind immer von grundlegender Bedeutung. Zunächst müssen Sie den Namen Ihrer Kontaktperson kennen. Über diese Person können Sie sich dann die restlichen Informationen besorgen, die Sie benötigen. Im Folgenden finden Sie die Fragen aufgelistet, die Sie sich beantworten lassen sollten.

Um den Ton der Veranstaltung und die an Sie gerichteten Erwartungen kreisen die folgenden Fragen:

✔ Was ist der Zweck der Zusammenkunft?

✔ Handelt es sich um ein regelmäßiges Treffen oder um ein besonderes Ereignis?

✔ Handelt es sich um ein formelles oder um ein informelles Ereignis?

✔ Wie ist die Atmosphäre – sehr ernst oder eher heiter?

✔ Ist Ihre Rede der Hauptprogrammpunkt?

Die folgenden Fragen beziehen sich auf das Format der Rede. Sie sollen sicherstellen, dass Ihre Rede von der Länge und dem Stil her dem Ereignis angepasst ist:

✔ Wie sieht die Tagesordnung aus?

✔ Welches Format soll die Rede haben?

    • Ein allgemeiner Vortrag?

    • Ein Vortrag, der parallel zu anderen Vorträgen läuft?

    • Eine Podiumsdiskussion?

    • Vor, nach oder während eines Essens?

✔ Um welche Zeit soll die Rede beginnen?

✔ Wie lang soll die Rede sein?

✔ Werden noch weitere Redner auftreten?

✔ Wann werden diese Redner auftreten?

✔ Worüber werden sie sprechen?

✔ Wird einer dieser Redner Ansichten vertreten, die den Ihren entgegengesetzt sind?

✔ Was passiert vor Ihrer Rede?

✔ Was passiert nach Ihrer Rede?

Die folgenden Fragen drehen sich um den Ort der Rede und dienen dazu sicherzustellen, dass Sie alles haben werden, was Sie brauchen, und dass alles möglichst so eingerichtet wird, wie Sie es gerne hätten:

✔ Wo werden Sie sprechen?

    • In einem Gebäude oder im Freien?

    • Welcher Art ist der Raum: Festsaal, Sitzungssaal, Hörsaal und so weiter?

✔ Wie wird der Raum hergerichtet sein?

✔ Welche Mikrofonanlage und audiovisuelle Ausstattung stehen Ihnen zur Verfügung?

✔ Gibt es ein Podium, einen Tisch oder eine Bühne?

Die folgenden Fragen sollen Ihnen einen Eindruck von Ihren Zuhörern vermitteln, damit Sie ein Gefühl für die zu erwartende Stimmung bekommen und einschätzen können, wie man auf Sie reagieren wird:

✔ Wie viele Zuhörer werden anwesend sein?

✔ Müssen die Zuhörer anwesend sein?

✔ Sind die Leute primär anwesend, um Ihnen zuzuhören oder aus einem anderen Grund?

✔ Wie viel wissen die Zuhörer über das Thema, zu dem Sie sprechen?

✔ Werden die Zuhörer es nach der Rede eilig haben, den Saal zu verlassen?

✔ Werden sie trinken?

✔ Werden die Leute während der Rede ein und aus gehen?

✔ Wie haben die Zuhörer auf andere Redner reagiert?

✔ Welche anderen Redner haben bisher vor diesem Publikum gesprochen?

✔ Was erwarten die Zuhörer von Ihnen?

Ausführlicher werden wir uns mit diesem Thema im Abschnitt »Das Publikum analysieren« weiter hinten in diesem Kapitel auseinandersetzen (siehe auch Kapitel 14).

Sich auf ein Thema einigen

Sie haben auf das Thema Ihrer Rede einen weit größeren Einfluss, als Sie vielleicht denken. Wenn man Sie fragt, ob Sie zu einem bestimmten Thema reden möchten, ist die Diskussion damit ja nicht etwa beendet. Im Gegenteil, sie fängt erst an. Wenn Ihnen das Thema nicht behagt, fragen Sie, ob Sie es ändern können. Viele Organisationen werden Ihnen da keine Steine in den Weg legen. Sollten Sie dem eingangs gestellten Thema nicht vollends ausweichen können, bleibt Ihnen immer noch, zu versuchen, es so zu drehen, wie es Ihnen am besten passt.

Selbst wenn Sie auf ein bestimmtes Thema festgelegt sind, bleibt Ihnen noch reichlich Freiraum, den Sie bei der Gestaltung nutzen können. Angenommen, Sie sind ein Computerspezialist und sollen über die neuesten Weiterentwicklungen einer Software sprechen, die jeder haben will. Geben Sie einen weit gefassten Überblick? Geben Sie zahlreiche Tipps, wie man die Software am effektivsten nutzt? Zeichnen Sie den Verlauf der Entwicklung nach? Sie sehen, Sie können immer noch Ihr Thema selbst bestimmen, weil es Ihnen möglich ist, das vorgegebene Thema auszugestalten.

Es kann vorkommen, dass Ihnen die Wahl eines Themas völlig freigestellt wird, weil es der Organisation, die Sie mit der Rede beauftragt, völlig gleichgültig ist, worüber Sie reden. Vielleicht gibt man Ihnen auch ganz vage Anhaltspunkte wie »sagen Sie etwas über das Geschäftsleben«. Vielleicht ist man auch nur daran interessiert, dass Sie erscheinen und etwas sagen. (Mehr über die Auswahl des Themas erfahren Sie im folgenden Abschnitt über die Analyse des Publikums.)

Das Publikum analysieren

Wie finden Sie eine Beziehung zu Ihren Zuhörern? Der erste Schritt besteht darin, so viele Informationen wie möglich über die Menschen zu sammeln, vor denen Sie reden werden – wer sie sind, woran sie glauben und warum sie Ihnen zuhören. So etwas nennt man *Publikumsanalyse*.

Je mehr Informationen Sie haben, desto besser können Sie Ihre Bemerkungen auf die Interessen Ihrer Zuhörer abstimmen. Die Berücksichtigung dieser Interessen erhöht die Wahrscheinlichkeit, dass man Ihnen aufmerksam zuhört. Darüber hinaus fühlt sich Ihre Zuhörerschaft ernst genommen und ein wenig gebauchpinselt, wenn sie merkt, dass Sie sich die Mühe gemacht haben, etwas über sie zu erfahren.

Die Publikumsanalyse unterstützt Sie auch beim Entwickeln Ihrer Botschaft. Mit Hilfe der Informationen über Ihre Zuhörer können Sie herausarbeiten, welche Argumente Sie vorbringen sollten, welches die hilfreichsten Beispiele sein werden, wie komplex Ihre Erläuterungen sein dürfen, welche Autoritäten Sie am besten zitieren und so weiter.

Demografische Aspekte

Das Erste, was ich von einem Publikum wissen möchte, ist seine Größe. Sitzen da 10, 100 oder 1000 Leute? Davon hängen viele Aspekte einer Rede ab. Bei zahlreichen Zuhörern erübrigt sich beispielsweise der Einsatz bestimmter visueller Hilfsmittel und man braucht ein Mikrofon. Ein kleineres Publikum bildet oft einen weniger formellen Rahmen. Manche Kniffe, die bei einem großen Publikum funktionieren, wirken bei einem kleinen Publikum lächerlich. (Wenn Sie Ihre Zuhörer auffordern »Drehen Sie sich doch einmal um und geben Sie der Person hinter Ihnen die Hand«, läuft das ins Leere, wenn alle Zuhörer in einer Reihe sitzen.)

Als Nächstes interessiere ich mich für die allgemeine Beschaffenheit meines Publikums: In welcher Beziehung stehen die Anwesenden zueinander? Gehören sie alle derselben Organisation an? Haben Sie gemeinsame Interessen? Mit Hilfe dieser Informationen bilde ich die Grundstrukturen meiner Botschaft heraus. Wenn meine Zuhörer viele Gemeinsamkeiten haben, kann ich Begriffe und Vorstellungen verwenden, die alle verstehen. Ich muss dann weniger erläutern.

Ein weiterer interessanter Aspekt ist die Einordnung der Zuhörer in gesellschaftliche Gruppen. Dazu gehören die folgenden Größen:

✔ Alter

✔ Geschlecht

✔ Bildungsgrad

✔ Wirtschaftlicher Status

✔ Religionszugehörigkeit

✔ Beruf

✔ Ethnischer Hintergrund

✔ Politische Überzeugung

✔ Kultureller Hintergrund

Anstatt zu viel Zeit mit einer allumfassenden Datenerhebung zu verschwenden, sollten Sie sich auf die Merkmale Ihres Publikums konzentrieren, die für Ihre Rede wirklich von Bedeutung sind. Höchstwahrscheinlich hat man Ihnen irgendwann einmal gesagt, dass Sie so viele demografische Informationen wie irgend möglich über Ihre Zuhörer sammeln sollten. Man kann jedoch leicht mehr solche Informationen zusammentragen, als man je wird verwenden können. Natürlich wollen Sie Ihre Rede möglichst bis ins letzte Detail an Ihr Publikum anpassen, aber in der Realität sieht es so aus, dass Sie wahrscheinlich weder Zeit noch Lust dazu haben.

Stellen Sie sich vor, Sie arbeiten für ein Pharmaunternehmen. Man hat Sie gebeten, das Unternehmen einer Gruppe interessierter Investoren zu präsentieren. Spielt das Alter, das Geschlecht oder die Religionszugehörigkeit der Investoren dabei eine Rolle? Sicherlich können Sie sich vorstellen, wie Sie Ihr Wissen um diese Punkte zu Ihrem Vorteil einsetzen könnten, aber die Gestaltung Ihrer Rede wird weit mehr von Ihrem Wissen um den beruflichen und Bildungshintergrund Ihrer Zuhörer geprägt sein. Sind etwa Ärzte unter den Investoren? (Sie könnten mehr über Medikamente wissen als Sie.) Handelt es sich um professionelle Investmentberater? Oder haben Sie es mit reichen Einzelpersonen zu tun, die von der Unternehmensfinanzierung keinen blassen Schimmer haben? (Wie detailliert soll Ihre Analyse der Unternehmenszahlen ausfallen?) Ich denke, es wird klar, worauf ich hinaus will.

Was in den Köpfen vorgeht

So sehr manche Redner die demografischen Daten ihrer Zuhörerschaft überschätzen, so sehr neigen sie dazu, ihre Überzeugungen, Einstellungen und Wertorientierung zu unterschätzen. Der Grund dafür liegt auf der Hand. An diese Informationen kommt man nicht so leicht heran. Wie viele Männer und Frauen im Publikum sitzen, hat man schnell erfahren, aber wer weiß schon, was in ihren Köpfen vorgeht. Dennoch hängt von den Überzeugungen, Haltungen und Werten dieser Menschen ab, wie sie Ihre Worte und Ihr Auftreten interpretieren.

Was genau müssen Sie wissen? Im Prinzip sind Sie an einem geistigen Profil Ihres Publikums interessiert. Sie wollen wissen, wo Ihre Zuhörer »herkommen«. Erster Ansprechpartner ist hier Ihr Auftraggeber. Stellen Sie ihm die folgenden Fragen:

✔ Wie ist die Haltung der Zuhörer zu dem Thema der Rede?

✔ Wie ist die Haltung der Zuhörer zu Ihnen als Redner?

✔ Welche Klischees werden die Zuhörer auf Sie anwenden?

✔ Hat jemand möglicherweise Hintergedanken?

✔ Welche Werte sind den Zuhörern wichtig?

✔ Glauben die Zuhörer an ein gemeinsames Wertesystem?

✔ Wie stark sind die vertretenen Überzeugungen und Haltungen verankert?

Die Antworten auf diese Fragen bestimmen, wie Sie an Ihr Thema herangehen.

Der Kenntnisstand

Der legendäre Trainer Vince Lombardi gab seinem Team eine Einführung in die Grundlagen des Sports. »Wir fangen ganz von vorn an«, begann er. »Das ist ein Football.« An dieser Stelle warf einer seiner Spieler ein: »Moment, Trainer, da komm' ich nicht mit.«

 Sie wollen mit Ihren Zuhörern ganz am Anfang anfangen? Dann sollten Sie lieber sicher sein, was Ihr Publikum weiß. Die Überforderung und die Unterforderung der Zuhörer sind zwei elementare Fehler, die Redner immer wieder machen. Fragen Sie Ihren Auftraggeber, um herauszufinden, wie anspruchsvoll Ihre Rede sein darf.

Stellen Sie sich die folgenden Fragen, bevor Sie Ihre Rede schreiben:

✔ Wie differenziert ist das Wissen Ihrer Zuhörer zum Thema Ihrer Rede?

✔ Werden Experten im Publikum sitzen?

✔ Haben die Zuhörer bereits andere Reden zu diesem Thema gehört?

✔ Warum interessieren sich die Zuhörer für dieses Thema?

✔ Kennt sich das Publikum mit der themenspezifischen Fachsprache aus?

✔ Sind grundlegende Kenntnisse in diesem Themenbereich vorhanden?

✔ Halten sich Ihre Zuhörer in diesem Themenbereich für sehr bewandert?

✔ Woher haben Ihre Zuhörer ihre Informationen zu diesem Thema?

✔ Sind Ihre Zuhörer mit Ihrer Herangehensweise an das Thema und Ihren Einstellungen dazu vertraut?

Auch hier spielen die Antworten eine wichtige Rolle für den Aufbau Ihrer Rede. Je nach den Vorkenntnissen Ihrer Zuhörer müssen Sie mehr oder weniger Hintergrundinformationen liefern, eine entsprechende Sprachebene und passende Beispiele wählen.

Eine Beziehung zum Publikum herstellen

 Bei der Herstellung einer Beziehung zum Publikum geht es im Wesentlichen darum, eine angenehme Atmosphäre zu schaffen – man bringt den Zuhörern Wärme entgegen und vermittelt ihnen das Gefühl, auf der gleichen Wellenlänge zu liegen. Die folgenden Abschnitte skizzieren Wege, wie man dieses Ziel erreichen kann.

Das Publikum ins Bild setzen

Das Publikum ins Bild zu setzen, indem man seine Interessen und Bedürfnisse vor die eigenen stellt, ist eine sehr gute Möglichkeit, eine Beziehung aufzubauen. Im Folgenden stelle ich Ihnen einige effektive Techniken vor, wie Sie das bewerkstelligen können.

Die Interessen der Zuhörer voranstellen

Sie müssen Ihre eigenen Bedürfnisse nicht ignorieren, aber Sie sollten auch bedenken, dass Ihre Bedürfnisse nicht erfüllt werden, wenn Ihnen niemand zuhört. Wenn Ihr Publikum beispielsweise schon einige Stunden lang verschiedenen Rednern zugehört hat, sollten Sie ihm eine Pause ermöglichen und Ihre einstündige Rede auf 20 Minuten kürzen – man wird es Ihnen ewig danken.

Die Welt aus der Perspektive des Publikums betrachten

Lassen Sie Ihre Zuhörer wissen, dass Sie die Welt oder einen Aspekt des von Ihnen behandelten Themas mit ihren Augen sehen können. Ein gerne von mir verwendetes Beispiel stammt von Jim Lukaszewski, der Unternehmen in Kommunikationsfragen berät. Auf dem Plan stand eine Präsentation vor dem Führungspersonal eines Entsorgungsunternehmens. Weil das Unternehmen von Leuten geführt wurde, die als Müllmänner angefangen hatten, fuhr Lukaszewski vor der Präsentation drei Tage lang als Müllmann auf einem Müllwagen mit. Als er sich dann später erhob, um mit seiner Präsentation zu beginnen, ließ er seine Zuhörer wissen, dass er gerade drei Tage lang Müllsäcke durch die Gegend geworfen hatte.»Danach fraßen Sie mir aus der Hand«, erinnert er sich. Das sind zwar nicht unbedingt die Worte, mit denen ich diesen Effekt erklären würde, aber es kommt auf dasselbe raus. Lukaszewskis Zuhörer konnten eine Verbindung zu ihm herstellen, weil er zeigte, dass er ihre Erfahrungen (zumindest zu einem Teil) verstehen konnte. Auch er hatte Müll auf einen Lastwagen geworfen.

 Menschen nehmen gerne Informationen auf, die etwas mit dem zu tun haben, was sie tun. Wenn Sie keine gemeinsamen Erfahrungen haben, können Sie stattdessen eine Studie heranziehen. Zuallererst sollten Sie jedoch zugeben, dass es Ihnen an einschlägigen Erfahrungen mangelt – sonst verlieren Sie an Glaubwürdigkeit. (In Kapitel 3 erfahren Sie mehr darüber, wie Sie Zahlen wirkungsvoll einsetzen.)

Persönliche Erfahrungen verallgemeinern

Auch wenn ein Publikum gern den persönlichen Erfahrungen des Redners zuhört, so kann es genervt reagieren, wenn allzu viele Sätze mit »Ich« anfangen. Das wird schnell als Egomanie aufgefasst. Beschreiben Sie ruhig Ihre persönlichen Erfahrungen, aber suchen Sie die allgemeingültigen Aspekte dieser Erfahrungen und stellen Sie diese heraus. John Cantu stellte diesen Aspekt vor angehenden Komikern heraus, die eine Beziehung zu ihrem Publikum aufbauen sollten. Sein Beispiel lässt sich jedoch allgemein auf die Verwendung persönlicher Informationen anwenden.

✔ **Beispiel 1:** »Wissen Sie, früher war ich Klempner. Einmal habe ich einen Alligator die Toilette hinuntergespült und der ist dann stecken geblieben.«

✔ **Beispiel 2:** »Hatten Sie jemals einen Job, den Sie so richtig nicht mochten, den Sie aber nicht kündigen konnten, weil Sie das Geld brauchten? Ich war früher Klempner. Und ich konnte den Job nicht hinschmeißen, weil ich das Geld brauchte. Nun raten Sie mal, was passierte, als ich eines Tages einen Alligator die Toilette herunterspülte, der dann stecken blieb.«

Im zweiten Beispiel erzählt der Ex-Klempner die gleiche Geschichte wie im ersten, aber seine Zuhörer stehen in einer anderen Beziehung zu ihm. Er ist nicht mehr nur der Klempner, der über seinen Job erzählt. Er ist ein Mensch, der ein komisches Erlebnis in einem ungeliebten Job hatte, etwas, das jeder verstehen kann.

Auf die Zuhörer eingehen

Wenn Sie in Ihren Bemerkungen auf Ihr Publikum eingehen, erringen Sie damit seine Aufmerksamkeit und nehmen es mit in Ihre Rede hinein. Sie werden als Redner gewissermaßen zum »Insider« und vermitteln Ihren Zuhörern, dass Sie sich die Mühe gemacht haben, sie näher kennenzulernen. Das Gute dabei ist, dass schon ein klein wenig sehr viel bewirken kann. In manchen meiner Reden habe ich mich an fünf oder sechs Stellen unmittelbar auf mein Publikum bezogen und wurde anschließend mit Lob überhäuft, dass ich mir so viel Mühe gemacht hatte, etwas über die jeweilige Gruppe in Erfahrung zu bringen. Flechten Sie den einen oder anderen Kommentar – einen humoristischen Kommentar, ein Lob oder eine einfache Beobachtung – bezüglich eines ortsansässigen Unternehmens, lokaler Nachrichten, Ereignisse oder Bräuche ein.

> ### Wie Präsident Reagan eine Beziehung zu seinen Zuhörern herstellte
>
> Der ehemalige US-Präsident Ronald Reagan stellte eine Verbindung zu seinen Zuhörern her, indem er eine Gemeinsamkeit fand und damit zeigte, dass er etwas über sein Publikum wusste oder sich zumindest in seine Belange einfühlen konnte. Hier ein paar Beispiele:
>
> Vor dem Internationalen Verband der Polizeichefs: »Sie und ich haben etwas gemeinsam. Harry Truman sagte einmal über das Amt des Präsidenten, dass es dem Ritt auf einem Tiger gleiche: Man muss weiterreiten oder man wird gefressen. Ist das nicht auch eine treffende Beschreibung für den Job, mit dem Sie Ihren Lebensunterhalt verdienen?«
>
> Vor dem Verband der Amerikanischen Mediziner: »Ich freue mich, dass ich bei der jährlichen Tagung der Delegierten des Verbandes der Amerikanischen Mediziner sprechen darf und möchte Dr. Jirka und Dr. Boyle zu ihren neuen Ämtern gratulieren. Ich kann mich des Gedankens nicht erwehren, dass dies der ideale Ort und der ideale Zeitpunkt wäre, Rückenschmerzen zu haben.«
>
> Bei der Verleihung des Preises des Präsidenten für hervorragende Leistungen in der naturwissenschaftlichen und mathematischen Lehre: »Es ist schön, Sie alle hier im Weißen Haus begrüßen zu dürfen. Wir möchten, dass Sie unser beschauliches Zusammentreffen genießen. Lehnen Sie sich zurück, entspannen Sie sich und denken Sie am besten gar nicht daran, was Ihre Schüler daheim mit Ihrer Vertretung anstellen.«

 Versuchen Sie sich vorzustellen, was Sie beeindrucken würde, wenn ein Außenstehender darauf zu sprechen käme.

Stoßen Sie niemanden vor den Kopf! Sollten Sie einen Namen nennen oder etwas über jemanden erzählen, der zu den Zuhörern gehört oder ihnen bekannt ist, klären Sie das lieber vorher mit einem Mitglied der Chefetage ab. Auch wenn Sie irgendetwas vor Ort zur Zielscheibe eines humoristischen Kommentars machen wollen, empfiehlt es sich, vorher mit jemandem darüber zu sprechen – Sie wollen sich doch schließlich nicht über eine Immobilienfirma lustig machen, die zufällig dem Chef des Unternehmens gehört.

Die richtigen Knöpfe drücken

Beziehen Sie sich in Ihrer Rede bewusst auf ein Thema, »über das man spricht« – eines, von dem Sie wissen, dass es unter Ihren Zuhörern kleinere Kontroversen auslösen könnte. Ein solches Thema sollte das ganze Publikum betreffen, nicht nur einige wenige Schlüsselfiguren. Auch sollten Sie darauf achten, dass es nicht allzu viel Zündstoff birgt. Am besten fragen Sie Ihren Auftraggeber.

Ich nenne in diesem Zusammenhang gerne eine Rede, in der ich meinen Zuhörern empfahl, das Verfassen von Berichten und Aktennotizen etwas lockerer zu sehen. »Das ist Papierverschwendung«, erklärte ich. Der ganze Saal brach in schallendes Gelächter aus und applaudierte. Warum? Die Leute im Saal waren im Rahmen von Kostensenkungsmaßnahmen gerade erst aufgefordert worden, den Verbrauch von Kopierpapier zu senken. Sie hielten diese Maßnahme für lächerlich.

Um ein solches kontroverses Thema zu finden, fragen Sie am besten Ihren Auftraggeber, ob die Zuhörer im Saal von irgendwelchen Maßnahmen der letzten Zeit oder der nahen Zukunft negativ betroffen sind oder sein werden. Wenn es da etwas gibt, haben Sie Ihr Thema gefunden.

Die Gefühle der Zuhörer berücksichtigen

Wenn Sie unter bestimmten Umständen sprechen, empfiehlt es sich, diese Umstände zu berücksichtigen. Schwitzt Ihr Publikum in einem überhitzten Raum und dicker Luft? Möchten Ihre Zuhörer lieber irgendetwas anderes machen, als Ihnen jetzt zuzuhören? Hat das Publikum irgendwelche Vorurteile bezüglich Ihrer Person? Sprechen Sie die betreffenden Punkte an, sonst werden sie als Barriere zwischen Ihnen und Ihren Zuhörern stehen bleiben.

Untergruppen im Publikum erkennen und ansprechen

Denken Sie daran, dass ein Publikum sich aus zahlreichen Untergruppen zusammensetzen kann, die jeweils eigene Bedürfnisse haben und für die jeweils andere Dinge im Mittelpunkt stehen. Wenn Sie ein harmonisches Verhältnis zum gesamten Publikum herstellen wollen, müssen Sie für jeden etwas im Gepäck haben.

Ein gutes Beispiel hierfür ist die Situation beim festlichen Abendessen eines Kongresses, bei dem auch die Ehepartner eingeladen sind. Die Hälfte des Publikums besteht aus Personen mit ähnlichen Berufen – Ingenieure, Doktoren und Ähnliches. Die andere Hälfte – die Ehepartner – zerfallen in zwei Kategorien: diejenigen, die außerhalb des Haushalts eine eigene Karriere verfolgen, und diejenigen, die sich Haushalt und Familie widmen. Das sind schon einmal drei Untergruppen. Die Ehepartner mit eigenen Berufen lassen sich wahrscheinlich noch weiter unterteilen.

Den Nutzen hervorheben

Achten Sie darauf, dass Sie Ihre Zuhörer wissen lassen, was sie davon haben werden, wenn sie Ihnen zuhören. Sie fragen sich nämlich, ob sie etwas erfahren werden, das ihnen hilft, Geld zu sparen, Zeit zu sparen, Stress abzubauen oder mit Ängsten, Unklarheiten oder den Wirren des Lebens umzugehen. Sex und Gesundheit sind ebenfalls Themen, die immer auf Interesse stoßen und dazu geeignet sind, die Grenzen zwischen den Generationen, Geschlechtern, Kulturen und Ländern zu überwinden.

Optimal recherchieren

In diesem Kapitel

▶ Zahlreiche Informationsquellen anzapfen

▶ Die Recherchen von anderen erledigen lassen – und zwar umsonst

▶ Im Internet tolle Materialien und Ideen finden

*E*in Geschäftsführer stellte in seinem Büro ein Schild mit der Aufschrift »Tu es jetzt« auf. Am nächsten Tag kündigte sein Verkaufsleiter, seine Sekretärin bat um eine Gehaltserhöhung und sein Geschäftspartner handelte mit dem Finanzamt Straffreiheit aus. Trotz solcher Risiken möchte ich Ihnen den Rat geben, es »jetzt zu tun«. Wenn Sie eine Rede vor sich haben, fangen Sie gleich mit den Vorbereitungen an. Schlagen Sie eine Zitatensammlung auf. Gehen Sie in die Bücherei. Suchen Sie im Internet. Rufen Sie ein Museum an. Tun Sie etwas. Tun Sie irgendetwas. Aber fangen Sie an!

Natürlich müssen Sie eine Vorstellung davon haben, *wo* Sie anfangen und wo Sie die Informationen finden, die Sie für Ihre Rede brauchen. Ob Sie nach einer Idee für Ihr Thema, nach wichtigen Aspekten oder Materialien wie Witze, Zitate, Statistiken und Anekdoten suchen, Sie müssen in jedem Fall recherchieren. In diesem Kapitel zeige ich Ihnen die Ausgangspunkte und die Techniken für diese Recherchen. (Sie finden diese für das Zusammentragen des Materials für eine Rede nützlichen Techniken auch in Kapitel 5.)

Quellen finden

Ein alter Philosoph sagte einmal, dass es interessanter sei, einem Redner zuzuhören, der mit einem alten Philosophen gesprochen hat, als einem, der über einen alten Philosophen gelesen hat. Das ist sicher wahr. Die Leute lassen sich lieber aus erster Hand informieren, wenn es möglich ist. Nun hat nicht jeder die Möglichkeit, mit dem alten Philosophen zu sprechen, aber beim Recherchieren findet sich gewöhnlich jemand, der das Glück hatte, dem alten Mann zu begegnen.

Wenn Sie mit dem Philosophen sprechen, haben Sie eine Originalquelle. Lesen Sie über jemanden, der mit ihm gesprochen hat, ist das eine indirekte Quelle. Beide Quellenarten sind wertvoll. In diesem Abschnitt erläutere ich, wie Sie die Quellen finden, aus denen die Informationen sprudeln, mit deren Hilfe Sie eine wirkungsvolle Rede entwickeln können. Einige sind Originalquellen, andere sind indirekte Quellen. Alle sind es wert, erkundet zu werden.

Bei sich selbst suchen

Wenn Sie alt genug sind, eine Rede zu halten, verfügen Sie auch über ausreichend Lebenserfahrung, die Sie in Ihre Rede einbringen können – private Anekdoten, Geschichten, Einsichten und Beobachtungen. Das sind oft die interessantesten Teile einer Rede. Das Publikum hört aufmerksam zu und merkt sich alles genau. Aber wie finden Sie diese Geschichten? Man hat sie zwar im Kopf, aber viele Menschen haben Schwierigkeiten, sie hervorzuholen. In den nächsten beiden Abschnitten zeige ich Ihnen, wie man private Geschichten findet, die man in eine Rede einarbeiten kann.

Neues persönliches Material zusammenstellen

Unabhängig davon, worüber Sie sprechen, lässt sich immer leicht entsprechendes persönliches Material finden. Sollten Sie über keine unmittelbaren Erfahrungen zu Ihrem Thema verfügen, können Sie sich einfach aufmachen und Erfahrungen sammeln. Die folgenden Beispiele helfen Ihnen auf die Sprünge:

✔ **Wenn Sie etwas über den Wohnungsbau als Zeichen für die wirtschaftliche Entwicklung sagen wollen,** fahren Sie ein bisschen herum und zählen die Baustellen im Entstehen begriffener Siedlungen. Die so gewonnenen persönlichen Erfahrungen können Sie in Ihre Materialien integrieren. Sie können etwa sagen:»Eines der wichtigsten Anzeichen für die wirtschaftliche Entwicklung ist der Wohnungsbau. Als ich neulich zur Arbeit fuhr, habe ich 15 Rohbauten gezählt. In jedem tummelten sich die Handwerker, die mauerten, sägten und hämmerten. Überall standen Paletten voller Steine, Dachbalken und Zementsäcke. Lastwagen fuhren Erde ab und brachten Sand und Kies mit zurück. Architekten waren in ihre Pläne vertieft. Kleine Imbisswagen fuhren vorbei und belieferten die Bauarbeiter mit Proviant. Man glaubt es kaum, wie viel wirtschaftliche Aktivität durch den Bau eines Hauses angeregt wird. Es ist also eine gute Nachricht, dass der Wohnungsbau im letzten Jahr national um x Prozent zugenommen hat.«

✔ **Wenn Sie über das Fernsehen sprechen wollen,** schauen Sie einfach fern. Sie können dann Folgendes sagen:»Als ich vor ein paar Tagen den Fernseher eingeschaltet habe, wusste ich sehr schnell nicht mehr, wo ich noch hinschalten sollte. An die ewige Werbung und die geistlosen Shows hat man sich ja fast schon gewöhnt. Wirklich schlimm ist der neue Trend der Reality-Shows, die sich auf allen Sendern breitmachen. Wenn das die Realität ist, bin ich reif fürs Phantasialand.«

✔ **Wenn Sie sich der Politik zuwenden möchten,** nehmen Sie an einer öffentlichen Stadt- oder Gemeinderatssitzung teil. Das können Sie dann in Ihrer Rede folgendermaßen einbringen:»Ein berühmter Politiker hat einmal gesagt ›Politik passiert vor Ort‹. Was er damit meinte, habe ich verstanden, als ich neulich an einer Gemeinderatssitzung teilgenommen habe. Weiter vor Ort kann man kaum noch vordringen. Jedes Schlagloch, jeder Riss im Bürgersteig und jeder auf die Straße ragende Baum scheint hier zur Sprache zu kommen. Dabei war die Politik hinter diesen praktischen Problemen nicht minder komplex als nationale politische Fragen. Denn im Grunde geht es in der Politik doch immer um die Lösung von Problemen.«

Bereits Vorhandenes verwenden

Warum in die Ferne schweifen ... Jeder weiß, dass es am einfachsten ist, auf Material zuzugreifen, über das man bereits verfügt. Wenn Sie Lehrer sind, können Sie sicher eine Anekdote über Ausreden zum Besten geben, die Schüler sich einfallen lassen, wenn sie zu spät kommen oder die Hausaufgaben nicht gemacht haben. Mit einer solchen Anekdote lässt sich eine Argumentation über die Notwendigkeit persönlicher Verantwortung ohne Zuflucht zu Ausreden illustrieren. Besonders wenn viele Lehrer oder Projektleiter im Publikum sitzen, werden Sie damit punkten können.

Sie können einer Anekdote mehr Schlagkraft verleihen und Ihr Publikum damit besser erreichen, wenn Sie die ihr innewohnenden Emotionen freisetzen. Stellen Sie zum Beispiel Ihre *Frustration* heraus, wenn die Schüler mit ihren Ausreden kommen. So können auch Zuhörer, die eine solche Situation nicht aus eigener Erfahrung kennen, etwas damit anfangen, denn frustriert war jeder schon einmal.

Ein Vorschlag, wie man das beste emotionsgeladene Material findet, mit dessen Hilfe man eine Brücke zum Publikum schlagen kann, stammt von dem erfolgreichen amerikanischen Comedian John Cantu: Nehmen Sie ein Blatt Papier und schreiben Sie einige Grundgefühle auf – Liebe, Angst, Hass, Verlegenheit und so weiter. Überlegen Sie anschließend, welche Ihrer Erfahrungen bei Ihnen die jeweiligen Gefühle ausgelöst hat. Gehen Sie dabei methodisch zahlreiche Situationen durch. Denken Sie zum Beispiel an Erfahrungen, die Sie verärgert haben. Wenn Ihnen nichts mehr einfällt, konzentrieren Sie sich auf spezifische Situationen, etwa Situationen am Arbeitsplatz, die Sie verärgert haben, Situationen in der Schule, die Sie verärgert haben, Situationen in Ihrer Fußballmannschaft, die Sie verärgert haben. Haben Sie eine interessante Anekdote im Zusammenhang mit Verärgerung gefunden, schreiben Sie sie auf und feilen daran, bis sie perfekt ist.

Interviews

Eine der besten, wenn auch am häufigsten vernachlässigten Originalquellen sind andere Menschen. Menschen haben Erfahrungen gemacht und können Geschichten erzählen. Sie haben Einsichten gewonnen. Sie müssen andere Menschen nur fragen, um diesen Informationsschatz anzuzapfen. Schriftsteller und Journalisten machen das so. Die Polizei macht das so. Auch Show-Moderatoren nutzen diese Quelle. Redner jedoch verschmähen meist Interviews als Informationsquellen. Das ist ein Fehler.

Ein Interview zu arrangieren und durchzuführen, ist keine große Sache. Menschen reden gerne über ihre Arbeit und ihre Hobbys. Wenn Sie also eine Rede über Autos halten sollen, können Sie mit einem Autohändler Kontakt aufnehmen und ihn fragen, ob er nicht fünf Minuten Zeit hat, mit Ihnen zu sprechen. Die meisten Leute werden Ihnen eine solche Bitte nicht abschlagen. Im Gegenteil, sie sind erfreut, Ihnen helfen zu können. Wie auch immer das Thema Ihrer Rede aussehen mag, befragen Sie ein paar Leute, die in der jeweiligen Branche arbeiten.

Noch eine Bemerkung zu Interviews. Die meisten Leute beenden ihr Interview mit den folgenden beiden Fragen: »Sollte ich ihrer Meinung nach noch eine Frage stellen, die ich bisher nicht gestellt habe?« und »Möchten Sie noch etwas hinzufügen?« Gelegentlich erfährt man auf diese Weise noch ein paar kleine Details zum Thema, aber meistens fördern solch allgemeine Fragen keine sonderlich nützlichen Informationen zutage.

Man kann zum Glück auch anders an die Sache herangehen und Fragen stellen, die den Befragten aus den Tiefen der eigenen Erfahrungen neue Informationen hervorholen lassen, an die man mit den üblichen Fragen nicht herankommt. John Cantu empfiehlt dazu die beste einzelne Frage, die man stellen kann: »Was wissen Sie heute über dieses Thema, das Sie gerne schon gewusst hätten, als Sie ganz am Anfang standen?« Diese Frage ist besonders nützlich in Situationen, in denen man für ein Interview kaum eine Minute Zeit hat – etwa im Fahrstuhl, am Arbeitsplatz, bei einem Zusammentreffen mit einem Prominenten im Flugzeug und so weiter. Wenn Sie nur eine einzige Frage stellen können, stellen Sie diese.

Bibliotheken nutzen

Jeder weiß, dass man in Bibliotheken jede Menge Hilfsmittel für die Recherche und Quellensuche findet. Statt gleich auf den Katalog loszugehen, befolgen Sie lieber den Rat von John Cantu und statten Sie der Kinderbuchabteilung einen Besuch ab. Ein gutes Kinderbuch zum Thema Ihrer Rede ist der beste Einstieg in die Gliederung, weil dort in der Regel die wichtigsten Aspekte eines Themas klar und übersichtlich behandelt werden.

Angenommen, Ihre Rede dreht sich um Mineralien. In einem Kinderbuch finden Sie Kapitel, die erklären, wie sich Mineralien bilden, und die sich mit Mineralien des Meeres, der Erde, mit wertvollen Mineralien und Edelsteinen, Mineralien für die Bauwirtschaft und so weiter beschäftigen. Jedes Kapitel könnte ein wichtiger Baustein Ihrer Rede werden. Oder Sie können mit Hilfe der Kapitelüberschriften den Umfang Ihres Themas eingrenzen.

Zeitung lesen

Ich mag das *Wall Street Journal* als Quelle für Statistiken, Anekdoten und Beispiele, weil die Artikel auf der Titelseite immer mit einer Anekdote beginnen, die dann als Sprungbrett für eine breitere Diskussion benutzt wird. Ähnliche Artikel findet man auch in *Die Zeit*. Da erzählt uns ein Artikel recht detailliert, wo und wie unsere Bundeskanzlerin privat wohnt und dass man diese Daten recht leicht im Internet findet, und setzt sich dann mit den Erkenntnissen der Werbestrategen über unser Leben und unsere Gewohnheiten und das neue »Geomarketing« auseinander. Wenn Sie also eine Rede über die Datensammlungswut der Konsumindustrie, Marktforschung, Datenschutz oder ein ähnlich gelagertes Thema halten wollen, können Sie diese Eröffnung in Ihrer Rede verwenden. Vielleicht finden Sie im selben Artikel auch statistische Daten, die Sie gebrauchen können. Zeitungen können bei der Recherche für Ihr Thema eine wahre Goldgrube sein.

Checkliste für persönliche Anekdoten

Persönliche Anekdoten gehören zu den wertvollsten Aktivposten eines Redners. Sie wecken Aufmerksamkeit, weil sie authentisch sind. Sie sollten also so viele davon auf Lager haben, wie Ihr Erinnerungsvermögen hergibt. Brauchen Sie eine kleine Erinnerungshilfe? Die folgende Liste wird Ihnen auf die Sprünge helfen:

✔ Ihr peinlichstes Erlebnis

✔ Ihre größte Verärgerung

✔ Der unmöglichste Brief, den Sie je bekommen haben

✔ Ihr erstes Rendezvous

✔ Die merkwürdigste Angewohnheit eines Freundes, Verwandten oder Kollegen

✔ Das Dümmste, was Sie je gehört haben

✔ Ihr erster Arbeitstag

✔ Der schlechteste Chef, den Sie je hatten

✔ Das Traurigste, was einem Freund je passiert ist

✔ Ihr größter Fehler

✔ Ein merkwürdiger Traum

✔ Das Bizarrste, was Sie je gesehen oder gehört haben

✔ Ihre verrückteste Urlaubsgeschichte

✔ Das Eigenartigste, das je im Rahmen einer Sitzung passiert ist

✔ Restaurantbesuch: merkwürdige Restaurants, Kellner, Essen, schlechter Service

✔ Verwandte

✔ Autofahren lernen

✔ Schule: Klassenfahrten, Lehrer, Klassen

✔ Studium: Professoren, Examen

✔ Anekdoten, die Ihre Eltern Ihnen erzählt haben

✔ Ihr erstes Vorstellungsgespräch

✔ Etwas, das damals ernst war und heute komisch anmutet

✔ Das merkwürdigste Geschenk, das Sie je erhalten haben

Informationen aus Jahrbüchern

In Jahrbüchern können Sie ebenfalls interessantes Material finden. Der *Fischer Weltalmanach*, ein Klassiker in diesem Bereich, liefert Jahr für Jahr zu allen Staaten der Erde die wichtigsten Zahlen, Daten, Fakten und Hintergrundinformationen aus Politik, Wirtschaft, Umwelt, Kultur und Sport. Veranschaulicht durch zahlreiche Grafiken und Bilder können Sie sich hier über die Hintergründe politischer Entwicklungen und in der Öffentlichkeit viel diskutierter Probleme informieren.

Das Kalenderblatt

Das *Kalenderblatt* der Deutschen Welle (www.kalenderblatt.de) informiert in unterhalt-samer Form über geschichtliche Ereignisse und berühmte Personen – geordnet nach Tagen. Wann wurde der Dollar eingeführt? Warum wurde Preußen aufgelöst? Was besagt die Genfer Konvention? Und wer kaufte Alaska? Hier finden Sie zahlreiche Anregungen, wie Sie Ihre Rede beginnen können. Suchen Sie nach Ereignissen in der Vergangenheit, die sich am Tag Ihrer Rede ereignet haben. Wählen Sie eines oder mehrere dieser Ereignisse aus und gestalten Sie damit die Einleitung Ihrer Rede. »Heute ist der 3. Oktober, der Tag der Deutschen Einheit. Aber er ist auch der Geburtstag von Carl von Ossietzky, der für sein Engagement gegen den Krieg 1935 den Friedensnobelpreis erhielt. Lassen Sie mich anlässlich dieses wichtigen Tages einige Bemerkungen an Sie richten.«

Elektronische Datenbanken

Ich hoffe, dass Sie sich die Recherche nicht unnötig damit schwer machen, dass Sie den Computer meiden wie die Pest. Mit einem Computer lässt sich die Suche nach Material und Informationen erheblich beschleunigen. In nahezu jeder Bibliothek finden Sie Computer, die den Zugriff auf elektronische Datenbanken erlauben, die eine Fülle an Informationen beher-bergen. Geben Sie einfach ein oder mehrere Stichwörter in die jeweilige Suchmaske ein, und der Computer durchsucht für Sie die Quellen der angeschlossenen Datenbanken. Nach kurzer Zeit spuckt er eine Liste mit den entsprechenden Zitaten aus. Sie werden vielleicht ein paar Minuten investieren müssen, bis Sie verstanden haben, wie Sie dem Computer diese Liste entlocken, aber das ist immer noch einfacher, als Tausende von Quellen von Hand durchzublät-tern. Außerdem findet sich in einer Bibliothek immer ein hilfsbereiter Mitarbeiter, der Ihnen weiterhelfen kann. Oder Sie gehen in die Kinderbuchabteilung und fragen den erstbesten Sie-benjährigen – die kennen sich mit Computern in aller Regel viel besser aus als Erwachsene.

Aber auch von zu Hause aus können Sie das Internet nach frei zugänglichen Datenbanken durchsuchen.

 Was kostet die Recherche in elektronischen Datenbanken? Sie muss nicht unbe-dingt etwas kosten. Bei meinem letzten Besuch in einer Universitätsbibliothek habe ich festgestellt, dass man Dutzende elektronischer Datenbanken kostenlos durchsuchen kann. Dazu gehören beispielsweise die Zeitschriftendatenbank (ZDB; http://dispatch.opac.ddb.de/LNG=DU/DB=1.1/), in der nicht-wissenschaftliche

Artikel und Newsletter recherchiert werden können, und das wissenschaftliche Pendant dazu, die Elektronische Zeitschriftenbibliothek (EZB; `http://rzblx1.` `uni-regensburg.de/ezeit/`). Die nach Sachgebieten oder alphabetisch sortierten Zeitschriften können Sie je nach Zugänglichkeit kostenlos online anzeigen lassen und lesen. Interessant ist gegebenenfalls auch das Portal `www.dissonline.de`, über das Sie an die Texte digital veröffentlichter Dissertationen gelangen können. Weitere Datenbanken können Sie über die Links des Hochschulbibliothekszentrums des Landes Nordrhein-Westfalen (`http://www.hbz-nrw.de`) finden, wenn Sie den Menüpunkt RECHERCHE UND MEHR anklicken. Besonders interessant ist der hbz-Werkzeugkasten.

Andere für sich recherchieren lassen - kostenlos

Ja, Sie können wirklich andere Leute dazu bewegen, kostenlos für Sie zu recherchieren. Sie müssen dazu weder schummeln noch betteln noch ein geheimes Passwort kennen. Leute, die von anderen bezahlt werden, für Sie zu recherchieren, sind nicht schwer zu finden.

Auskunftsbibliothekare fragen

Die wertvollste Informationsquelle in einer Bibliothek sind nicht die Bücher- und Zeitschriftensammlungen. Sie sitzt an einem Schreibtisch und beantwortet Fragen. Ich spreche von den *Auskunftsbibliothekaren*. Auskunftsbibliothekare wissen beileibe nicht alles, aber die guten wissen, wo man findet, was man braucht. Seien Sie nicht schüchtern. Sagen Sie dem Auskunftsbibliothekar, woran Sie arbeiten und wonach Sie suchen. Er kann Ihnen den Weg zu den geeigneten Quellen zeigen und bei Ihren Vorbereitungen eine Menge Zeit sparen helfen.

 Finden Sie heraus, ob der jeweilige Auskunftsbibliothekar Ihre Fragen auch telefonisch, per E-Mail oder im Chat beantwortet. Einige Bibliotheken bieten mittlerweile solche Dienstleistungen an. So können Sie auch entfernter liegende Bibliotheken in Ihre Suche einbeziehen. Klar, das liegt auf der Hand, aber man denkt nicht immer daran.

Mit Forschungsmitarbeitern in Museen sprechen

Größere Museen haben Forschungsmitarbeiter, deren Aufgabe darin besteht, in ihrem jeweiligen Spezialgebiet stets auf dem neuesten Wissensstand zu sein. Diese Mitarbeiter sind unschätzbare Quellen für Redematerial. Rufen Sie einfach mal an – sie teilen ihr Wissen in der Regel gerne mit anderen.

Pressestellen anzapfen

Wenn Sie Informationen von einer Agentur, einer Abteilung, einem Gremium oder einer Kommission auf lokaler, Landes- oder Bundesebene erhalten wollen, setzen Sie sich mit der jeweiligen Pressestelle oder der für die Öffentlichkeitsarbeit zuständigen Kontaktperson in Verbindung. Fast jede öffentliche Stelle hat jemanden, der dafür bezahlt wird, Ihnen diese Informationen zu geben. Wenn Sie Steuern zahlen, sind Sie praktisch Arbeitgeber der jeweiligen Person. Fragen Sie nach den Fakten oder Zahlen, die Sie für Ihre Rede brauchen. Aber seien Sie höflich und verhalten Sie sich respektvoll – es handelt sich um eine öffentliche Dienstleistung, nicht um Sklavenarbeit. Wenn Sie freundlich und respektvoll sind, steigen Ihre Chancen, dass man sich extra für Sie ins Zeug legt.

Im Internet recherchieren

Das Internet ist, was Wissen und Informationen anbelangt, mit dem Wilden Westen vergleichbar. Es ist eine weitgehend ungezähmte Wildnis, die jeden Tag wächst. Es ist voller Goldminen und reichhaltiger Ölquellen, aber es fehlt an Wegweisern, die darauf hinweisen. Deshalb möchte ich Sie in diesem Abschnitt auf einige nützliche Websites hinweisen, auf denen Sie bei Ihrer Suche nach Informationen, visuellen Hilfsmitteln und sogar Hilfestellungen im Hinblick auf die Präsentation Ihrer Rede fündig werden können.

Zwei großartige Websites

Wenn ich auf einer einsamen Insel eine Rede halten sollte und nur zwei Websites mitnehmen dürfte, würde ich mich für diese zwei entscheiden: die Deutsche Internetbibliothek und das Redenarchiv der *Zeit*.

✔ **Die Deutsche Internetbibliothek (**www.internetbibliothek.de**):** Über das Wissensportal der Bibliotheken, ein Gemeinschaftsprojekt der Bertelsmann Stiftung und des Deutschen Bibliothekenverbands, verschaffen Sie sich mittels eines ausgesuchten und kommentierten Linkkatalogs (über 6.000 Links) Zugang zu den besten Adressen im Internet. Die Quellen und Links werden täglich von Fachleuten aktualisiert. Im Bedarfsfall können Sie Ihre Fragen per Mail an einen Bibliothekar stellen oder sich persönlich beraten lassen.

✔ **Das Redenarchiv der *Zeit* (**www.zeit.de/reden/index**):** Seit einiger Zeit baut die Zeitschrift *Die Zeit* ein Redenarchiv auf, das unter anderem die deutsche Redenkultur dokumentieren soll. Sie finden hier wichtige Reden aus den Bereichen Weltpolitik, Europapolitik, deutsche Außenpolitik, deutsche Innenpolitik, Wirtschaftspolitik, Bildung und Kultur, Gesellschaft und historische Reden. Holen Sie sich hier Anregungen, finden Sie Zitate, informieren Sie sich über bestimmte Themen und sehen Sie sich an, wie andere ihre Gedanken strukturieren.

Optimale Internetrecherche

Das Internet kann schon überwältigend wirken, selbst wenn man weiß, wonach man sucht. Ich gebe Ihnen deshalb ein paar Tipps an die Hand, mit denen Sie sich die elektronische Recherche etwas erleichtern und produktiver gestalten können.

✔ **Suchmaschinen:** Über die heute im Internet verfügbaren Suchmaschinen könnte man ein eigenes Buch schreiben. Ich möchte hier nur eine erwähnen: www.google.de. Die wohl populärste Suchmaschine in der Cyberwelt ist einfach in der Handhabung und sehr umfassend. Geben Sie einfach einen Suchbegriff in die Suchmaske ein, und Google liefert Ihnen so viele Links zu Ihrem Thema, dass Sie die nächsten Tage genug zu tun haben.

 In der Regel zählt Google die Links mit der höchsten Trefferwahrscheinlichkeit zuerst auf. Anstatt also auf jeden Link zu klicken, können Sie sich zunächst auf die Zusammenfassungen konzentrieren, die Sie auf den ersten Seiten finden. Wenn Sie die für Sie in Frage kommenden Links dort finden, können Sie sich nach und nach durchklicken.

Wenn Sie an weiteren Suchmaschinen interessiert sind, dann werden Sie bestimmt unter www.internetbibliothek.de oder www.suchlexikon.de sicher fündig. Dort finden Sie genug, um den Rest Ihres Lebens beschäftigt zu sein.

 Die besten Suchergebnisse erzielen Sie, wenn Ihre Suchbegriffe möglichst spezifisch sind. Damit werden Tausende von nutzlosen Links aussortiert und die Wahrscheinlichkeit erhöht, dass Sie finden, was Sie suchen. Wenn Sie nach Informationen über Lobreden suchen, führt die Suche nach dem Wort »Lobrede« zu besseren Ergebnissen als die Eingabe des Suchbegriffs »Rede«.

 **Webringe:** Ein Geheimtipp für die Internetrecherche ist die Suche in so genannten Webringen. Ein Webring besteht aus mehreren miteinander verlinkten Websites, die sich verwandten Themen widmen. Wenn Sie einen Webring finden, der sich mit Ihrem Thema beschäftigt, haben Sie unter Umständen eine hervorragende Informationsquelle gefunden.

✔ **Nachrichtenarchive:** Viele traditionelle Informationsquellen – Zeitungen, Magazine und Newsletter – besitzen auch eine Internetausgabe. Aber es kommt noch besser. Viele bieten auch Online-Archive an, in denen Sie alte Ausgaben durchsuchen können.

• Ein guter Startpunkt für eine Suche ist Google-News, eine Suchfunktion von Google, mit der Sie 700 kontinuierlich aktualisierte Nachrichtenquellen durchsuchen können.

• Links zu den Suchfunktionen oder Archiven wichtiger Tages- und Wochenzeitungen, Zeitschriften, Radio- und Fernsehsendern bietet die Website www.medienarchiv.de.

• Links zu Hunderten von Nachschlagewerken, Archiven, Datenbanken und Portalen finden Sie übersichtlich zusammengestellt auf den Seiten von www.fix-finden.de.

Visuelle Hilfsmittel finden

Brauchen Sie ein Bild für ein Dia, eine Overheadfolie oder eine PowerPoint-Präsentation? Im Internet finden Sie fast alles, was Sie brauchen. Das beste Material finden Sie auf den folgenden Websites:

✔ **PixelQuelle.de (www.pixelquelle.de):** Die Sammlung umfasst derzeit über 80.000 Bilder in 14 Hauptkategorien, die durch Eingabe von Stichwörtern durchsucht werden können. Das Herunter- und Hochladen von Fotos sowie deren Nutzung ist kostenlos, wenn man sich als Benutzer registriert und die Nutzungsbedingungen anerkennt. Wichtig ist, dass bei Verwendung der Fotos PixelQuelle.de als Quelle ausgewiesen wird.

✔ **ImageFinder (http://sunsite.berkeley.edu/ImageFinder):** Über diese englischsprachige Website finden Sie Zugang zu einer riesigen Bildersammlung. Suchmasken für elf verschiedene Bilddatenbanken erlauben Ihnen unter anderem, Fotografien und Bilder in der amerikanischen Kongressbibliothek, im Smithsonian Institute und in der australischen Nationalbibliothek zu suchen. Eine Verwendungserlaubnis benötigen Sie nur beim kommerziellen Einsatz der Bilder.

✔ **PowerPoint-Vorlagen:** Tausende professioneller PowerPoint-Vorlagen sind im Internet verfügbar, und das umsonst! Geben Sie einfach »kostenlose PowerPoint-Vorlagen« in eine beliebige Suchmaschine ein. Eine beachtliche Sammlung finden Sie unter der Adresse www.soniacoleman.com/templates.htm. (Über PowerPoint-Präsentationen können Sie mehr in Kapitel 10 nachlesen.)

Präsentationstipps auftreiben

Im Internet findet man nicht nur Websites, die für die Recherche und das Verfassen einer Rede nützlich sind, sondern auch solche, die zeigen, wie man eine Rede *hält*.

Im Internet haben Sie Zugang zu Tausenden Stunden Reden. Sie können sich selbst einen Eindruck davon verschaffen, welche Präsentationstechniken funktionieren und welche nicht. Sie können hören, wie man seine Redezeit einteilt und seine Sprechgeschwindigkeit verändert. Und oft können Sie sogar die Reaktionen des Publikums mitverfolgen.

✔ Das History-Channel-Redenarchiv (www.history.com/media.do): Diese Sammlung historischer Reden beinhaltet Beispiele von Mahatma Gandhi über Anwar Sadat bis zu Richard Nixon und Königin Elisabeth.

✔ Wenn Sie bei Google die Stichwörter »Reden« und »Audio« eingeben, erhalten Sie zahlreiche Links zu Audioaufzeichnungen von Reden, meist von Politikern.

Die Rede gestalten

In diesem Kapitel

▷ Das Material für die Rede auswählen

▷ Sich für das beste Gestaltungsmuster entscheiden

▷ Eine Gliederung anfertigen, die Ihren Zielen gerecht wird

▷ Die Zeitfrage

▷ Die Rede gestalten

*E*ine verbreitete Empfehlung für die Gestaltung einer Rede lautet: Sagen Sie den Zuhörern, was Sie ihnen sagen werden, dann sagen Sie es ihnen und dann sagen Sie ihnen, was Sie ihnen gesagt haben. Viele Berater servieren ihren Kunden diese Binsenweisheit mit einem bedeutungsvollen Blick, als hätten sie das Rad neu erfunden und warten dann darauf, dass man ihrem Genie huldigt. Allerdings besagt diese Sagen-Sagen-Sagen-Formel rein gar nichts. Oder was würden Sie davon halten, wenn man Ihnen sagen würde, dass Sie ein Schiff bauen sollen, indem Sie einen Haufen Material so zusammenbauen, dass er schwimmt, wenn Sie an Bord sind. Doch wohl nicht, oder? Die Frage ist doch: Wie macht man das?

Dieses Kapitel beschäftigt sich eingehend damit, wie man eine Rede gestaltet. Es geht unter anderem darum, wie Sie entscheiden, was Sie Ihren Zuhörern sagen, wie Sie das gliedern, was Sie Ihren Zuhörern sagen, und wie viel Sie Ihren Zuhörern erzählen.

Das richtige Material wählen

Bevor Sie sich an die Gestaltung einer Rede machen können, müssen Sie zunächst entscheiden, welches Material Sie in der Rede verwenden wollen (wie man Material sucht und findet, erfahren Sie in den Kapiteln 3 und 5). Die eigentliche Aufgabe besteht jedoch darin zu entscheiden, was Sie *nicht* verwenden wollen. Denn für jedes nur erdenkliche Thema findet sich immer weit mehr Material, als Sie in Ihrer Rede unterbringen können. Darüber hinaus sind Ihre Zuhörer nicht unbegrenzt aufnahmefähig. Folgende Richtlinien sollen Ihnen bei Ihrer Entscheidung helfen:

✔ **Sorgen Sie für abwechslungsreiches Material:** Im Rheinland sagt man »Jeder Jeck ist anders«. Daraus folgt für Reden, dass man breitgefächertes Material bereithalten sollte – Anekdoten, Statistiken, Beispiele, Zitate und so weiter. So wird die Rede interessanter und es erhöht sich die Wahrscheinlichkeit, dass für jeden einzelnen Zuhörer etwas dabei ist, das ihm besonders gefällt.

✔ **Denken Sie an Ihre Zuhörer.** Wählen Sie Material, das Ihre Zuhörer verstehen und für das sie sich interessieren. Es geht nicht darum, was Sie alles zu dem betreffenden Thema wissen. Es geht darum, was das Publikum wissen muss, damit Ihre Rede zum Erfolg wird.

✔ **Behalten Sie immer etwas in Reserve.** Heben Sie sich das eine oder andere Häppchen auf, ein zusätzliches Beispiel, eine Statistik oder eine Anekdote. Sie können nie wissen, wann Sie darauf zurückgreifen müssen, vor allem wenn Sie im Anschluss an Ihre Rede noch für Fragen zur Verfügung stehen.

Gestaltungsmuster

Stellen Sie sich vor, es kommt jemand zu Ihnen und drückt Ihnen einen Zettel in die Hand, auf dem die Buchstaben »m«, »d«, »u«, »y« und »m« stehen. Sie werden sich mit Recht fragen, was das soll (es sei denn, Sie sind beim Augenarzt und unterziehen sich einem Sehtest). Nehmen wir weiter an, dieselbe Person gibt Ihnen einen Zettel, auf dem dieselben Buchstaben so arrangiert sind: »d«, »u«, »m«, »m«, »y«. Reagieren Sie jetzt anders? Glückwunsch, Sie haben soeben ein Muster erkannt.

Muster spielen eine wichtige Rolle bei der Zuweisung von Bedeutungen und der Interpretation von Botschaften. Ich könnte jetzt weit ausholen und das ausführlich aus der Sicht der Wahrnehmungspsychologie erläutern. Damit Sie aber entspannt weiterlesen können, erspare ich Ihnen das. Sie müssen nur wissen, dass Menschen die Neigung haben, alles, was sie wahrnehmen, Mustern zuzuordnen. Von der Ausprägung dieser Muster hängt zu einem großen Teil ab, wie wir mit anderen Menschen kommunizieren. Also spielen die Muster Ihrer Rede eine wichtige Rolle im Hinblick darauf, wie Ihr Publikum Ihre Worte versteht.

Zwei Grundregeln

Damit das Gestaltungsmuster Ihre Rede möglichst gut unterstützt, sollten Sie sich an zwei Regeln halten:

Das Muster deutlich machen

Haben Sie schon einmal diese Bilder gesehen, die nur aus kleinen Punkten bestehen? Sie wissen schon, die Bilder, bei denen Sie erst sehen, was darauf ist, wenn Sie sie ganz nah ans Gesicht halten. Erst dann soll man das darauf abgebildete Muster erkennen können. Manche Menschen können diese Muster erkennen, es ist also eine Struktur da, aber sie ist nicht offensichtlich – zumindest nicht für mich und andere Leute, die nie etwas auf diesen Bildern erkannt haben. (Ich habe mir buchstäblich die Nase daran platt gedrückt, habe aber immer noch nicht mehr als Punkte gesehen.)

Denken Sie daran, wenn Sie Ihre Rede zusammenbauen. Sie wollen keine Ansammlung von Punkten, die nicht von allen als Gesamtbild erkannt wird. Sie wollen, dass alle Zuhörer in Ihrer Rede ein Muster erkennen. Ihre Rede ist kein Intelligenztest. Sie wollen nicht herausfinden, ob Ihr Publikum schlau genug ist, die versteckten Muster zu entdecken. Sie wollen sicher sein, dass Ihr Redemuster für jeden Ihrer Zuhörer sichtbar ist – ohne große Anstrengung. Und dabei können Sie eigentlich nie zu weit gehen.

Ein geeignetes Muster wählen

Bei der Wahl eines Gestaltungsmusters müssen Sie Ihr Thema und Ihre Zuhörer berücksichtigen. Mit welchem Muster bringen Sie Ihre Botschaft am besten rüber? Wenn Sie beispielsweise über die Geschichte einer Auseinandersetzung über Flächennutzungspläne in Ihrer Region reden, bietet sich eine chronologische Anordnung eher an als der Ansatz »Theorie/Praxis«. (Im nachfolgenden Abschnitt »Häufig verwendete Gestaltungsmuster« finden Sie mehr Informationen über Strukturen, die Sie verwenden können.)

Häufig verwendete Gestaltungsmuster

Obwohl es viele Gestaltungsmuster gibt, werden einige davon immer und immer wieder genutzt. Die folgenden gehören zu den am häufigsten in Reden verwendeten Gestaltungsmustern:

✔ **Problem/Lösung:** Umreißen Sie ein Problem und bieten Sie eine Lösung an. Wenn Sie zum Beispiel in einer Rede vor Vertretern der Schulbehörde die schlechten baulichen Zustände der Schulen kritisieren, können Sie anschließend über Möglichkeiten sprechen, die Schulen finanziell besser zu fördern. Was Sie besonders herausstellen, hängt davon ab, was Ihre Zuhörer bereits wissen. Müssen Sie sie erst auf ein Problem aufmerksam machen oder sind sie schon im Bilde? Gibt es konkurrierende Lösungsmodelle? Und so weiter.

✔ **Chronologisch:** Wenn Sie über eine Reihe von Ereignissen (etwa eine Serie von Unfällen an einer Ecke, an der Sie ein Stoppschild für angebracht halten) reden wollen, können Ihre Zuhörer Ihnen leichter folgen, wenn Sie Ihre Rede chronologisch strukturieren (Vergangenheit/Gegenwart/Zukunft).

✔ **Orte:** Diese Struktur bietet sich an, wenn Sie über Dinge reden, die verschiedenen Orten zugeordnet sind. Haben Sie beispielsweise vor, mit Ihrer Rede neuen Angestellten eine erste Orientierung im Unternehmen zu ermöglichen, können Sie Ihre Rede nach Etagen (1. Stock, 2. Stock, 3. Stock), Gebäuden (Gebäude A, B und C) oder anderen Einheiten (Abteilung Europa, Abteilung Nordamerika, Abteilung Asien) gliedern.

✔ **Weitergeführte Metapher oder Analogie:** Dieses Muster macht sich einen Vergleich zweier Aspekte für die Gestaltung der gesamten Rede zunutze. Man findet es oft in Reden von Lehrern oder Ausbildern. »Eine Rede zu halten ist mit fliegen vergleichbar. Es gibt Start, Landung, Flug, Passagiere und Kontrollturm. Der Start entspricht der Einführung ...«

✔ **Ursache/Wirkung:** Man stellt eine Ursache vor und erläutert dann ihre Wirkung. Dieses Muster wird oft in wissenschaftlichen Reden verwendet, funktioniert aber auch wunderbar bei Schuldzuweisungen. »Die Asien-Abteilung hat in diesem Quartal beschlossen, dem Rat eines Management-Gurus zu folgen. Sie hat neue Verfahrensweisen eingeführt, eine neue Software für die Kostenkontrolle angeschafft und es mit innovativen Verkaufsmethoden probiert. Im Ergebnis ist der Bruttoumsatz um die Hälfte und die Gewinnmarge um 10 Prozent zurückgegangen.« (Aber der Guru verzeichnete einen Rekordgewinn.)

✔ **Aufteilen eines Zitats:** Jedes Wort eines Zitats beschreibt einen Teil der Rede. Diese Technik wird oft von Geistlichen in Predigten verwendet. »Die Bibel sagt: ›Weisheit ist mehr wert als Perlen.‹ Was heißt das? Nehmen wir zunächst die Weisheit. Beschränkt sie sich auf unseren Intelligenzquotienten? Sicher nicht. Die meisten von uns kennen Menschen mit einem hohen IQ, die nicht sehr weise sind.« Man findet diese Art der Strukturierung auch oft bei Motivations- und Verkaufstrainern.

✔ **Buchstabieren eines Wortes:** Nehmen Sie ein Wort und bauen Sie Ihre Rede auf die einzelnen Buchstaben dieses Wortes auf. »Das Thema meiner heutigen Rede ist ›LIEBE‹. ›L‹ steht für Lachen. Lachen ist lebenswichtig, weil ...« Auch diese Struktur findet sich häufig in Reden von Geistlichen und solchen Rednern, die darauf zielen, ihre Zuhörer zu inspirieren.

✔ **Theorie/Praxis:** Erläutern Sie zunächst, was Sie erwartet haben – die Theorie. Beschreiben Sie dann, was gemacht wurde und was passierte – die Praxis. Dieses Muster bietet sich immer dann an, wenn etwas nicht so gelaufen ist, wie es geplant war.

✔ **Thematische Gliederung:** Dabei handelt es sich um ein formloses Muster, das man bei jeder Art Rede anwenden kann. Sie unterteilen Ihr Thema Ihrem Ermessen gemäß, gefühlsmäßig oder dem gesunden Menschenverstand folgend in logische Teilbereiche auf. Ich stütze mich bei meinen Reden über Humor oft auf dieses Muster. Die Teilbereiche sehen dann so aus: Warum ist Humor ein wichtiges Kommunikationswerkzeug, wie unterstreicht man seine Aussage mit Humor und auf welche Arten von Humor kann jeder zurückgreifen. Das ist eine einfache Gliederung, die dem Material entspricht.

Bündel schnüren

Wenn man dem Kommunikationsberater Jim Lukaszewski Glauben schenken darf, ist die wirkungsvollste Gliederung von Informationen die nummerierte Aufzählung. Sie können zum Beispiel sagen: »Ich habe einige gute Ideen.« Sie können aber auch sagen: »Ich habe vier gute Ideen.« Die Zahl verstärkt Ihre Aussage. Weil Ihre Zuhörer gewohnt sind, sich Zahlen zu merken, erregt und fesselt die Verwendung von Zahlen ihre Aufmerksamkeit und macht es ihnen leichter, Ihrer Rede zu folgen und Sie zu verstehen.

Sie können so Ihre gesamte Rede strukturieren, etwa unter der Überschrift »Zehn Möglichkeiten, die Kriminalitätsrate zu senken«. Sie können aber auch nur bestimmte Abschnitte damit gliedern, wie in diesem Beispiel: »Wir haben uns bisher mit der Bedeutung des Humors beschäftigt, gelernt, wie man einen Witz schreibt und wie man ihn erzählt. Jetzt möchte ich Ihnen sechs einfache Humor-Kategorien vorstellen, die Sie nicht komödiantisch präsentieren müssen.«

Übertreiben Sie es nicht – halten Sie Aufzählungen in Grenzen. Wenn eine Aufzählung zu lang ist, kann der Kontakt zum Publikum abreißen. Stellen Sie sich vor, Ihr Chef eröffnet eine Sitzung mit den Worten: »Ich habe 50 Möglichkeiten gefunden, wie wir unsere Einnahmen steigern können.« Wie würden Sie sich fühlen, wenn Sie nach ein paar Minuten feststellen, dass er auf jede einzelne detailliert eingehen wird?

Eine Gliederung erstellen

Eine Gliederung ist so etwas wie der Bauplan Ihrer Rede. Sie können daran ablesen, welche Punkte Sie ansprechen, wie diese miteinander in Beziehung stehen und ob sie in der richtigen Reihenfolge angeordnet sind. An einer guten Gliederung können Sie ablesen, wie man eine gute Rede aufbaut. Und genau wie der Bauplan für ein Gebäude kann die Gliederung einer Rede vielfältige Formen annehmen.

Die meisten Leute verbinden mit einer Gliederung das, was sie aus der Schule kennen – die numerische Gliederung mit arabischen Zahlen. (Jede Zahl repräsentiert einen zentralen Punkt, jede weitere, durch einen Punkt abgetrennte Zahl einen Unterpunkt und so weiter.) Man kann Gliederungen auf ganz verschiedene Arten erstellen. Wichtig ist, dass Sie ein Verfahren wählen, mit dem Sie gut zurechtkommen. Solange Sie auseinanderhalten können, was die zentralen und was die Unterpunkte sind, kommt es nicht entscheidend darauf an, wie Sie gliedern. Hauptsache, es funktioniert und entspricht Ihren Anforderungen.

Gliedern, aber wann?

Es stehen Ihnen im Grunde zwei Möglichkeiten zur Wahl, wann Sie Ihre Rede gliedern: Bevor Sie die Rede schreiben oder nachdem Sie die Rede geschrieben haben. Die Fachleute sind sich da nicht einig. Ich kann diese Ungewissheit auflösen. Am besten machen Sie es so, wie Sie es am besten finden. Überlegen Sie, welchen Unterschied es macht, ob Sie die Rede gliedern, bevor Sie sie schreiben oder nachdem Sie sie geschrieben haben, und entscheiden Sie sich dann, womit Sie am besten zurechtkommen:

✔ **Vor dem Verfassen der Rede:** Bei dieser Verfahrensweise konzentrieren Sie sich auf Ihr Ziel und ermitteln die Ideen, die zu diesem Ziel hinführen. Dann unterteilen Sie diese Ideen in zentrale Punkte und Unterpunkte und ordnen sie in eine Gliederungsstruktur ein. Erst dann, wenn Sie genau sehen können, was Sie sagen werden, fangen Sie an, die Struktur mit Inhalten auszufüllen. Das ist eine absolut logische Vorgehensweise. Wenn die Gliederung sinnvoll ist, wird auch die Rede sinnvoll sein. Während meines Jurastudiums wurde ich angehalten, Examensfragen so zu beantworten – immer zuerst gliedern.

✔ **Nach dem Verfassen der Rede:** Alternativ dazu können Sie gleich in die Vollen gehen und Ihre Rede Wort für Wort formulieren. Einige meiner Kollegen, die sich dieser Verfahrensweise bedienen, empfehlen, sich hinsichtlich der Reihenfolge daran zu orientieren, wie man das Ganze einem Freund erzählen und welche Beispiele man dabei anführen würde. Die Gliederung schreibt man dann anschließend, wobei man auch gleich eventuelle Schwachstellen der Rede entdecken und gegebenenfalls überarbeiten kann.

Wie viele Punkte sollen es sein?

Die Anzahl der Gliederungspunkte sollte die Anzahl der zentralen Punkte widerspiegeln, die Sie ansprechen wollen. Bei der Entscheidung darüber sollen Ihnen die folgenden Richtlinien helfen:

✔ **Entscheiden Sie, was die Zuhörer wissen müssen.** Wägen Sie ab, welche Punkte für die Übermittlung Ihrer Botschaft absolut notwendig sind. _Absolut_ notwendig heißt, dass Ihre Rede nicht den beabsichtigten Erfolg haben wird, wenn Sie diese Punkte weglassen.

✔ **Überschütten Sie Ihre Zuhörer nicht mit Informationen.** Viele Redner versuchen, zu viele Informationen in eine einzige Rede zu packen. Zuhörer sind aber nicht unbegrenzt aufnahmefähig. Es mag Ihnen schwierig vorkommen zu entscheiden, was zu viel ist. Die folgenden Anhaltspunkte können Ihnen die Entscheidung erleichtern:

- **Beschränken Sie die Zahl Ihrer zentralen Punkte auf maximal sieben.** Es gibt unter den Experten unterschiedliche Ansichten darüber, wie viele Gliederungspunkte eine Rede maximal haben sollte, aber von mehr als sieben habe ich bisher nicht gelesen. Weniger Punkte sind meist besser. Ein wichtiger Faktor diesbezüglich ist auch die Redezeit, die Ihnen zur Verfügung steht. Viele Experten schlagen für eine halbstündige Rede drei Hauptpunkte vor.

- **Stricken Sie die Anzahl Ihrer Hauptpunkte um.** Sie sind Ihr Material durchgegangen und haben 15 Punkte ermittelt, die Sie für absolut wichtig halten. Vergessen Sie's! So können Sie Ihre Gliederung nicht umsetzen. Überprüfen Sie zunächst, ob Sie nicht doch auf den einen oder anderen Punkt verzichten können. Stellen Sie fest, ob Sie die verbleibenden Punkte nicht auf weniger Gliederungspunkte verteilen können. Streben Sie fünf bis sieben Hauptpunkte an, denen Sie Ihre 15 Punkte unterordnen können.

Die Zeit

Nein, ich meine hier nicht die bereits an anderer Stelle (siehe Kapitel 3) erwähnte Wochenzeitung. Hier geht es um die Zeit, die Sie brauchen, um Ihre Rede in der Ihnen zur Verfügung stehenden Zeitspanne zu halten. Wie Sie am besten mit dieser Zeit umgehen, erfahren Sie in den folgenden Abschnitten.

Die Länge der Rede festlegen

Wie William Gladstone, der ehemalige britische Premierminister, einmal treffend bemerkte, muss eine Rede nicht ewig dauern, um unsterblich zu sein. Da hat er wohl recht. Die Tendenz zur Überlänge gehört zur Geschichte der öffentlichen Rede wie der Pfälzer Saumagen zu Helmut Kohl. Länger bedeutet in der Welt der öffentlichen Rede aber nicht unbedingt besser oder bedeutsamer. Ich habe ein paar Richtlinien zusammengestellt, an denen Sie sich bei der Festlegung der für Ihre Rede geeigneten Länge orientieren können:

✔ **Fühlen Sie sich nicht verpflichtet, die Ihnen zur Verfügung gestellte Zeit bis zur letzten Sekunde zu nutzen.** Bemühen Sie Ihren gesunden Menschenverstand. Warum sollten Sie eine ganze Stunde lang reden, wenn Sie Ihre Botschaft auch in 45 oder 50 Minuten unter die Leute bringen können. Wenn Sie zusätzliche Informationen hineinbringen, nur um weitere 15 Minuten Redezeit zu füllen, kann es sein, dass Ihre Rede unstrukturiert klingt und man der Argumentation kaum noch folgen kann. Allerdings ist es auch problematisch, wenn die Rede allzu kurz ausfällt. Als ich kürzlich eine Rede im Rahmen einer Konferenz hielt, sprach ein anderer Redner statt der veranschlagten einen Stunde nur 10 Minuten. Die Organisatoren waren alles andere als begeistert.

 Ein frühes Resümee kann Ihr Publikum begeistern. Sollten Sie aber überziehen, kann das das Gegenteil bewirken. Selbst ein kleiner Aufschlag von fünf Minuten lässt bei den meisten Zuhörern Ungeduld und Ärger aufkeimen. Ihre Zuhörer sind vielbeschäftigte Leute und möchten sich ihren Zeitplan nicht von Ihnen durcheinanderbringen lassen. Sie erwarten, dass Sie pünktlich fertig sind, also enttäuschen Sie sie nicht.

✔ **20 Minuten sind lange genug.** Wenn Sie selbst bestimmten können, wie lange Sie reden, wählen Sie 20 Minuten. Das ist lange genug, sich ausführlich mit dem jeweiligen Thema auseinanderzusetzen, sich Ihren Zuhörern vorzustellen und einen guten Eindruck zu machen. Und es ist kurz genug, um all das zu schaffen, bevor die Aufmerksamkeit des Publikums ihre Grenzen erreicht hat.

Zeitliche Feinabstimmung

Einsteins Relativitätstheorie mag zwar behaupten, dass Zeit und Raum identisch seien, viele Redner jedoch scheinen sich dieser These nicht anschließen zu können. Sie bringen es nicht zustande, die Strecke in der ihnen zugewiesenen Zeit zurückzulegen. Zu denen möchten Sie doch sicher nicht gehören. Lesen Sie lieber die folgenden Tipps, damit Sie zum selben Zeitpunkt fertig sind wie Ihr Publikum.

✔ **Schätzen Sie die Redezeit anhand der Länge Ihres Manuskripts ab.** John Cantu hat dafür eine eigene Faustregel entwickelt: Eine mit zweizeiligem Abstand mit Schriftgröße 10 beschriebene DIN-A4-Seite entspricht etwa zwei Minuten Redezeit. Eine 20-minütige Rede entspricht also ungefähr einem zehnseitigen Essay. (Behalten Sie das im Hinterkopf, wenn die Person, die Sie um eine Rede bittet, meint, das sei doch eine leichte Übung.)

✔ **Ergänzen Sie Ihre Einschätzung nach dem Üben durch Faktoren aus der Praxis.** Viele Redner üben ihre Rede laut, um herauszufinden, wie lange sie brauchen. John Cantu rät dabei zur Vorsicht. Auf jede Minute, die Sie beim Üben zu Hause brauchen, müssen Sie in der Praxis 33 Prozent aufschlagen.»Man ist automatisch etwas langsamer, wenn man vor Publikum spricht, weil man auf Feedback wartet«, erläuterte Cantu.»Fünf Minuten Üben zu Hause entspricht also ungefähr sechseinhalb oder sieben Minuten Redezeit vor Publikum. Zehn Minuten summieren sich so auf dreizehn bis vierzehn Minuten.« Der Zeitaufschlag kann auf bis zu 50 Prozent anwachsen, wenn man vor Hunderten von Zuhörern redet. Das ist natürlich nur über den Daumen gepeilt. Wenn Sie angesichts der vielen Zuhörer die Furcht packt, reden Sie in der Regel schneller als beim Üben. (Wie man das Lampenfieber in den Griff bekommt, erfahren Sie in Kapitel 11.)

✔ **Berücksichtigen Sie humoristische Einlagen.** Wenn Sie ein wenig Humor in Ihre Rede eingebaut haben und damit erfolgreich sind, wird ein Teil Ihrer Redezeit vom Gelächter und Applaus des Publikums aufgefressen. Vergessen Sie nicht, das zu berücksichtigen, vor allem wenn Sie mehr als 300 Zuhörer haben.»Große Gruppen lachen in drei Wellen«, wusste der verstorbene John Cantu.»Die erste Gruppe versteht den Witz gleich. Die zweite braucht etwas länger. Und die dritte versteht ihn erst dann, wenn alle anderen bereits lachen.« Seine Daumenregel: Zehn bis fünfzehn Sekunden pro Welle bei einem großen Publikum. Rechnen Sie also etwa mit 45 Sekunden pro Witz.

✔ **Bereiten Sie sich auf kurzfristige Kürzungen vor.** Man hat Ihnen gesagt, Sie hätten eine halbe Stunde Zeit für Ihre Rede. Aber die Sitzung lief nicht so wie geplant, und jetzt haben Sie nur noch 15 Minuten. Was tun?»Versuchen Sie bloß nicht, Ihre 30-Minuten-Rede in 15 Minuten zu quetschen«, so John Cantu.»Viele Redner denken, wenn sie nur lauter und schneller reden, wird schon etwas von dem hängen bleiben, was sie sagen.« Das ist Quatsch! Vielmehr passiert Folgendes: Der Redner wirkt hyperaktiv und das Publikum hat überhaupt nichts davon – außer einen schlechten Eindruck vom Redner.

✔ **Lassen Sie nie den Schluss weg.** Wenn Sie Ihre Rede kürzen müssen, lassen Sie die Finger vom Schluss. Ihre Rede ist wie der Flug mit einem Flugzeug, und im Publikum sitzen die Passagiere. Wenn Sie den Schluss weglassen, ist das wie eine Notlandung. Wenn man Ihnen vorher sagt, dass Ihre Redezeit kürzer ausfallen wird, nehmen Sie etwas aus dem Hauptteil Ihrer Rede heraus. Vielleicht ein Beispiel oder, wenn nötig, einen der Hauptpunkte. Was, wenn Sie während Ihrer Rede merken, dass Sie mit der Zeit nicht hinkommen? Finden Sie eine Stelle, an der Sie früher aufhören können, ohne die Gesamtaussage Ihrer Rede kaputt zu machen, und fassen Sie das bis dahin Gesagte zusammen. Noch besser ist es natürlich, wenn Sie einen Schluss parat haben, in den Sie von jeder Stelle Ihrer Rede aus einschwenken können.

Die Rede effektiv gestalten

Es gibt so viele verschiedene Arten, eine Rede zu gestalten, wie es Redner gibt. Eine der einfachsten und effektivsten Möglichkeiten habe ich mir von Comedy-Trainer John Cantu in San

Francisco erklären lassen. Er achtete immer darauf, dass seine Karten richtig gemischt waren, wenn er eine Rede hielt. Das Mischen übernahm er nämlich selbst.

1. Die Ideen auf Karteikarten schreiben.

John Cantu schrieb jede Idee zunächst auf eine DIN-A6-Karteikarte. Er beschriftete dabei immer nur eine Seite und ließ viel Platz für die Bearbeitung.»Angenommen, ich halte eine Rede über das Gedächtnis«, erklärt er.»Auf einer Karte könnte etwa stehen: ›Spektrum der Wissenschaft, Spezialausgabe zum Gedächtnis 2002/1 – auf Seite 46 etwas Interessantes‹. Auf einer anderen Karte steht ein Zitat von John F. Kennedy über das Gedächtnis. Wenn ich damit fertig bin, habe ich vielleicht 50 Karten.«

2. Die Karten in Stapel ordnen.

Cantu hat jetzt also 50 Karten. Wie geht's weiter?»Ich lege die Karten auf dem Boden aus und versuche, Gruppen zu bilden«, fährt er fort.»Ich suche nach Mustern.« Dann sortiert er die Karten in Stapel.»Ich habe dann vielleicht acht Stapel vor mir liegen«, erläutert er, »einen zur Geschichte des Gedächtnisses, einen für berühmte Menschen und das Gedächtnis, einen mit Tipps, wie man sein Gedächtnis schult und so weiter.«

3. Die Karten in den einzelnen Stapeln in eine Reihenfolge bringen.

»Angenommen, ein Stapel besteht aus sieben Karten«, meint Cantu.»Die sortiere ich jetzt so lange, bis sich eine flüssige Abfolge ergibt.« Dabei kommt es natürlich auch vor, dass man eine Lücke entdeckt.»Möglicherweise merke ich, dass die Karten 1 bis 4 und 6 und 7 gut zusammenpassen«, erklärt Cantu.»Die 5 stört aber etwas. Ich mache mir eine Notiz, dass ich für die Karte 5 etwas anderes brauche. Dann lege ich diesen Stapel zur Seite und nehme mir den nächsten vor.« Wichtig ist es, die Karten zu nummerieren. So behält man immer den Überblick und muss nicht ständig alle Karten durchsehen.»Ich benenne meine Stapel mit Großbuchstaben, also A, B, C und so weiter, und versehe die Karten jeweils mit Zahlen. Auf den Karten steht dann A1, A2, A3, B1, B2, B3 und so weiter. Das heißt nicht, dass ich auch mit A anfange, sondern bedeutet nur, dass die Karten eines Stapels zusammengehören.«

4. Die Stapel in eine Reihenfolge bringen.

»Ich sehe mir genau an, was ich vor mir liegen habe und überlege, welcher Stapel sich von der Logik her am besten für den Einstieg eignet«, fährt Cantu fort.»Schließlich wähle ich den zweiten, dritten, vierten und die anderen aus, bis alle in der idealen Reihenfolge vor mir liegen.«

Kurze Bemerkungen über lange Reden

Langatmige Redner haben den Volksmund immer wieder zu scharfzüngigen Bemerkungen über die öffentliche Rede herausgefordert. Hier eine kleine Auswahl:

✔ Das längste Wort der deutschen Sprache: »Und nun hat unser Ehrengast das Wort.«

✔ Was der Redner nicht auf den Punkt bringt, müssen die Zuhörer aussitzen.

✔ Eine Tischrede ist wie Kopfschmerzen – sie dauert immer zu lange, ist nie schnell genug vorbei.

✔ Ein Gedankengang ist eine feine Sache, solange er zum Ausgang führt.

✔ Die zweite Luft: Wenn ein Redner ankündigt »Ich fasse zusammen«.

✔ Eine Rede ist wie eine Liebesaffäre – jeder Narr kann eine anfangen, aber nicht jeder kann sie auch gekonnt zu Ende bringen.

✔ Und wenn er nicht gestorben ist, dann redet er noch heute.

Teil II

Die Rede vorbereiten

»Nachdem wir die Atmosphäre nun erst einmal etwas aufgelockert haben ...«

In diesem Teil ... Große Reden sind keine Zufallsprodukte. Vorbereitung heißt das Zauberwort. In diesem Teil zeige ich Ihnen, wie man eine beeindruckende Rede vorbereitet. Wir fangen mit einer groben Skizze an, wählen und ordnen das Material, schreiben eine fesselnde Einleitung und entwickeln einen unvergesslichen Abschluss. Darüber hinaus erfahren Sie, wie man Statistiken und Zitate wirkungsvoll nutzt und wie man Geschichten, Beispiele und Analogien entwickelt.

Bodybuilding:
Die Sprachmuskeln spielen lassen

5

In diesem Kapitel

▸ An die Logik und das Gefühl appellieren

▸ Mit Geschichten, Zitaten und Statistiken punkten

▸ Ideen mit Definitionen, Analogien und Beispielen untermauern

---

Mit dem Thema und der Gliederung (siehe Kapitel 4) haben Sie erst das Skelett Ihrer Rede auf dem Tisch liegen. Jetzt müssen Sie darangehen, dieses Skelett mit Muskeln zu bepacken, damit es äußerlich und inhaltlich Gestalt gewinnt. Sicher rechnen Sie damit, dass Sie gehörig ins Schwitzen kommen, wenn Sie jeden geplanten Punkt Ihrer Rede mit Material untermauern wollen. Aber keine Angst, die nötige Kraftnahrung finden Sie in diesem Kapitel. Ich erläutere die Techniken, mit denen Sie sicherstellen, dass Sie die Muskeln hinter Ihren Punkten so anlegen, dass Sie Ihrer Rede einen wahren Traumkörper verschaffen.

An das Publikum appellieren

Über Appelle können Sie Ihren Zuhörern sowohl Ihr Thema als auch Ihre Denkweise näherbringen. Sie sind also für Ihre Rede unter Umständen immens wichtig. Sie können dabei an die Logik, an das Gefühl oder an beides appellieren, um die Wirkung Ihrer Rede zu verstärken.

Logische Appelle

Logische Appelle gründen auf rationalen Beweisen und Argumenten und zielen auf den Verstand Ihrer Zuhörer. Zu den absoluten Verfechtern des logischen Appells zählen etwa das Spitzohr Mr. Spock und Sherlock Holmes.

Angenommen, Sie reden über die Notwendigkeit einer Ampelanlage an einer vielbefahrenen Kreuzung. Hier sollte Sie darauf hinweisen, dass der Stadt wegen der vielen Unfälle dort, hohe Gerichtskosten entstanden sind und dass sich auch die Versicherungsprämien durch eine Ampel senken ließen. Das sind logische Argumente, sie appellieren an den gesunden Menschenverstand der Zuhörer.

Ein logischer Appell wirkt am besten, wenn im Publikum überwiegend Menschen sitzen, die mit der linken Hirnhälfte denken – Homo Faber ist der Prototyp dieser Gruppe.

Emotionale Appelle

Anders als logische Appelle, die auf den Verstand der Zuhörer zielen, sprechen emotionale Appelle das Herz der Zuhörer an. Politiker machen davon Gebrauch, wenn sie über Gerechtigkeit und nationale Eigenarten und Wertvorstellungen sprechen. Emotionale Appelle sollen die Herzen berühren.

Was heißt das für unsere Ampel? Nun, Sie könnten auf die Kleinkinder verweisen, die unter den Opfern der Verkehrsunfälle waren, oder darauf hinweisen, dass die Genesung eines verletzten Erwachsenen für die betroffene Familie mit viel Stress und Kosten verbunden ist. Die Beschreibung solcher Verluste und Härten soll an die Gefühle der Zuhörer appellieren.

Emotionale Appelle wirken am besten, wenn Sie vor Menschen sprechen, die ihre Meinung stärker nach Gefühl als nach Fakten bilden.

Solide Untermauerung

Es geht hier nicht um Ziegel und Mörtel. Mit Untermauerung meine ich die Elemente, mit denen Sie Ihre einzelnen Punkte illustrieren und plausibel machen – das grundlegenden Material, aus dem Ihre Rede besteht, nämlich Geschichten, Zitate und Statistiken.

Aufgrund dieser tragenden Rolle ist es entscheidend für den Erfolg Ihrer Rede, womit und wie Sie Ihre Thesen untermauern. Dabei gilt es, drei grundlegende Regeln zu beachten:

1. **Achten Sie darauf, dass Ihre Untermauerung auch etwas untermauert.**

   Werfen Sie nicht mit Zitaten, Statistiken und Geschichten um sich, nur um damit zu protzen oder Ihre Rede künstlich in die Länge zu ziehen. Verwenden Sie sie ausschließlich als Belege, zur Klärung oder zur Illustration.

2. **Verwenden Sie verschiedene Formen der Untermauerung.**

   Verschiedene Menschen reagieren auf verschiedene Informationsarten. Die einen stehen auf Statistiken, andere bevorzugen Zitate oder Geschichten.

3. **Denken Sie daran: Weniger ist mehr.**

   Eine aufrüttelnde Statistik macht mehr her als drei langweilige. Ein treffendes Beispiel bewirkt mehr als zwei, die knapp daneben liegen.

Die Kunst des Geschichtenerzählens

Der berühmte Rhetorik-Professor Walter Fisher sieht einen der Hauptunterschiede zwischen Menschen und Tieren darin, dass der Mensch Geschichten erzählen könne. Da hat er recht. Im Verlauf der Menschheitsgeschichte haben Menschen Bräuche, Ideen und Informationen mündlich weitergegeben. Wie John Steinbeck treffend erkannte würden Hühner Menschen ganz anders gegenüber stehen hätten sie so etwas wie eine Geschichtsschreibung. Menschen sind anscheinend so angelegt, dass wir diese Art der Kommunikation erkennen und darauf reagieren. Deshalb sind Geschichten in Reden so wirkungsvoll.

Jeder kann eine Geschichte in einer Rede unterbringen. Was den Unterschied ausmacht ist aber, eine *gute* Geschichte wirkungsvoll zum Einsatz zu bringen. Die folgenden Richtlinien dazu stammen vom Kommunikationsexperten Jim Lukaszewski:

✔ **Verwenden Sie Geschichten zielgerichtet.** Sie sollten einen Grund haben, warum Sie eine Geschichte erzählen. Und dieser Grund – eine Belehrung, eine Moral oder ein Ziel – sollte sich Ihren Zuhörern auch erschließen. Sie glauben gar nicht, wie schnell sich bei Ihren Zuhörern Unlust breitmacht, wenn Sie sinnlose Geschichten erzählen. (Denken Sie nur daran, wie Sie sich fühlen, wenn Sie Onkel Herbert an Weihnachten nach dem vierten Eierlikör beiseite nimmt, um Ihnen wieder mal brühwarm seine alten Geschichten aufzutischen.)

✔ **Erzählen Sie persönliche Geschichten.** Sie wissen doch, wie gerne Sie Geschichten über sich selbst oder Menschen hören, die Sie kennen. Denken Sie nur an die Aufmerksamkeit, die Ihrer Rede gewiss ist, wenn Sie Geschichten über sich selbst oder den Zuhörern bekannte Personen erzählen. Etwas Persönliches ist für ein Publikum wesentlich interessanter als bloße Fakten.

Auch wenn Sie nicht so viele persönliche Geschichten oder Geschichten von realen Personen auf Lager haben, können Sie Geschichten in Ihre Reden einflechten. Entweder können Sie hypothetische Geschichten nehmen oder andere Leute befragen und deren Geschichten zum Besten geben. Es ist so leicht, die Geschichten anderer Leute zu erhalten, dass Sie diese hervorragende Materialquelle nicht links liegen lassen sollten, wie viele andere Redner das leider tun. Die eine oder andere Geschichte werden Sie sicher auch von Ihren Zuhörern nach Ihrer Rede zu hören bekommen. Sammeln Sie diese Geschichten, wenn sie etwas aussagen und interessant sind – aber vergessen Sie nicht zu fragen, ob Sie sie verwenden dürfen.

✔ **Erzählen Sie Erfolgsgeschichten.** Nichts ist wirksamer als der Erfolg, Erfolgsgeschichten eingeschlossen. Erinnern Sie sich an die Geschichten, denen Sie als Kind mit Begeisterung gelauscht haben. Die meisten hatten einen glücklichen Ausgang. Menschen mögen Geschichten, die vom Erfolg einer Idee oder eines Bemühens erzählen.

✔ **Probieren Sie Ihre Geschichten zuerst aus.** Die Premiere für Ihre Geschichte sollte nicht vor Ihrem Publikum stattfinden. Sie sollten vorher herausfinden, wie die jeweilige Geschichte bei anderen Menschen ankommt. Machen Sie bei Freunden, Ihrer Familie, Nachbarn oder Kollegen die Probe aufs Exempel. Die jeweiligen Reaktionen – Körpersprache, Gesichtsausdruck, Gelächter oder andere verbale oder nonverbale Äußerungen – vermitteln Ihnen einen Eindruck davon, ob und wie Sie den Inhalt, die Präsentation oder das Timing Ihrer Geschichte vielleicht ändern könnten. Wenn Sie eine Geschichte auf diese Weise nach und nach verbessern, haben Sie am Tag Ihrer Rede ein funkelndes kleines Schmuckstück in der Hand.

✔ **Erarbeiten Sie wirkungsvollere Geschichten.** Sie können die Wirkung Ihrer Geschichten steigern, wenn Sie genau wissen, wie und warum sie Ihr Publikum berühren. Stellen Sie sich dazu die folgenden Fragen (natürlich müssen Sie sie auch beantworten):

- Was ist das Ziel, die Moral, der Lerninhalt, die Pointe oder der Zweck dieser besonderen Geschichte?

- Wie lässt sich der Inhalt in einfachen Worten zusammenfassen oder was wollen Sie rüberbringen?

- Wo sind Anfang, Mitte und Ende der Geschichte?

- Bezieht sich die Geschichte auf Personen? Wer sind die Hauptcharaktere? Was macht sie interessant?

- Welche Folge von Ereignissen macht die Geschichte interessant? Gibt es Daten oder Fakten, die in der Geschichte nicht fehlen dürfen? Ist die Geschichte momentan zu vollgestopft mit Daten oder Fakten? Nutzen sie der Geschichte oder sind sie eher hinderlich?

Mit Zitaten Eindruck machen

Zitate ziehen unmittelbar die Aufmerksamkeit auf sich – vor allem wenn sie mit einem berühmten Namen verbunden sind. Man kann durch den wirkungsvollen Einsatz treffender Zitate bei den Zuhörern einen bleibenden Eindruck hinterlassen. Wenn Sie die folgenden Tipps beherzigen, können Sie Ihre Rede demnächst mit einem Zitat noch verbessern:

✔ **Beziehen Sie das Zitat auf einen Ihrer Punkte.** Ein Zitat sollte auf etwas hinweisen. Andernfalls ist es fehl am Platz, egal wie lustig oder geistreich es auch sein mag. Manchmal findet man ein tolles Zitat, das man aber nicht in eine Rede einbauen kann, ohne große Teile der Rede umzustricken. Nehmen Sie am besten einfach hin, dass das Zitat nicht passt, und heben Sie es sich für eine spätere Rede auf.

 Wenn Sie Zitate bringen, die nichts mit Ihrem Thema zu tun haben, geraten Sie in den Verdacht, ein Wichtigtuer zu sein. Ihre Zuhörer merken, wenn Sie sich durch bloßes Einflechten berühmter Namen profilieren wollen. Phrasen wie »Wie schon Einstein sagte« oder »Sokrates zufolge« wirken gezwungen. Wenn Sie auf diese Weise versuchen, einen geistreichen Eindruck zu machen, kann das auch nach hinten losgehen.

✔ **Schöpfen Sie aus mehreren Quellen.** Sofern Sie nicht auf dem Podium stehen, um eine bestimmte berühmte Persönlichkeit zu ehren, will niemand Zitat um Zitat aus derselben Quelle hören. Das wird schnell langweilig. Wenn Sie ausschließlich Jürgen Klinsmann zitieren, warum haben Sie dann nicht Jürgen Klinsmann gebeten, die Rede zu halten? Abwechslung ist wichtig. Zitieren Sie ruhig Jürgen Klinsmann, aber zitieren Sie auch John Irving, Marcel Mercier und Johnny Cash.

✔ **Bemühen Sie sich um Kürze.** Sie sollten darauf achten, dass Ihre Rede nicht ihren lebendigen Ton verliert. Bei langen Zitaten besteht die Gefahr, dass man ins Vorlesen verfällt.

Kürzen Sie längere Zitate und sagen Sie Ihren Zuhörern, dass Sie es sinngemäß wiedergeben. Sagen Sie einfach »Herr Soundso sagte sinngemäß« und fügen Sie dann das gekürzte Zitat an.

✔ **Verwenden Sie eine einfache Zuschreibung.** Sagen Sie einfach »Herr Soundso sagte einmal ...« und bringen Sie dann das Zitat oder bringen Sie erst das Zitat und nennen Sie dann die Quelle. »Zitat« und »Zitatende« zu verwenden, ist ein bisschen lächerlich, es sei denn, es handelt sich um eine dramatische Lesung eines Verhandlungsprotokolls.

Zitieren Sie eine überraschende Quelle. Besonders wirkungsvoll kann man seine Thesen untermauern, wenn man Zitate von Personen anführt, die niemand in diesem Zusammenhang erwartet hätte. Wer erwartet schon von einem Sozialdemokraten ein Zitat eines CSU-Politikers. Wer rechnet damit, dass eine Gewerkschaftsfunktionärin ihre Argumente mit dem Zitat eines Spitzenmanagers untermauert oder ein Fernsehprediger Beate Uhse zitiert. Solche verblüffenden Kontraste sind immer ein Knaller und können sehr wirkungsvoll sein.

Sichern Sie sich im Zweifelsfall ab. Wenn Sie nicht ganz sicher sind, von wem das Zitat stammt, müssen Sie es trotzdem nicht weglassen – Sie müssen nur wissen, wie Sie trotzdem auf der sicheren Seite sind. Sagen Sie einfach »Ich glaube es war Werauchimmer, der einmal gesagt hat ...« oder nehmen Sie Zuflucht zu der alten Wendung »Wie es ein alter Philosoph einmal formulierte ...«. Schließlich steckt in jedem auch immer ein kleiner Philosoph. Wenn sich später herausstellen sollte, dass das Zitat von Donald Duck stammt, können Sie sich immer noch damit herausreden, dass er da wohl gerade seine philosophischen fünf Minuten hatte.

Zahlen, bitte

Von Benjamin Disraeli, dem berühmten ehemaligen britischen Premierminister, ist der folgende Satz überliefert:»Es gibt drei Arten von Lügen: Lügen, infame Lügen und Statistiken.« Vielleicht hat er ja übertrieben, aber sicher nicht viel. Mit Hilfe von Statistiken kann man die Realität so darstellen, dass sie zu jeder gewünschten Sichtweise passt.

Statistiken und Zahlenmaterial können eine ganze Rede wirkungsvoll untermauern, verlieren aber oft an Schlagkraft, weil sie von den Rednern schlecht eingesetzt werden. Sorgen Sie dafür, dass Ihre Zahlen auch in den Köpfen der Zuhörer ankommen, indem Sie die folgenden Ratschläge beherzigen:

✔ **Geben Sie Ihrem Publikum Zeit, die Fülle der Informationen zu verdauen.** Die meisten Menschen können Zahlen nicht so schnell verarbeiten wie andere Informationen. Am besten überschütten Sie Ihr Publikum also nicht damit. Jede Statistik will erst einmal verdaut sein. Wenn Sie Ihre Zahlen nicht ein wenig verteilen, geht beim Publikum die Klappe runter. (Eine Ausnahme bilden überraschende Statistiken; siehe dazu den entsprechenden Punkt weiter unten.)

✔ **Runden Sie Zahlen.** Wenn Sie Luftfahrtingenieuren erzählen, wie man ein Düsentriebwerk baut, nennen Sie ihnen um Gottes Willen genaue Zahlen. Kommt es aber, je nach Thema oder Publikum, nicht so sehr auf Genauigkeit an, lassen Sie es locker angehen und runden Sie die Zahlen. Ihre Zuhörer müssen nicht wissen, dass der Kandidat, den Sie unterstützt haben, mit 59,8 Prozent der Stimmen gewonnen hat. Nehmen Sie einfach 60 Prozent. Man sollte dann nicht preußischer sein als die Preußen.

✔ **Stützen Sie sich auf eine zuverlässige Quelle.** Eine Statistik ist nur so glaubwürdig wie ihre Quelle. Stammen Ihre Zahlen aus dem *Handelsblatt* oder aus der *Bild-Zeitung*? Das ist ein gewaltiger Unterschied.

Viele Leute berücksichtigen nicht, dass das *Handelsblatt* nicht immer die glaubwürdigere Quelle ist. Was glaubwürdig ist, hängt vom Publikum ab. Möglicherweise sprechen Sie vor Leuten, für die die *Bild-Zeitung* heilig und das *Handelsblatt* eine Zeitung der Wohlhabenden ist. Nur das Publikum kann einer Quelle das Prädikat »glaubwürdig« verleihen. Denken Sie daran, wenn Sie Statistiken auswählen. Es ist gleich, was Sie von der *Bild-Zeitung* wissen, es zählt was Ihr Publikum will und von Ihnen erwartet.

✔ **Wiederholen Sie Schlüsselzahlen.** Wenn Sie möchten, dass Ihren Zuhörern eine bestimmte Statistik im Gedächtnis haften bleibt, tragen Sie sie mehr als einmal vor. Stellen Sie sich vor, das Publikum wäre jemand, mit dem Sie schon lange gerne ein Rendezvous haben wollten und der sie gerade nach Ihrer Telefonnummer gefragt hat. In diesem Fall würden Sie die Nummer sicher auch wiederholen, oder?

✔ **Verwenden Sie überraschende Statistiken.** Die große Ausnahme von der Regel, dass Statistiken langweilig sind, sind die überraschenden Statistiken. Dahinter verbergen sich Zahlen, die so verblüffend sind, dass sie die Aufmerksamkeit unmittelbar auf sich ziehen. Eine solche überraschende Statistik ist immer interessant. Das gilt auch für selbstverständliche Dinge. Ein Jahr hat 365 Tage, 11 Stunden, 48 Minuten und 46 Sekunden. Wer weiß das schon.

✔ **Bringen Sie Ihren Zuhörern die Zahlen näher.** Zahlen sind abstrakt. Wenn Sie Ihre Zuhörer mit Zahlen beeindrucken wollen, müssen Sie ihnen die Zahlen näherbringen, mit denen Sie operieren. Es gibt mehrere Möglichkeiten, Zahlen konkreter erfahrbar zu machen:

• **Übersetzen Sie Ihre Statistiken für die Normalsterblichen.** Reden Sie so über Zahlen, dass die Leute es auch verstehen. Erklären Sie die Dimensionen in Begriffen, die Ihren Zuhörern etwas sagen.

Das folgende Beispiel einer Rede über die Evolution illustriert das sehr schön: »Brontosaurus, die ›Donnerechse‹, war gut 21 Meter lang und wog 30 Tonnen. Das entspricht in etwa der Länge eines Tennisplatzes und dem Gewicht von sechs Elefanten.«

• **Zeichnen Sie ein Bild.** Übersetzen Sie Ihre Zahlen in ein konkretes Bild, damit Ihre Zuhörer die Statistik sehen können. Hier passt auch das Beispiel mit dem Brontosaurus.

• **Verwenden Sie Analogien.** Übersetzen Sie abstrakte Statistiken in Bilder, die man sich leicht vor Augen führen kann.

Das folgende Beispiel entstammt einer Rede zum Generationenvertrag:»Heute brauchen wir vier arbeitende Menschen, um einen Pflegefall finanzieren zu können. In einigen Jahren werden, bedingt durch die Alterung der Bevölkerung, nur noch zwei arbeitende Menschen zur Verfügung stehen, um für einen Pflegefall zu sorgen. Dazu blähen sich die Kosten auf wie ein Ballon. Wenn die geburtenstarken Jahrgänge so alt sind, dass sie der Pflege bedürfen, wird dieser Ballon platzen.«

- **Bieten Sie visuelle Hilfen an.** Wenn Sie in Ihrer Rede viele Zahlen präsentieren, sollten Sie erwägen, sie auch grafisch darzustellen, beispielsweise mit Hilfe eines Computers, eines Dia- oder eines Tageslichtprojektors. Wenn Ihre Zuhörer die Daten auch sehen können, sind sie in jedem Falle leichter verdaulich. (In Kapitel 10 können Sie mehr darüber lesen.)

Alles klar mit Definitionen

Ein berühmter Rechtsstreit wegen eines drehte sich um die Definition des Wortes *Hähnchen*. Die eine Partei war der Überzeugung, dass mit *Hähnchen* ein frittiertes Hähnchen gemeint sei, die andere bestand auf einem gegrillten Hähnchen. Wenn Sie von Ihrem Publikum weder frittiert noch gegrillt werden wollen, sollten Sie darauf achten, dass Sie dieselbe Sprache sprechen. Im Folgenden erläutere ich, wie Sie mit Hilfe von Definitionen Missverständnisse vermeiden können:

✔ **Greifen Sie auf Definitionen aus einem Standardlexikon zurück.** Am einfachsten kommt man zu einer Definition, indem man den betreffenden Begriff in einem Lexikon nachschlägt und die dort verwendete Definition in seine Rede aufnimmt. Hier ist ein Beispiel aus einer Rede über Ethik:»Der Duden definiert Ethik als ›die Lehre vom sittlichen Wollen und Handeln des Menschen in verschiedenen Lebenssituationen. Allgemeingültige Normen und Maximen der Lebensführung, die sich aus der Verantwortung gegenüber anderen herleiten.‹«

✔ **Verwenden Sie persönliche Definitionen.** Wenn Sie mit der Lexikondefinition nicht zufrieden sind, erläutern Sie Ihren Zuhörern, wie Sie den betreffenden Begriff verstehen.

Ein berühmtes Beispiel ist das Zitat von Rosa Luxemburg:»Freiheit ist immer die Freiheit der Andersdenkenden.«

 Bei emotional aufgeladenen Begriffen kann es vorkommen, dass manche Ihrer Zuhörer Ihre Bemerkungen in den falschen Hals bekommen, sofern Sie nicht *Ihr* Verständnis des jeweiligen Begriffs deutlich machen. Das folgende Beispiel entstammt einer Rede von George Marotta vor pensionierten Staatsbeamten:

»Ich möchte mich bedanken, dass Sie mich eingeladen haben, über zwei Themen zu sprechen, die meiner Meinung nach positiv miteinander korrelieren: die Bürokratie und die Staatsverschuldung.

Im Allgemeinen werden mit dem Begriff Bürokratie in eher abwertender Weise große, hierarchisch gegliederte Organisationen bezeichnet. Ich beziehe den Begriff Bürokratie hier und heute ausschließlich auf die Regierungsinstitutionen. In diesem Sinne, und das bitte ich Sie bei all meinen Ausführungen zu beachten, sind wir alle hier Staatsbeamte und als solche stolz darauf, unserem Land zu dienen.«

✔ **Erläutern Sie die Herkunft eines Begriffs.** Die Geschichte eines Begriffs zu erklären verankert diesen Begriff tiefer im Bewusstsein Ihrer Zuhörer. (Abgesehen davon machen Sie damit einen klugen Eindruck.)

Das folgende Beispiel stammt aus einer Rede über die Krise in der Reststoffverwertung:

»Viele von Ihnen kennen das berühmte viktorianische Gemälde, das einen Arzt zeigt, der am Bett eines kranken Kindes sitzt. Man sieht ihn nicht geschäftig medizinische Wunder vollbringen, sondern einfach nur mit vornübergebeugtem Kopf dasitzen und warten. Das Bild heißt ›Die Krise‹ und bezieht sich auf die Phase einer Erkrankung, in der alles nur Menschenmögliche getan ist und der Patient am Scheideweg zwischen Leben und Tod steht.

Das war die ursprüngliche Bedeutung des Wortes Krise. Es dauerte naturgemäß nicht lange, bis ein solches emotional aufgeladenes Wort auch in den Sprachgebrauch abseits der Medizin Eingang fand. Heute ist es der Standardbegriff für jedwede Situation, in der die Katastrophe irgendwo im Hintergrund lauert, egal wie konkret die Anzeichen sind. Wir haben keine Zankereien, Probleme oder Schwierigkeiten. Nein. Wo wir auch hinsehen, in der internationalen Politik, beim Staatshaushalt, in der Erziehung und Bildung, wir sind von Krisen umzingelt.

Natürlich haben wir es auch bei der Reststoffverwertung mit einer Krise zu tun. Ich habe den Ursprung des Begriffs und seine eigentliche Bedeutung erwähnt, um Ihnen besser verständlich machen zu können, wo wir in der Reststoffverwertung momentan stehen ...

... In den vergangenen Jahren ist es uns gelungen, die ›Krankheit‹, an der wir leiden, zu diagnostizieren und grundlegende Heilungsmethoden anzuwenden. Ist die Krise vorbei?«

Ideen mit Hilfe von Vergleichen aufschlüsseln

Mit einem Vergleich beleuchten Sie Gemeinsamkeiten (und Unterschiede) zweier Objekte oder Konzepte. Indem er uns erlaubt, das Unbekannte mit bekannten Begriffen zu erklären, ermöglicht uns der Vergleich die Aneignung und Vermittlung neuen Wissens. Ein Vergleich ist zum Beispiel, wenn ein Kind fragt: »Was ist eine Kutsche?« und Sie darauf antworten: »Eine Kutsche ist wie ein Auto, nur dass sie keinen Motor hat und deshalb von einem Pferd gezogen wird.«. Wenn Sie einen Vortrag vor vornehmen Intellektuellen halten, können Sie statt Vergleich auch Analogie sagen, das ist eigentlich das gleiche, klingt aber etwas gescheiter.

Vergleiche eignen sich besonders gut für Reden, mit denen man das Publikum belehren, trainieren oder weiterbilden möchte – in denen also irgendetwas erklärt wird. Auch eine Prise Humor lässt sich damit sehr gut unterbringen. Angenommen, Sie halten eine Rede zum Thema Mitarbeiterführung. Dann könnten Sie beispielsweise sagen: »Führung ist wie das Ungeheuer von Loch Ness. Es wird viel darüber geredet, aber man sieht kaum etwas davon.«

Sich mit Beispielen Gehör verschaffen

Zwei der weltweit am häufigsten verwendeten Wörter sind »zum Beispiel«. Wir nutzen sie, um zu illustrieren, worüber wir reden. Es verwundert deshalb nicht, dass Beispiele die meistverwendeten Hilfsmittel zur Unterstützung von Ideen und Thesen sind.

In Reden kann man zwei Arten von Beispielen verwenden: reale und hypothetische.

In der Regel sind reale Beispiele wirkungsvoller, weil sie eben real sind. Sie können mit dem Finger auf etwas zeigen, das es tatsächlich gibt. Hypothetische Beispiele dagegen sind natürlich nicht an der Wirklichkeit belegbar, das ist ihre Schwäche. Sie verfehlen dennoch nicht ihre Wirkung, wenn es um philosophische, juristische oder allgemein theoretische Fragen geht.

 Egal ob Sie ein reales oder ein hypothetisches Beispiel bringen: Wenn Sie das Optimum aus einem Beispiel herausholen wollen, vergessen Sie nicht die positiven Beispiele. Allzu oft sagen Redner ihren Zuhörern, was sie nicht tun sollten, verschweigen aber, was sie tun sollten. Das bringt den Kommunikationstrainer Jim Lukaszewski immer wieder auf die Palme, und das kann ich gut verstehen. Lukaszewski empfiehlt deshalb die Verwendung von Falsch-und-richtig-Beispielen und rät, gut darauf vorbereitet zu sein, die richtige Richtung zu weisen. »Man kann ausgehend von einer bestimmten Situation durchaus darauf eingehen, wie man es hätte besser machen können«, meint Lukaszewski, »aber wenn man nur die eine Seite erwähnt, sollte man darstellen, wie man es richtig macht, und kurz darauf anspielen, wie es falsch ist, und nicht anders herum. Schließlich wollen Sie Ihre Zuhörer doch nicht in der Luft hängen lassen.«

Mit dem richtigen Fuß aufstehen: Die Einleitung

6

In diesem Kapitel

▶ Die Erwartungen des Publikums festlegen

▶ Was in die Einleitung hineingehört

▶ Einige prima Möglichkeiten, gut aus den Startlöchern zu kommen

---

Mein Lieblingsbild für eine Rede ist ein Flug (deshalb halte ich Ihnen diesen Vergleich an jeder nur geeigneten Stelle unter die Nase). Die Einleitung entspricht in diesem Beispiel dem Start. Sie sind der Pilot. Ihre Zuhörer (Ihre Passagiere) haben es am liebsten, wenn die Einleitung weich in den Hauptteil (den Flug) übergeht. Während Ihrer Einleitung entscheidet Ihr Publikum, inwieweit es Ihnen vertrauen kann und wie es dem Rest Ihrer Rede grundsätzlich gegenübersteht.

Wie man das Beste aus der Einleitung macht, hängt von einigen Faktoren ab. In diesem Kapitel stelle ich Ihnen einige wichtige Konzepte vor, die Sie bedenken sollten, bevor Sie Ihre nächste Einleitung schreiben. Lesen Sie die folgenden Abschnitte, damit Ihnen Ihre Zuhörer beim nächsten Mal entspannt und mit Freude auf Ihren Höhenflügen folgen.

Was eine Einleitung leisten muss

Seit Urzeiten predigen die Rhetoriklehrer, dass eine Einleitung drei grundlegende Funktionen zu erfüllen hat. Sie soll die Aufmerksamkeit der Zuhörer wecken, sie soll eine harmonische Verbindung zwischen dem Redner und seinem Publikum herstellen und sie soll den Zuhörern mitteilen, warum sie dem Menschen da vorn weiter zuhören sollen.

Der eigentliche Sinn einer Einleitung liegt darin, den Erwartungshorizont des Publikums abzustecken. Die Psychologie lehrt uns, dass unsere Wahrnehmung zu großen Teilen von unseren Erwartungen beeinflusst wird. Deshalb ist die Einleitung so wichtig – sie bestimmt, wie die Zuhörer das interpretieren, was Sie sagen, und wie sie darauf reagieren. Die Einleitung ist die beste Gelegenheit, auf die Reaktion des Publikums zu Ihren Gunsten Einfluss zu nehmen.

Ja, die Einleitung soll Aufmerksamkeit wecken, in die weitere Rede einführen und all die Funktionen erfüllen, die man ihr traditionell zuschreibt. Aber all diese Funktionen sind in die Festlegung der Erwartungen mit eingeschlossen.

Ihr Ziel ist es, Ihren Zuhörern zu erklären, was sie erwarten können, und diese Erwartungen dann zu *übertreffen*. Dann können Sie sicher sein, eine erfolgreiche Rede gehalten zu haben.

Die perfekte Einleitung

Es ist eine Binsenweisheit, dass auch die längste Reise mit dem ersten Schritt beginnt. Das gilt auch für Reden. Wie lang eine Rede auch immer ist, sie beginnt mit der Einleitung. In den folgenden Abschnitten mache ich Sie mit ersten Schritten vertraut, die Sie auf Ihrem Weg machen müssen.

Fragen der Zuhörer beantworten

Ihre Zuhörer haben einige Fragen an Sie, die sie gerne in den ersten Minuten Ihrer Rede beantwortet hätten. Denken Sie dabei an die Fragen, die Journalisten zu stellen lernen, wenn sie einen Artikel schreiben: Wer, was, wann, wo, warum und wie. Die gleichen Fragen haben auch Ihre Zuhörer. Sie sollten also die folgenden Fragen in Ihrer Einleitung beantworten:

✔ Wer sind Sie? (Haben Sie Erfahrungen oder Empfehlungen vorzuweisen?)

✔ Worüber werden Sie sprechen?

✔ Wie lange werden Sie dafür brauchen?

✔ Welchen Verlauf wird Ihre Rede nehmen? (Gibt es eine Gliederung?)

✔ Warum sollte ich zuhören? (Eigentlich eine ›Was-Frage‹: Was habe ich davon?)

✔ Wie gestalten Sie das Ganze interessant?

Für den nötigen Hintergrund sorgen

Sollte Ihr Publikum bestimmte Informationen kennen müssen, um Ihren Vortrag verstehen zu können, müssen Sie diese Informationen im Verlauf der Einleitung zur Verfügung stellen. Wenn Ihre Rede keinen Sinn ergibt, ohne dass Ihren Zuhörern klar ist, was mit einem bestimmten Begriff gemeint ist, definieren Sie diesen Begriff. Darüber hinaus gilt es unter Umständen die Hintergründe dafür anzusprechen, warum Sie bestimmte Themen oder Punkte nicht behandeln – insbesondere dann, wenn man von Ihnen erwartet, dass Sie etwas dazu sagen.

Begrüßung und Würdigung

Viele Redner beginnen ihren Vortrag mit nicht enden wollenden Begrüßungen und Würdigungen der Veranstalter und wichtiger Gäste. Wie langweilig! Niemand will diese Liste aller im Saal sitzenden Würdenträger hören. Gut, manchmal muss man Namen nennen, aber das muss ja nicht am Anfang sein. Wenn Sie ein paar Leute ausdrücklich begrüßen müssen, machen Sie das besser im zweiten Teil Ihrer Einleitung, nicht im ersten.

Die richtige Länge

Die Einleitung sollte in der Regel nicht mehr als 10 bis 15 Prozent Ihrer Rede ausmachen. Ziehen Sie diesen Teil nicht in die Länge.

Die Einleitung schreiben

Schreiben Sie Ihre Einleitung Wort für Wort auf. Vergessen Sie mal einen Moment, dass Sie beim Schreiben einer Rede nur Schlüsselwörter oder Satzfragmente notieren sollen, und machen Sie sich keine Sorgen, dass eine ausformulierte Rede angestrengt klingen könnte. Die Einleitung ist da eine Ausnahme, denn die Ausformulierung bietet die folgenden Vorteile:

✔ **Sie können so lange daran arbeiten, bis jedes Wort sitzt.** Wenn Sie sich nur notieren, dass Sie in der Einleitung eine bestimmte Geschichte erzählen wollen, formulieren Sie nichts aus und können die Geschichte nicht üben. Sie gehen stattdessen davon aus, dass Sie das so können. Wenn Sie dann am Rednerpult stehen, schweifen Sie am Ende ab. Sie achten nicht darauf, sparsam und gezielt zu formulieren und bringen Ihre Geschichte um die optimale Wirkung.

✔ **Sie können auch dann eine tolle Einleitung abliefern, wenn Sie nervös sind.** Die Einleitung ist der Teil der Präsentation einer Rede, vor dem man die meiste Angst hat. Das Lampenfieber ist in dieser Phase am intensivsten. Wenn Sie sehr nervös sind und Ihre Einleitung nur aus ein paar Schlüsselwörtern besteht, kann es sogar sein, dass Sie vergessen, worum es Ihnen eigentlich ging. Wenn Sie dagegen Ihre Einleitung ausformuliert haben, können Sie diese erste Klippe auch dann erfolgreich umschiffen, wenn Ihnen die Muffe geht.

Die Einleitung ist der erste Teil Ihrer Rede, aber schreiben sollten Sie sie erst am Schluss. Warum? Es ist doch eine Einleitung. Sie müssen doch erst wissen, wohin Sie einleiten. Das wissen Sie aber erst, wenn Sie den Hauptteil Ihrer Rede und den Schluss geschrieben haben. Und dann schreiben Sie die Einleitung.

Die Showbiz-Formel

Bei der Planung Ihrer Einleitung kann es nicht schaden, sich an der Showbiz-Formel zu orientieren: starker Anfang, starker Abgang und alles, was eher durchschnittlich ist, in die Mitte. Ihre Einleitung ist der starke Anfang. Ihr Schluss ist der starke Abgang. Diese beiden Teile Ihrer Rede haben auf das Publikum die größte Wirkung und bleiben am längsten im Gedächtnis. Sorgen Sie also dafür, dass Ihre Einleitung wirklich stark ist.

Häufige Fehler vermeiden

Manchmal ist das, was Sie in der Einleitung nicht sagen, wichtiger als das, was Sie sagen. Sie wollen doch nicht mit dem falschen Fuß aufstehen, selbst dann nicht, wenn Sie zwei linke Füße haben. Ich habe deshalb eine Liste mit Fehlern zusammengestellt, die Sie besser vermeiden:

✔ **Sagen Sie nicht »Bevor ich anfange ...«.** Dieser Satz ist völlig absurd. Sobald Sie ihn aussprechen, haben Sie schon angefangen.

✔ **Bringen Sie keine Namen durcheinander.** Wenn Sie Anwesende, Gruppen oder geografische Bezeichnungen wie Städte und Länder nennen, sollten Sie die Namen kennen und auch richtig aussprechen. Es ist immer peinlich, beim falschen Namen genannt zu werden. Namensverwechslungen klingen nach schlechter Vorbereitung, verringern die Glaubwürdigkeit und bringen Ihre Zuhörer dazu, untereinander Wetten abzuschließen, was Sie als Nächstes vermasseln.

✔ **Räumen Sie nicht ein, lieber irgendwo anders sein zu wollen.** Sollte ich im Publikum sitzen, ist meine Standardantwort: »Dann nichts wie raus hier.« Sicher kann es sein, dass Sie diese Rede eigentlich gar nicht halten wollten. Aber weinen Sie sich bitte nicht beim Publikum aus. Erstens will das niemand hören, und zweitens hilft es Ihnen nicht im Mindesten. Reden müssen Sie trotzdem.

✔ **Geben Sie keinesfalls zu, dass Sie nicht vorbereitet sind.** Das ist eine Beleidigung. Wenn Sie nicht vorbereitet sind, warum reden Sie dann? Niemand hört gerne jemandem zu, der nicht vorbereitet ist. Das versteht sich zwar eigentlich von selbst, aber dennoch machen viele Redner diesen Fehler. Warum? Sie wollen sich schon im Voraus entschuldigen. Sie wissen, dass sie schlecht vorbereitet sind. Sie wissen, dass ihre Rede niemanden vom Hocker reißen wird, und wollen dem Publikum sagen, dass sie eigentlich keine schlechten Redner, aber gerade jetzt unvorbereitet sind. Dahinter scheint die Logik zu stecken, dass man das Publikum nur vor einer lausigen Rede zu warnen braucht und damit als Person besser dasteht. Was für ein Quatsch! Die Leute nehmen es Ihnen auf jeden Fall übel, dass Sie unvorbereitet sind. Wenn Sie also nicht vorbereitet sind und trotzdem sprechen werden, machen Sie es einfach und reden Sie nicht weiter darüber.

✔ **Erwähnen Sie nicht, dass Sie dieselbe Rede schon zigmal vor anderen Zuhörern gehalten haben.** Selbst wenn Ihre Zuhörer das bereits wissen, sollten Sie es ihnen nicht noch unter die Nase reiben. Jedes Publikum möchte in seiner Einzigartigkeit gewürdigt werden. Lassen Sie Ihren Zuhörern die Illusion, dass Sie die jeweilige Rede eigens für sie vorbereitet haben. Wenn Sie schlau sind, flechten Sie die eine oder andere besonders auf die jeweilige Redesituation abgestimmte Bemerkung ein, um diesen Eindruck zu verstärken.

✔ **Vermeiden Sie abstoßenden Humor.** Viele Redner haben dem Mythos, dass man eine Rede mit einem Scherz beginnen muss, immer noch nicht abgeschworen. Man muss nicht. Wenn Sie aber mit Humor das Eis brechen wollen, sollten Sie in jedem Fall rassistische, sexistische oder zweideutige Witze unterlassen.

✔ **Erwähnen Sie auf keinen Fall, dass Sie einen Ghostwriter hatten.** Ein Zauberer erklärt ja auch nicht seine Tricks auf der Bühne. Ihre Zuhörer gehen lieber davon aus, dass das, was sie hören, Ihre Worte sind. Lassen Sie sie in diesem Glauben. Denn schließlich ist es das Wesen eines Ghostwriters, unsichtbar zu bleiben – wie ein Geist.

✔ **Entschuldigen Sie sich nicht.** Solange Sie nicht versehentlich die Sprinkleranlage auslösen, im ganzen Raum den Strom abschalten oder das Rednerpult von der Bühne stoßen, sollten Sie Ihre Rede *nie mit einer Entschuldigung beginnen.* Entschuldigungen sind für ein Publikum eine Art Alarmzeichen und lösen bestimmte Erwartungen aus. Wenn Sie sich entschuldigen, erwarten Ihre Zuhörer nichts Gutes. Warum würden Sie sich sonst entschuldigen? Darüber hinaus lenkt eine Entschuldigung die Aufmerksamkeit auf etwas, das sonst vielleicht niemandem aufgefallen wäre. Wenn Sie sich nicht von vornherein für Ihre Rede entschuldigen, wird sie Ihren Zuhörern vielleicht gefallen. Und wenn nicht? Dann können Sie sich später immer noch entschuldigen.

Ein paar wirklich starke Einleitungen

Egal wie eine Einleitung beginnt, alle Redner wollen das Gleiche damit erreichen – sie wollen, dass ihre Zuhörer von den Socken sind. Sie wollen, dass das Publikum ihnen seine volle Aufmerksamkeit schenkt und an ihren Lippen hängt. Aber wie stellt man das an? Da gibt es leider keine Zauberformel.

Aber es gibt viele erfolgversprechende Ansätze. Auf den folgenden Seiten finden Sie zahlreiche Anregungen, mit denen Sie etwas anfangen können. Ich erhebe damit keinen Anspruch auf Vollständigkeit – vielleicht fühlen Sie sich ja anschließend inspiriert, eine ganz eigene Einleitung zu entwickeln.

Zitate

Zitate eignen sich aus verschiedenen Gründen sehr gut für Einleitungen: Man kann sie leicht ausfindig machen, man kann sie leicht in das gegebene Thema einbinden und man kann damit beeindrucken. Ob es sich nun um ein lustiges oder ein ernstes Zitat handelt, man hat die Aufmerksamkeit des Publikums. Hier ist ein Beispiel aus einer Rede, die Bundesaußenminister Steinmeier anlässlich der Verleihung des Toleranzpreises der Evangelischen Akademie Tutzing an Seine Hoheit Aga Khan hielt:

»Hoheit,

meine sehr verehrten Damen und Herren,

Ilija Trojanow: ›Die Welt ist groß und Rettung lauert überall!‹

Sie ist nur nicht ganz einfach zu finden! Deshalb sind Außenminister pausenlos unterwegs. Die Rettung für vieles ist noch nicht gefunden, aber auf der Suche habe ich einen Mann kennengelernt, der gestern mein Gast war und heute Ihr Gast ist.

Wir ehren einen außergewöhnlichen Mann. Wir ehren einen großen Menschenfreund, einen mutigen Visionär, einen Brückenbauer zwischen Glauben und Gesellschaft.

Wir ehren einen Mann, den ich in gemeinsamen Gesprächen als einen außerordentlich klugen, kenntnisreichen und angenehmen Gesprächspartner kennengelernt habe. Einen Weltbürger, der unerschrocken gegen Ressentiment und Rückständigkeit auf fast allen Kontinenten kämpft.

Einen Mann, der uns ein Gesicht des Islam zeigt, wie es manche von uns nicht kennen, ja leider allzu oft nicht kennen wollen: ein Islam, der offen, dialogfähig und tolerant ist. Ein Islam, der nicht im Widerspruch steht zu freien, demokratischen und pluralistischen Gesellschaften. Kurz: Ich kann mir keinen geeigneteren Preisträger für den Toleranzpreis vorstellen als Seine Hoheit Aga Khan!«

Rhetorische Fragen

Eine Frage eignet sich wunderbar dazu, in ein Thema einzuführen. Eine rhetorische Frage hat darüber hinaus noch den Vorteil, dass sie das Publikum mit einbezieht, indem es die Antwort im Geiste selbst gibt. Der Präsident der Deutschen Bundesbank, Dr. Axel A. Weber, stellte seinen Zuhörern zu Beginn seiner Rede vor dem ZEW Wirtschaftsforum 2006 in Mannheim gleich drei solcher Fragen:

»Sehr geehrte Damen und Herren,

geldpolitische Fragen spielen traditionell eine wichtige Rolle auf dem ZEW-Wirtschafts-forum. Seit dem Inkrafttreten der dritten Stufe der Europäischen Währungsunion sind nunmehr 7½ Jahre vergangen. Dies ist ein hinreichend langer Zeitraum, um eine erste Bilanz zu ziehen. Welche Hoffnungen haben sich erfüllt, wo sind Probleme zu konstatieren? Welche Erfahrungen hat insbesondere die deutsche Volkswirtschaft im gemeinsamen Währungsraum gemacht? Und schließlich: Was sind die wesentlichen Herausforderungen an die aktuelle Geldpolitik?«

Geschichten oder Anekdoten

Geschichten kommen immer gut an, vor allem wenn sie echt, persönlich und für das Thema von Bedeutung sind.

Dr. Jürgen Rüttgers begann seine Rede anlässlich der Eröffnung des 18. Medienforums Nordrhein Westfalen 2006 mit den folgenden Worten:

»Als sich Bundeskanzler Konrad Adenauer einmal mit dem mächtigen Verleger der New York Times, Cyrus Sulzberger, besprach, gab er diesem eine weise Erkenntnis mit auf den Weg: In einer Zeit, in der nichts mehr wirklich sicher sei, komme es darauf an, von Anfang an die richtige Richtung zu haben.

Sulzberger wird der Ratschlag beeindruckt haben. Mich beeindruckt er auch. Allerdings fragen sich ja selbst Experten gelegentlich: Was genau ist eigentlich die richtige Richtung?«

Aufrüttelnde Statistiken

Statistiken haben ihre guten und ihre schlechten Seiten. Zu den schlechten gehört, dass sie für die Zuhörer meist wie eine Schlaftablette wirken. Zu den guten gehört, dass dramatische, sorgfältig ausgewählte Statistiken ein Publikum davon abhalten, wegzudösen, indem sie gewissermaßen aufwecken. Aufrüttelnde Statistiken eignen sich besonders gut für Einleitungen (siehe auch den Abschnitt über Statistiken in Kapitel 8). Das folgende Beispiel stammt aus einer Bundestagsrede von Kerstin Müller, Staatsministerin im Auswärtigen Amt, über humanitäre Hilfe im Ausland:

> *»45 Millionen Menschen, so wird geschätzt, sind zurzeit weltweit auf humanitäre Hilfe angewiesen. Sie sind Opfer von Kriegen, von Gewalt oder sie flüchten vor Dürre, Überschwemmungen und Wirbelstürmen. Oft sind sie durch schreckliche Ereignisse traumatisiert. Mit der humanitären Hilfe versuchen wir, die schwerste Not dieser Menschen zu lindern, nicht mehr und nicht weniger. Insgesamt stellte das Auswärtige Amt deutschen Hilfsorganisationen, den Vereinten Nationen und dem Internationalen Komitee vom Roten Kreuz in diesem Jahr allein rund 73 Millionen Euro für Hilfsprojekte zur Verfügung. 14 Millionen Euro davon entfallen auf Projekte des humanitären Minenräumens.«*

Verblüffende Fakten

Interessante oder verblüffende Tatsachen eignen sich wunderbar für den Einstieg in eine Rede. Wenn Sie etwas faszinierend finden, ist die Wahrscheinlichkeit groß, dass es Ihren Zuhörern genau so geht. Bundespräsident Horst Köhler präsentierte seinen Zuhörern auf dem achten Seniorentag in Köln mehrere solcher Fakten:

> *»Viele wissen es gar nicht, aber: Wer in unserem Land 100 Jahre alt wird, der bekommt einen Glückwunschbrief vom Bundespräsidenten. 1985, es war die Zeit von Richard von Weizsäcker, gingen 899 Briefe ins Land. Im vergangenen Jahr konnte ich schon 4.360 Hundertjährigen gratulieren. Und wenn es bei der bisherigen Tradition bleibt, dann schreibt ein Bundespräsident künftig mehr als eine Million Glückwunschbriefe pro Amtszeit. Denn wahrscheinlich kann fast die Hälfte der heute Geborenen einmal den ›Hundertsten‹ feiern. Das sind doch schöne Aussichten!«*

Historische Ereignisse

Ein historisches Ereignis, das eine Verbindung zu Ihrem Thema hat, macht sich am Anfang einer Rede recht gut. Sie machen eine gute Figur damit und rücken Ihr Thema ins rechte Licht. Seine Rede anlässlich der Veranstaltung »50 Jahre Auswärtiges Amt der Bundesrepublik Deutschland« im Haus der Geschichte in Bonn begann Hans Dietrich Genscher folgendermaßen:

> *»Es geschah vor 50 Jahren, hier in Bonn. Am 15. März 1951 unterschrieb Bundeskanzler Adenauer eine Verfügung:*

*›Nachdem mit dem heutigen Tage das Auswärtige Amt als selbständige Oberste Bundes-
behörde gebildet worden ist, scheidet die bisherige Dienststelle für Auswärtige Angelegen-
heiten mit Wirkung von heute aus dem Bundeskanzleramt aus.‹*

*Das war die Geburtsstunde des Auswärtigen Amtes nach dem Zweiten Weltkrieg, eine
Wiedergeburt war es nicht. Die Tatsache, dass wir im Januar dieses Jahres auch die
131. Geburtsstunde des Auswärtigen Amtes des Norddeutschen Bundes hätten begehen
können, zeigt die Brüche der deutschen Geschichte. Das Auswärtige Amt, das vor 50 Jahren entstand, hatte nicht weniger als 40 Jahre Außenpolitik eines – wenn auch immer weniger – in seiner Souveränität eingeschränkten Landes zu formulieren und zu vertreten.*

*Es geschah wiederum in Bonn, und zwar heute vor 10 Jahren, dass mir der sowjetische
Botschafter am 15. März 1991 die sowjetische Ratifikationsurkunde zum Zwei-Plus-Vier-
Vertrag übergab.«*

Heute vor ... Jahren

Jedes Ereignis, das mit dem Tag, an dem Sie Ihre Rede halten, in Verbindung steht, lässt sich
für Ihre Einleitung nutzen. Hat eine berühmte Persönlichkeit Geburtstag? Wurde an diesem
Tag die Glühbirne erfunden? Hat sich etwas historisch Bedeutsames ereignet? Dieser Einstieg
ist zwar dem mit einem historischen Ereignis ähnlich, aber nicht identisch damit. Sie suchen
nicht nach einem historischen Ereignis, das mit Ihrem Thema verbunden ist, sondern nur
nach einem Ereignis, das auf den Tag Ihrer Rede datiert ist. Wenn Sie eines gefunden haben,
stellen Sie die Verbindung zu Ihrem Thema selber her. In seiner Gedenkrede in London mit
dem Titel »Lehren aus der Geschichte« ging Manfred Rommel, damals Oberbürgermeister von
Stuttgart, 50 Jahre zurück:

*»Es ist eine große Ehre für mich, dass ich eingeladen wurde, vor diesem erlauchten
Zuhörerkreis über ein schwieriges und kontroverses Thema und einen Gegenstand un-
zähliger Publikationen zu sprechen: Über den deutschen Widerstand gegen Hitler. Heute
vor 50 Jahren scheiterte Oberst Graf Stauffenbergs Versuch, Hitler zu töten. Die Zeit-
zünderbombe, die der Graf zu Hitlers Lagebesprechung mitgebracht hatte, tötete einige
Teilnehmer, Hitler jedoch überlebte, kaum verletzt. Die Lagebesprechung war kurzfristig
vom Betonbunker, wie zunächst vorgesehen, in eine Lagerbaracke verlegt worden. Die
Geschichte hätte möglicherweise einen anderen Verlauf genommen, wenn das Attentat
erfolgreich gewesen wäre. So konnte Hitler jedoch seine Strategie, Deutschland zu vernichten und andere Nationen so viel Schaden wie möglich zuzufügen, fortsetzen. Somit
bewahrheitete sich der Satz Johann Wolfgang von Goethes in seinen Anmerkungen zu
dämonischen Persönlichkeiten in der Geschichte: ›Nemo contra deum nisi deus ipse.‹ Was
heißen will: ›Nur der Dämon selbst kann den Dämonen vernichten.‹ Die Deutschen, von
denen die Mehrzahl der Ansicht waren, insbesondere im östlichen Teil Deutschlands, dass
sie, ob sie wollten oder nicht, mit Hitler im selben Boot saßen, kämpften bis zum bitteren
Ende. Kein weiterer Versuch, Hitler zu beseitigen und den Krieg durch einen Umsturz in
Deutschland gegen seine katastrophale Führung zu beenden, wurde unternommen.«*

Der Titel Ihrer Rede

Viele Redner verwenden den Titel ihrer Rede als Teil der Einleitung. Das folgende Beispiel stammt aus einer Festrede der niedersächsischen Europa-Abgeordneten Ewa Klamt anlässlich der Löns-Woche 2004:

»*Hermann Löns – ein Europäer? – ein spannendes Thema für mich als Abgeordnete des Europäischen Parlaments, denn hinter dieser Frage und diesem Thema steht, inwieweit Löns den Menschen in Europa auch heute noch etwas zu sagen hat.*

Hermann Löns in allen Facetten zu beleuchten, haben Fachleute vor mir getan. Ich möchte mich daher darauf beschränken, wie ich Hermann Löns heute sehe, wenn ich – als Niedersächsin, als Deutsche und als Europäerin – die Ziele der Europäischen Union vor Augen habe, die in Artikel 3 des Verfassungsentwurfs festgelegt sind. Dort heißt es: ›Ziel der Union ist es, den Frieden, ihre Werte und das Wohlergehen ihrer Völker zu fördern.‹«

Provokation

Sie wollen die Aufmerksamkeit Ihrer Zuhörer erlangen? Dann fangen Sie doch gleich mit einer gezielten Provokation an. James P. Grunt, der verstorbene Direktor der UNICEF, eröffnete eine Rede bei einer Konferenz zum Thema internationale Entwicklung mit den folgenden Worten:

»*Erlauben Sie mir, mit ein paar wohlmeinenden Provokationen zu beginnen: Zunächst möchte ich in den Raum stellen, dass niemand – nicht der Westen, nicht die Vereinigten Staaten, niemand – den kalten Krieg gewonnen hat.*«

Kenntnisse über das Publikum

Ihre Zuhörer fühlen sich geschmeichelt, wenn Sie etwas über sie wissen. Sie merken, dass Sie sich die Mühe gemacht haben, etwas über sie in Erfahrung zu bringen. Am besten lassen Sie das gleich in der Einleitung durchblicken. Anlässlich eines Gastvortrags bei der Estnisch-Deutschen Akademischen Woche im estnischen Tartu dokumentierte der Vizepräsident der Deutschen Bank, Dr. Jürgen Stark, sein Wissen über die Universität:

»*Die Universität Tartu hat das geistige Leben, die Gesellschaftsordnung und die ethnischen Beziehungen in der Region beeinflusst. Wahrscheinlich brauche ich nicht daran zu erinnern, welche bedeutende Rolle die Universität bei der Vermittlung europäischer Hochkultur in den baltischen Staaten und in Russland hatte. Ich empfinde große Hochachtung vor dieser Stadt – der ›Stadt der guten Gedanken‹ –, und vor dieser Universität, die eine sehr wechselvolle und auch schmerzliche Geschichte hinter sich hat. Ich weiß, welch nachhaltige Bedeutung die Universität Tartu über die Jahrhunderte hinweg und für die gesamte baltische Region hatte. Auch in schwieriger Zeit ist an der Universität Tartu Kontinuität in der Tradition unabhängiger wissenschaftlicher Forschung und Lehre gewahrt worden. Deshalb ist es für mich eine besondere Ehre zur Estnisch-Deutschen Akademischen Woche eingeladen zu sein und hier und heute sprechen zu dürfen.*«

Verbindende Gemeinsamkeiten

Es ist immer gut, wenn Sie etwas anführen können, das Sie mit dem Publikum verbindet. Auf dem 23. Homburger Sparkassen-Forum im Juni 2005 – es war wohl sehr warm im Saal – machte Hans Dietrich Genscher das ebenso einfach wie geschickt:

>*»Sehr geehrte Damen und Herren, Herr Landrat, verehrter Herr Bürgermeister, liebe KollegInnen und ehemalige KollegInnen aus dem Bundestag und dem Landtag!*
>
>*Ich freue mich sehr, dass ich heute zu Ihnen sprechen kann, und möchte mit drei persönlichen Bemerkungen beginnen. Die erste ist, dass ich mich Ihnen gern anpassen möchte und bei meiner Rede auch gerne das Jackett ausziehen würde.«*

Wichtig, wichtig, wichtig

Wenn man etwas als besonders wichtig herausstellt, merken die Zuhörer auf. Das folgende Beispiel stammt aus einer Rede von Renate Schmitt, der früheren Bundesministerin für Familie, Senioren, Frauen und Jugend, auf dem Kongress »Wohnen der Zukunft – modernes Leben im Alter« in Berlin:

>*»›Wohnen der Zukunft‹ ist ein besonders wichtiges Thema der Seniorenpolitik – man könnte sagen der Gesellschaftspolitik überhaupt. Längere Zeit etwas belächelt, wissen wir:*
>
>*Wohnen ist mehr als nur eine Adresse mit Straße, Hausnummer und Etage. Wohnen bedeutet mehr als reine Quadratmeter oder Zimmeranzahl, mehr als die Frage Strom oder Gas, Eigentum oder Miete. Wohnen bedeutet ein Zuhause zu haben.«*

Der Anlass

Sie wollen einen einfachen Einstieg? Erinnern Sie einfach daran, warum Sie eine Rede halten und verweisen Sie auf den Anlass, der Sie und Ihre Zuhörer hier zusammengebracht hat.

Bundespräsident Horst Köhler begann eine Tischrede anlässlich eines Staatsbanketts zu seinen Ehren in Warschau folgendermaßen:

>*»Meine Frau und ich, wir freuen uns wirklich darüber, zu diesem Staatsbesuch und zur Feier des 25. Jahrestages der Solidarno in Polen zu sein. Wir sind gern wieder in Warschau.«*

Vorangegangene Reden

Wenn Sie nicht der erste Redner des Tages sind, können Sie damit beginnen, dass Sie Ihren Zuhörern erläutern, inwiefern sich Ihre Rede auf die bereits gehaltenen Reden bezieht. Es fällt ihnen dann leichter, das Gesamtbild nicht aus dem Auge zu verlieren. Anlässlich der Verleihung des Regine-Hildebrandt-Preises 2005 zog sich der Bundestagsabgeordnete Ottmar Schreiner folgendermaßen aus der Affäre:

> »*Ja, meine Damen und Herren,*
>
> *nach diesen Reden meiner Vorredner ist es fast ein bisschen schwierig, jetzt da noch anzuknüpfen. Zunächst einmal: Alles, was vorher gesagt worden ist, findet auch meine Unterstützung ohne jeden Abstrich, ohne Wenn und Aber, und jetzt könnte ich es mir mit Tucholsky ganz einfach machen: ›Alles Wichtige ist schon gesagt worden, nur nicht von jedem.‹ Gleichwohl, erlauben Sie, dass ich noch ein paar Worte anknüpfe.*«

Ende gut, alles gut: Der Schluss

In diesem Kapitel

▷ Sicherstellen, dass der Abschluss nicht zum Abgesang wird

▷ Einen wirkungsvollen Schluss basteln

▷ Einen stilvollen Schlusspunkt setzen

Als ich als Kind war auf dem Spielplatz noch das Motto: »Fang nichts an, was du nicht zu Ende bringen kannst.« Diesen Rat erhielt meist ein Brille tragender schmächtiger Streber, den man bis zum Gehtnichtmehr schikaniert hatte und der schließlich all seinen Mut zusammennahm, dem Ursprung seiner Qualen zumindest eine verächtliche Bemerkung entgegenzuschleudern – dem größten Tyrannen der Schule. Meistens kam dieser Ratschlag zu spät, und der Oberschikaneur hatte, noch bevor die Worte das Ohr des schmächtigen Strebers erreicht hatten, zum letzten Gegenschlag ausgeholt. Der Ratschlag meiner Mitschüler bezog sich zwar auf die tätlichen Auseinandersetzungen, man kann ihn aber auch auf Reden ausweiten. Zu viele Leute, die sich anschicken, eine Rede zu halten, wissen nicht, wie sie zum Ende kommen sollen.

Der Schluss ist einer der wichtigsten Teile einer Rede. Die Einführung ist die Gelegenheit, einen guten ersten Eindruck zu machen, der Schluss ist der Eindruck, der bei den Zuhörern haften bleibt – und Ihre letzte Chance, einen guten Eindruck zu machen. Sie haben es in der Hand, wie Ihre Zuhörer Sie und Ihre Botschaft in Erinnerung behalten.

Wenn man eine Rede mit einem Flug vergleicht, ist der Schluss die Landung. Die Passagiere – Ihre Zuhörer – sind nicht erpicht auf eine plötzliche oder holprige Landung. Sie wollen auch nicht neben der Landebahn aufkommen. Und was am wichtigsten ist: Sie *wollen*, dass Sie landen.

Ein funktionierender Schluss

Ein Zyniker hat einmal gesagt, dass der Schluss einer Rede die Funktion hat, das Publikum wieder aufzuwecken. Alle Nicht-Zyniker erfüllen mit einem erfolgreichen Schluss die folgenden drei Aufgaben:

✔ **Die Rede zusammenfassen.** Der Schluss soll alle wichtigen Punkte noch einmal zusammenfassen. Mit diesem Kurzüberblick rufen Sie Ihren Zuhörern auch noch einmal Ihre Einstellung zu den vorgebrachten Ideen ins Gedächtnis. Deutlich werden soll auch, wie die einzelnen Punkte miteinander und mit dem Thema zusammenhängen.

✔ **Ein Schlusssignal setzen.** Der Schluss muss Ihren Zuhörern vermitteln, dass Sie mit Ihrer Rede fertig sind. Menschen haben ein psychologisches Bedürfnis nach einem Abschluss. Sie möchten, dass eine Rede einen Anfang, eine Mitte und ein Ende hat – ganz besonders ein

Ende. Sie möchten nicht in der Luft hängen. Ihr Schluss soll diesem Bedürfnis Rechnung tragen.

Einen guten letzten Eindruck machen. Der Schluss ist Ihre letzte Chance, die Erwartungen Ihrer Zuhörer zu beeinflussen. Enden Sie mit dem hohen C! Setzen Sie ein Ausrufezeichen! Verschaffen Sie sich einen denkwürdigen Abgang! Lassen Sie die Meute johlen! (Suchen Sie sich ein zutreffendes Klischee aus.) Der Schluss sollte die Aufmerksamkeit des Publikums fesseln und unmittelbar auf den Bauch zielen. Er sollte an das Gefühl appellieren (mehr über emotionale Appelle erfahren Sie in Kapitel 5) und die Schlagkraft Ihrer gesamten Rede unterstreichen.

Der perfekte Schluss

Erinnern Sie sich, wie alle Märchen enden? »… und wenn sie nicht gestorben sind, dann leben sie noch heute.« Ihre Rede mag zwar nichts mit Märchen zu tun haben, aber Sie können einen ähnlich perfekten Schluss dafür finden. Wie Sie das am besten anstellen, verraten Ihnen die folgenden Abschnitte.

Die Zuhörer vorbereiten

Ihre Zuhörer schätzen es, wenn sie vorher erfahren, wann sie zum Ende kommen wollen. Sie sollten also kurz vorher durchblicken lassen, wann es so weit ist. »Und nun wende ich mich meinem letzten Punkt zu« oder »Zwei Beispiele noch, bevor ich zum Schluss komme« sind Bemerkungen, die Ihren Zuhörern signalisieren, dass Sie bald Ihr Ziel erreicht haben werden. Sie können sich dann auf eine ungefähre Ankunft einrichten.

Ein hörbarer Schluss

Die Leute haben bestimmte Erwartungen an einen Schluss – er soll sich eben wie ein Schluss anhören. Ihr Publikum wird unruhig, wenn Sie zwar denken, Sie seien fertig, Ihre Zuhörer aber nicht. Leiten Sie Ihren Schluss möglichst deutlich ein. Wendungen wie »zum Abschluss«, »um es zusammenzufassen« oder »abschließend« sind gute Anfänge – für einen Schluss.

Die richtige Länge finden

Der Schluss sollte etwa fünf bis zehn Prozent Ihrer Rede ausmachen. Er kann zwar auch zu kurz ausfallen, meist besteht aber eher die Gefahr, dass er ausufert. Überspannen Sie den Bogen nicht. Ziehen Sie ein Resümee und setzen Sie sich wieder hin.

Schriftlich ausformulieren

Es gibt zwei wichtige Gründe, warum Sie Ihren Schluss aufschreiben sollten. Zunächst einmal wirken Sie damit eventuellem Lampenfieber entgegen. Der Schluss ist in dieser Hinsicht der zweitproblematischste Augenblick für einen Redner. (Der am meisten mit Lampenfieber behaftete Teil einer Rede sind die ersten Worte; mehr über Einleitungen erfahren Sie in Kapitel 6.) Wenn Sie den Schluss Ihrer Rede schriftlich vor sich haben, müssen Sie sich keine Sorgen machen, dass Sie ihn vergessen könnten. Viel wichtiger aber ist, dass Sie bei einem schriftlich festgehaltenen Schluss wissen, wann es so weit ist, die letzte Runde einzuläuten. So sind Sie sicher, dass Sie nicht abschweifen können.

Denkwürdige letzte Worte

Die letzten Zeilen Ihres Schlusses sind die wichtigsten. Es wäre deshalb schön, wenn sie so ausfallen, dass sie im Gedächtnis haften bleiben. Sprechen Sie das Gefühl Ihrer Zuhörer an. Bringen Sie sie zum Lachen. Geben Sie ihnen etwas zum Nachdenken. Bringen Sie sie dazu, aufzustehen und Ihnen Beifall zu zollen.

Eine einfache Formel für den letzten Satz ist die folgende Formulierung: »Ich möchte Sie mit einem letzten Gedanken entlassen.« (Eine Alternative ist beispielsweise: »Wenn Sie sich an nur eines erinnern, was ich heute gesagt habe, erinnern Sie sich an das: ...«) Und dann präsentieren Sie einen Kerngedanken. Wählen Sie einen für Ihre Rede und für Ihre Zuhörer wichtigen Gedanken und formulieren Sie ihn nachdrücklich.

Für Fragen zur Verfügung stehen

Egal unter welchen Umständen Sie sprechen und für eine Rede engagiert wurden, nehmen Sie sich Zeit, nach dem Ende Ihrer Rede Fragen zu beantworten. Kündigen Sie im Rahmen Ihrer Schlussbemerkungen an, dass Sie anschließend für Fragen zur Verfügung stehen.

Angenommen, Sie sitzen im Publikum. Sie haben gerade eine tolle Rede gehört. Anschließend wollen Sie mit dem Redner ein paar Worte wechseln. Der weist Sie aber schroff ab. So ein Mist! Zuerst kommen Sie sich dumm vor. Dann werden Sie ärgerlich. Und dann ändern Sie Ihre Einschätzung der Rede und des Redners, nicht wahr? Sie halten den Redner für einen Dummkopf und seine Rede für gar nicht so toll. Also seien Sie kein Dummkopf. Seien Sie nett zu Ihrem Publikum. Und denken Sie dran – wenn Sie fertig sind mit reden, ist der Abend für Sie noch nicht gelaufen.

Häufige Fehler vermeiden

Manchmal ist das, was man am Schluss nicht sagt, wichtiger als das, was man sagt. Ich habe im Folgenden einige häufig vorkommende Fehler zusammengestellt, die Sie unbedingt vermeiden sollten.

✔ **Überschreiten Sie nicht Ihr Zeitlimit.** Achten Sie darauf, dass Sie zum Ende kommen, bevor Ihre Redezeit endgültig abläuft. Wenn Sie als Genie dastehen wollen, peilen Sie fünf Minuten vor dem offiziellen Ende an, aber überziehen Sie um Gottes Willen nicht. In Rednerkreisen nennt man das, was einen Redner antreibt, wenn er die Worte »Ich komme nun zum Schluss« ausspricht, scherzhaft »die zweite Luft«. Passen Sie auf, dass es Ihnen nicht so geht. Es ist einfach nicht schön.

✔ **Vermeiden Sie Abschweifungen.** Der Rückblick auf die Punkte, die Sie ja bereits eingehend behandelt haben, sollte kurz und übersichtlich ausfallen – am besten in der Reihenfolge, in der sie in der Rede auftauchten. Achten Sie darauf, dass Ihnen die Zuhörer folgen können, und halten Sie sich an Ihren Plan.

✔ **Bringen Sie keine neuen Punkte ins Spiel.** Der Schluss ist dazu da, das bereits Gesagte noch einmal kurz Revue passieren zu lassen – machen Sie kein neues Fass auf (auch wenn die Kehle trocken sein mag).

 Sagen Sie nicht, Sie hätten vergessen, etwas zu erwähnen. Das lässt Sie schlecht organisiert erscheinen und lässt im Publikum Befürchtungen aufkeimen, Sie könnten zu einer zweiten Rede ansetzen. Ich mache Ihnen einen anderen Vorschlag: Wenn es sich um einen wirklich wichtigen Punkt handelt, reduzieren Sie ihn auf eine kurze und bündige Formulierung. Wenn Sie dann alle bereits vorgebrachten Punkte zusammengefasst haben, sagen Sie, Sie wollen mit einem letzten Gedanken schließen. Wenn Sie dafür bereits einen anderen Gedanken vorgesehen hatten, machen Sie sich keine Sorgen. Sagen Sie in diesem Fall einfach, Sie möchten mit zwei letzten Gedanken schließen. Bringen Sie dann zunächst den Punkt vor, den Sie vergessen hatten, und dann den Gedanken, mit dem Sie ursprünglich schließen wollten. (Ich weiß, das ist eine Ausnahme von der Regel, am Ende keine neuen Punkte mehr anzusprechen.)

Schluss machen, aber mit Stil

Eine Rede wird gerne mit einer Liebesaffäre verglichen: Jeder Narr kann eine anfangen, aber nicht jeder kann sie auch gekonnt zu Ende bringen. In diesem Abschnitt finden Sie Vorschläge, wie Sie *Ihre* Rede beenden können, ohne die Zuneigung Ihres Publikums zu verlieren.

Bezug nehmen auf den Anfang

Wenn es eine Aufgabe des Schlusses ist, den Kreis zu schließen, dann ist die Bezugnahme auf den Anfang der Rede eine hervorragende Möglichkeit, dem nachzukommen. Kehren Sie am

Schluss zu dem zurück, was Sie zu Beginn Ihrer Rede gesagt haben. Haben Sie mit einer Frage angefangen, beantworten Sie diese am Schluss. Haben Sie eine Geschichte erzählt, kommen Sie nun darauf zurück. Diese Technik lässt Ihre Rede rund und abgeschlossen erscheinen.

Zitate

Mit einem geistreichen Zitat, das einen Bezug zu Ihrer Botschaft hat, können Sie nichts falsch machen. Achten Sie nur darauf, dass es auch wirklich geistreich ist und tatsächlich einen Bezug zu dem hat, was Sie gesagt haben.

Eine Frage stellen

Die richtige Frage kann ein äußerst wirkungsvoller Schluss einer Rede sein. Wahrscheinlich impliziert die Frage auch eine Antwort – eine, auf die Sie mit Ihrer Rede hingearbeitet haben.

Eine Geschichte erzählen

Sie können unter mehreren Arten von Geschichten wählen: lustige, schockierende, bewegende, dramatische, didaktische, persönliche, fiktive, biblische oder allegorische. Jede kann die jeweils gewünschte Wirkung erzielen.

Berühmte letzte Worte

Jede Rede muss einen Schluss haben, auch die große Rede, die wir Leben nennen. Am Ende eines Lebens haben Worte natürlich eine ganz besondere Bedeutung. Hier ein paar berühmte letzte Worte:

»Habe ich meine Rolle gut gespielt? Wenn ja, applaudiert, denn die Komödie ist zu Ende.«

Kaiser Augustus

»Lass es nicht so enden. Sag Ihnen, ich hätte etwas gesagt.«

Pancho Villa (mexikanischer Revolutionär)

»Was für ein Tor ich war!«

Sir Winston Churchill

»Mögen Ihre Söhne Bischöfe werden«

Brendan Behan zu der Nonne an seinem Totenbett

»Gebt mir ein Glas Doppelbock«

Ernst Rowohlt

Ein Gedicht rezitieren

Wenn Sie ein Gedicht rezitieren, sollte es kurz sein. Ob es sich um inspirierende oder lustige Zeilen handelt, ist egal, Hauptsache, es passt zu Ihrer Rede. Hier ist ein Vierzeiler, mit dem Albert Casey, der frühere Präsident und Vorstandsvorsitzende der Resolution Trust Corporation, eine Rede beendete (er passt zu jeder Rede):

> »Ich möchte schließen mit den unsterblichen Worten von Richard Goodwin: ›Ich mag den vollendeten Redner, das schwör ich, Stein und Bein. Ich mein' nicht den Ausgefeilten, nur fertig muss er sein.‹ Vielen Dank.«

Handlungsanweisungen geben

Diese Art Schluss ist recht spezifisch. Sie beenden Ihre Rede damit, dass Sie Ihren Zuhörern *ganz genau* sagen, was sie tun sollen. Gerhard Schröder gab seinen Zuhörern auf dem Wahlparteitag der SPD die folgenden Anweisungen mit auf den Weg:

> »Geht nach diesem Parteitag die letzten 20 Tage hinaus ins Land, geht zu den Menschen und erklärt ihnen, was uns bewegt. Geht auf die Straßen und Plätze, geht an die Infotische und überall dorthin, wo ihr die Menschen trefft: in den Kaufhäusern, am Arbeitsplatz, in den Schulen, wo immer ihr den Menschen begegnet. Sprecht mit ihnen, überzeugt sie! Überzeugt die Unentschlossenen, die Unentschiedenen und die Kritiker und macht die Sympathisanten fest. Darum geht es: Lasst uns diesen großen Wurf gemeinsam machen. Darauf kommt es mir an. Ich danke euch für eure Aufmerksamkeit.«

Um Hilfe bitten

Fragen Sie einfach um Hilfe. Das ist ein einfacher, aber oft vernachlässigter Schluss. Die meisten Menschen reagieren durchaus darauf. Mein Lieblingsbeispiel ist eine Rede, die ich vor den Mitgliedern eines Rotary Clubs gehalten habe. Es ging darin um einen Wettbewerb im Witzeschreiben, den ich an einer Highschool am Ort förderte. Ich erläuterte die Vorteile des Wettbewerbs für die Kinder und warum es für den Erfolg des Wettbewerbs wichtig sei, dass man Preise erringen konnte. Am Schluss bat ich die Anwesenden, mich mit Preisen zu unterstützen. Und was passierte? Ich bekam Unterstützung.

Teil III

Die Rede aufpolieren

In diesem Teil ...

Was unterscheidet eine Durchschnittsrede von einer wirklich engagierten Rede? Aufrüttelnde Worte und ins Auge springende visuelle Hilfsmittel. Da trifft es sich gut, dass ich mich in diesem Teil mit genau diesen Aspekten beschäftige. In den folgenden Kapiteln bringe ich Ihnen näher, wie man die aussagekräftigsten Wörter wählt und am wirkungsvollsten anordnet und was man im Hinblick auf visuelle Hilfsmittel beachten muss.

Die Rede sinnvoll zusammenbauen

In diesem Kapitel

▶ Die Rede ohne große Kopfschmerzen bearbeiten

▶ Für glatte Übergänge sorgen

Das Leben wäre viel einfacher, wenn man eine perfekte Rede mehr oder weniger aus dem Ärmel schütteln könnte. Leider können das die meisten Menschen nicht – abgesehen von einem Professor, den ich während meines Jura-Studiums kennenlernte, aber das ist eine andere Geschichte. Wir müssen also dem Unausweichlichen ins Auge sehen: An Reden muss man arbeiten und schöne Übergänge ergeben sich auch nicht von selbst. Aber machen Sie sich keine Sorgen. Ich habe da ein paar Techniken parat, mit deren Hilfe sich der Zeitaufwand in Grenzen halten lässt – und die Schmerzen auch. Natürlich könnten Sie den Schmerzen auch mit einem gepflegten Cognac entgegenwirken, aber mit meinen Bearbeitungs- und Übergangstechniken haben Sie am Ende keinen Kater, sondern eine gediegene Rede. (Eine tolle Rede können Sie daraus machen, wenn Sie auch noch die Kapitel 9 und 10 lesen und beherzigen.)

Die Rede bearbeiten

Manche Leute bekommen schon Kopfschmerzen, wenn sie das Wort »bearbeiten« nur hören. Bedenken Sie jedoch, dass Sie eine Rede auch nicht halten würden, ohne sie vorher geübt zu haben. Wie könnten Sie dann eine Rede üben, ohne sie vorher bearbeitet zu haben. Lesen Sie sich erst einmal die Tipps durch, die ich in den nachfolgenden Abschnitten zusammengestellt habe. Sie werden feststellen, dass die Zeit, die Sie in die Bearbeitung Ihrer Rede investieren, nicht nur schmerzfrei vergeht, sondern sich auch bezahlt macht.

Reden werden gesprochen

Einer der häufigsten Fehler, die Rednern unterlaufen, ist die Nichtbeachtung des Unterschieds zwischen gesprochener und geschriebener Sprache. Sie schreiben ihre Rede, als handle es sich um eine Aktennotiz oder einen Bericht. Das ist ein großer Fehler, denn eine Rede wird mündlich vorgetragen und nicht gelesen. Sie ist für das Ohr gedacht, nicht für das Auge.

Wenn Sie Ihre Rede schreiben, werden sich dennoch immer wieder Elemente der geschriebenen Sprache hineinschleichen. Diese Elemente gilt es, bei der Bearbeitung zu finden und zu ersetzen. Bleiben Sie bei der gesprochenen Sprache.

Die Rede laut lesen

Das laute Lesen einer Rede dient nicht nur der Übung. Wenn Sie für das Ohr schreiben, müssen Sie auch hören, was Sie schreiben, damit Sie am Klang Ihrer Worte und Sätze arbeiten können. Achten Sie beim lauten Lesen auf die folgenden Aspekte:

✔ **Wie klingt es?** Sie können nicht feststellen, wie eine Rede wirkt, wenn Sie sie nur stumm lesen. Sie müssen hören, wie sie klingt. Sie können auch jemand anderen bitten, zuzuhören. Wenn das, was Sie da hören, nicht nach einer Rede klingt – das ist, zugegeben, ein völlig subjektiver Eindruck –, dann haben Sie noch etwas Arbeit vor sich.

✔ **Ist der Rhythmus gut?** Ich weiß, Sie schreiben keinen Song, aber Sie erarbeiten eine Präsentation für das Ohr.

✔ **Können Sie die einzelnen Punkte mitteilen, ohne dass Ihnen die Luft ausgeht?** Lange Sätze mögen eindrucksvoll erscheinen, wenn man eine Dissertation schreibt, aber sie beanspruchen die Lungen, wenn man eine Rede hält und nicht gerade ein Schwimmer oder ein Trompeter ist, der über eine ausgeklügelte Atemtechnik verfügt und diese Technik in seine Vortragsweise einbringen kann.

✔ **Haben Sie alle Zungenbrecher gestrichen?** Worte, die auf dem Papier gut aussehen, können unter Umständen schwierig auszusprechen sein. Wenn Sie feststellen, dass Sie über ein bestimmtes Wort stolpern, nehmen Sie ein anderes. Es sind ja noch genug da.

Mit einfachen Worten

Viele Redner scheinen der Überzeugung zu sein, sie müssten viele große Worte machen, damit man auch merkt, wie klug sie sind. Das ist Quatsch. Kluge Redner machen genau das Gegenteil. Abraham Lincoln ist hier ein gutes Beispiel. Man kann ihn mit Fug und Recht als klug bezeichnen, oder? Werfen Sie einmal einen Blick auf seine Gettysburg-Rede. Die meisten Worte sind nicht länger als fünf Buchstaben. Oder Franklin D. Roosevelt. Man erzählt sich, dass einer seiner Redenschreiber den folgenden Satz komponiert hatte: »Wir unternehmen alle Anstrengungen, den Bürgern mehr Partizipation an der Gesellschaft zu ermöglichen.« Roosevelt machte daraus: »Wir streben ein Land an, in dem niemand außen vor bleibt.« Was klingt Ihrer Meinung nach klüger?

Lange Sätze vermeiden

In der Kürze liegt die Würze. Was man nicht kurz sagen kann, hat man auch nicht verstanden. Das sind zwei Aspekte, die dafür sprechen, sich kurz zu fassen. Ein weiterer wichtiger Punkt ist, dass sich die Kürze auch auf das Verständnis auswirkt. Je mehr Wörter ein Satz hat, desto schwieriger ist er zu verstehen. Gehen Sie Ihre Rede durch. Wenn ein großer Teil Ihrer Sätze aus mehr als 20 Wörtern besteht, sollten im Publikum besser Akademiker sitzen. Sprechen Sie vor einem anderen Publikum, tun Sie besser daran, Ihre Sätze kürzer zu gestalten.

Aktiv, nicht Passiv

Das Aktiv macht Ihre Sätze kraft- und ausdrucksvoller, weil jeder Satz eine handelnde Instanz aufweist. Sätze im Passiv kommen eher auf Filzpantoffeln daher. Ein Beispiel: »Es wird jedes Jahr von der Chefetage ein Bonus gewährt.« Derselbe Inhalt im Aktiv lautet: »Der Chef gewährt uns jedes Jahr einen Bonus.« Das Passiv klingt wie ein Unkraut, das Ihre Sätze untergräbt. Sie müssen es ausreißen.

Konkret formulieren

Konkrete Ausdrucksweisen und Beispiele sind wirkungsvoller als allgemeine Wörter und Beschreibungen. Nehmen Sie nur einmal die Formulierungen »Ich ging in ein Geschäft« und »Ich ging zu Kaufhof«. Das Wort »Kaufhof« ist konkreter als »Geschäft«. Man hat eher ein Bild vor Augen. Oder angenommen, Sie sprechen über einen Unfall, der sich auf einem Schulhof ereignet hat. Sie könnten sagen: »Ein Junge lief gegen eine Wand und verletzte sich.« Sie könnten aber auch sagen: »Ein Junge lief gegen eine Wand und schürfte sich an drei Stellen den Arm auf. Die Schulschwester musste einen Verband anlegen, um die Blutung zu stoppen.« Sagen Sie's konkret – das macht den Unterschied.

Lebendige Verben

Wo Verben sind, da ist was los. Aber wählen Sie auch lebendige Verben. Sie machen es Ihren Zuhörern damit leichter, im Bilde zu bleiben. Angenommen, Sie erzählen von einem Kleinkrieg im Büro: »Ich fragte Müller, ob er mir die Akte geben könnte.« Fragte? Warum nicht anbetteln, anflehen, inständig bitten? Ein guter Thesaurus ist eine wahre Fundgrube.

 Natürlich kann man es mit dem Thesaurus auch übertreiben. Sie müssen aus dem Satz »Lauf, Richard, lauf« nicht »Stürze davon, Richard, eile« machen. Ein Thesaurus ist ein Hilfsmittel und keineswegs ein Zwang. Wie schon gesagt, sollte Ihre Sprache nach wie vor einfach sein.

Weg mit Klischees und Schlagwörtern

»Menschen sind unsere wichtigste Ressource.« »Wir betrachten unsere Kunden als Partner.« »Denken Sie unkonventionell.« Lassen wir es genug sein. Verschonen Sie Ihre Zuhörer. Wiederholen Sie nicht wie ein Papagei die aktuellen Unternehmensklischees. Bringen Sie vielmehr frischen Wind in die Sache. Die Aufmerksamkeit des Publikums ist Ihnen sicher.

Das gilt auch für Schlagwörter. »Synergie«, »Strukturwandel«, »Exzellenz«, »Strategisch«. Wie reagieren Sie, wenn Sie diese Wörter aneinandergereiht lesen? Das klingt doch, als wäre der Redner ein Wirtschaftsroboter. Da taucht der Geist sofort ab und beschäftigt sich mit interessanteren Dingen. Wenn Sie Ihre Rede mit Schlagwörtern aufpeppen, fühlt sich Ihr Publikum eingeladen, Ihre Worte zu ignorieren, selbst wenn es sie versteht.

Es kann schon einmal vorkommen, dass ein Schlagwort tatsächlich in das hineinpasst, was Sie vermitteln wollen. Meist greift man aber aus einer gewissen Faulheit zum Schlagwort. Nehmen Sie sich die Zeit, darüber nachzudenken, was Sie wirklich sagen wollen. So schwer ist das nicht.

Die richtige Geschwindigkeit

Wenn alle Ihre Sätze gleich lang sind, wirken sie einschläfernd. Da Sie aber nicht wollen, dass Ihren Zuhörern die Lider schwer werden und der Kopf nach vorn fällt, sollten Sie die Länge variieren. Verwenden Sie kurze und lange Sätze. Werfen Sie eine rhetorische Frage ein. Verfallen Sie keinesfalls in einen monotonen Rhythmus.

Fremdwörter und fremdsprachliche Ausdrücke vermeiden

 Sie haben also Französisch studiert. Schön für Sie. Aber wenn Sie Französisch sprechen wollen, machen Sie das in Frankreich. Wenn Sie hier und da fremdsprachliche Ausdrücke in Ihre Rede einbauen, beeindruckt das allenfalls Sie selbst. Für Ihre Zuhörer klingt das angeberisch und abgesehen davon fragen sich die meisten, was Sie denn nun gesagt haben. (Übrigens war auch für Goethe die deutsche Sprache gut genug.)

Glatte Übergänge

Woran die wenigsten Redner bei ihren Vorbereitungen denken, sind die Übergänge. Und das, obwohl sie so immens wichtig sind. Übergänge fallen nicht groß auf, deshalb werden sie auch meist vernachlässigt. Sie haben nichts mit rhetorischen Kunstgriffen zu tun, wie das bei der Einleitung und dem Schluss der Fall ist. Sie vermitteln auch keine interessanten Informationen oder Anekdoten, wie der Hauptteil einer Rede. Dennoch sind sie unverzichtbar, denn sie sind der Klebstoff, der die ganze Rede zusammenhält.

Wie man Übergänge nutzt

Auch wenn Ihre Rede die frappierendste Einleitung, den interessantesten Hauptteil und den glänzendsten Schluss hat, so müssen Sie immer noch von einem Teil zum anderen überleiten. Das leisten die Übergänge. Sie verbinden die verschiedenen Teile einer Rede und machen die Gliederung lebendig. Dank der Übergänge weiß Ihr Publikum, dass Sie von einer Idee zur nächsten übergehen und wie Ihre Ideen miteinander zusammenhängen.

Übergänge haben zwei Funktionen:

✔ Sie leiten von einem Abschnitt zum nächsten oder von einer Idee zur nächsten über.

✔ Sie bieten kleine Zusammenfassungen, mit deren Hilfe sich die Zuhörer innerhalb der Rede orientieren können – wo bin ich, wo war ich und wo geht es hin.

Darüber hinaus kann man die Übergänge auch dazu nutzen, die Aufmerksamkeit der Zuhörer zu erlangen und zu fesseln.

Übergänge schaffen

Übergänge sollen zahlreiche Aufgaben erfüllen, auch wenn sie so unscheinbar sind und leicht übersehen werden. Drei dieser Aufgaben möchte ich im Folgenden näher vorstellen.

Von einer Idee zur nächsten

Die wichtigste Aufgabe eines Übergangs ist die Überführung der Zuhörer von einer Idee oder Aussage zur nächsten.

Die vielleicht größte Bedeutung kommt dem Übergang von der Einleitung zum Hauptteil Ihrer Rede zu. Bezogen auf unser Beispiel des Flugs mit einem Flugzeug ist das die Phase, in der das Flugzeug den Start abschließt und in die eigentliche Flugphase eintritt. Wenn hier Turbulenzen auftreten, kann das bei den Passagieren – Ihrem Publikum – einige Nervosität auslösen. Die Leute werden sich fragen, ob das Flugzeug in die richtige Richtung fliegt.

Aber auch die Übergänge zwischen den Hauptpunkten Ihrer Rede sind wichtig. Oft setzen Redner ihren Vortrag hier in den Sand. Das Publikum lauscht einer Rede. Der Redner spricht gerade über die Finanzpolitik Boliviens. Plötzlich taucht im nächsten Satz der Arbeitsmarkt in Osteuropa auf. Wie sind wir denn von Bolivien nach Osteuropa gelangt? Offensichtlich übergangslos.

Zum Glück gibt es eine einfache Möglichkeit, die Übergänge zwischen der Einführung und dem Hauptteil sowie zwischen den Hauptpunkten herzustellen. Können Sie ein Geheimnis für sich behalten? Also: Gliedern Sie Ihre Rede nach einigen Hauptpunkten und nennen Sie die Zahl dieser Punkte in Ihrer Einleitung. Die Übergänge sind dann eine Kleinigkeit. »Lassen Sie mich heute etwas über die Gründe der bevorstehenden weltweiten Wirtschaftskrise sagen. Zunächst werfe ich dabei einen näheren Blick auf die Finanzpolitik Boliviens. ... Der zweite Grund für die drohende Weltwirtschaftskrise ist die Krise auf dem osteuropäischen Arbeitsmarkt. ... Drittens ...« So schaffen Sie Ihre Übergänge anhand von Zahlen. Sie werden sehen, es funktioniert.

Wo wir gerade dabei sind. Diese Nummerierungstechnik lässt sich auch bei Übergängen zu und zwischen Unterpunkten anwenden. »Nun zur Finanzpolitik Boliviens. Zwei Aspekte der bolivianischen Politik geben besonderen Anlass zur Sorge ...«

Kommen wir nun zu einem weiteren wichtigen Übergang, nämlich dem zwischen Hauptteil und Schluss. Das ist eine leichte Übung. Manchmal reicht ein einfaches »Ich fasse zusammen«. Achten Sie aber darauf, dass dieser Übergang Ihre Zuhörer darauf aufmerksam macht, dass Sie nun zum Ende kommen. Sätze wie »Was können wir daraus lernen?«, »Erlauben Sie mir einen letzten Gedanken vorzutragen« oder »Lassen Sie mich in den letzten drei Minuten noch einmal daran erinnern, worüber wir gesprochen haben« lassen Ihre Zuhörer den Eindruck gewinnen, dass Sie am Ende angelangt sind und noch einmal kurz zurückblicken.

Zusammenfassungen

Die zweite traditionelle Funktion eines Übergangs ist die zwischengeschaltete Zusammenfassung – eine kurze Ankündigung, die den Zuhörern sagt, wo sie sich befinden, wo sie waren und wo es hingeht. Unerfahrene Redner sehen in diesen Zusammenfassungen oft eine unnötige Wiederholung und betrachten sie als überflüssiges Füllwerk. Das ist eine zweischneidige Sache. Natürlich _sind_ Zusammenfassungen Wiederholungen, aber sie sind sicher _kein_ Füllwerk. Sie spielen in jeder Rede eine zentrale Rolle, besonders dann, wenn die Rede länger dauert als ein paar Minuten.

Was das Verstehen einer Rede betrifft, so haben die Redner gegenüber den Zuhörern einen entscheidenden Vorteil – sie wissen, was sie sagen wollen. (Ausnahmen gibt es natürlich immer.) Redner kennen ihre Botschaft, die Struktur der Rede und alle Punkte und Unterpunkte. Beim Verfassen der Rede haben sie vielfache Gelegenheit zu lesen, was sie sagen werden. Den Zuhörern bleibt ein solcher Luxus verwehrt. Sie hören die Rede ein einziges Mal, nämlich wenn sie gehalten wird. Sie können sie nicht zurückspulen, um sich einzelne Sätze noch einmal anzuhören, und sich auch nicht die Stellen als Standbild ansehen, die sie nicht verstanden haben.

Im Folgenden habe ich ein paar Tipps zum Umgang mit zwischengeschalteten Zusammenfassungen zusammengestellt:

✔ Eine zwischengeschaltete Zusammenfassung sollte kurz und bündig feststellen, was Sie gerade erläutert haben, und deutlich machen, in welchem Teil der Rede Sie sich befinden.

✔ Bringen Sie immer dann eine kurze Zusammenfassung, wenn Sie von einem Hauptpunkt zum nächsten wechseln.

✔ Sie können auch beim Wechsel zwischen den jeweiligen Unterpunkten Zusammenfassungen einschieben.

✔ Je länger eine Rede ist, desto mehr zwischengeschaltete Zusammenfassungen werden erforderlich.

Aufmerksamkeit gewinnen

Mit Übergängen kann man auch Aufmerksamkeit erregen. Sie werden zwar nicht traditionell für diesen Zweck genutzt, aber es gibt auch keinen vernünftigen Grund, darauf zu verzichten. Traditionell dienen Übergänge als zwischengeschaltete Zusammenfassungen, die dem Publikum sagen, wo es war, wo es ist und wo es hin geht. Der letzte dieser Punkte – wo es hin geht – birgt interessante Möglichkeiten, die Aufmerksamkeit der Zuhörer zu wecken.

 Wenn Sie Ihren Zuhörern sagen, wo die Reise hin geht, könnten Sie das doch auch ein bisschen aufregend gestalten. Anstatt ganz trocken die Gliederung Ihrer Rede auszubreiten, bringen Sie ein wenig Pep in die Sache. Machen Sie es wie die Medien: Bringen Sie einen Anreiz, beim Fernsehen nennt man das *Teaser*. Ein Teaser ist ein kurzer Clip, den man im Fernsehen oder Radio kurz vor der Werbung einschiebt:»Und in der nächsten halben Stunde: Ein von einem UFO entführter Mann verrät uns die Rezepte, die er an Bord gelernt hat.« oder»Ein Politiker, der sein Versprechen gehalten hat – gleich nach der Werbung«. Teaser sind so gemacht, dass sie die Aufmerksamkeit unmittelbar auf sich ziehen und das Publikum davon abhalten, den Kanal zu wechseln.

Mit der Anreiz-Technik können Sie Ihre zwischengeschalteten Zusammenfassungen dazu benutzen, bei Ihren Zuhörern Neugier zu wecken, was die Rede noch für sie bereithält. Werben Sie mit kommenden Attraktionen, die das Publikum bei der Stange halten. Wie Sie das anstellen können? Fragen Sie sich, warum das Publikum Ihnen überhaupt zuhören sollte. Was hat es davon? Die Antworten auf diese Fragen arbeiten Sie dann in Ihre Übergänge ein.

Fehler bei Übergängen vermeiden

Die Übergänge sind es, die Ihre Rede zusammenhalten. Leider verlieren viele Redner jeglichen Halt bei dem Versuch, funktionierende Übergänge zu finden. Die folgenden Fehler sollten Sie in jedem Fall vermeiden.

Zu wenige

Im schlimmsten Fall hat eine Rede zu wenig Übergänge. Zu viele sind kein Problem, denn man kann seinen Zuhörern gegenüber eigentlich nie deutlich genug sein. Sie sind ja schon eine ganze Weile mit Ihrer Rede vertraut und kennen sie ganz genau – Ihr Publikum nicht. Je mehr Anhaltspunkte Sie den Zuhörern hinsichtlich der Gliederung und Richtung Ihrer Rede geben, umso besser. Sie sind nicht sicher, ob Sie an einer Stelle einen Übergang brauchen? Halten Sie sich an die Kushner-Regel für Übergänge: Im Zweifel *nicht* weglassen.

Zu kurze

Zu kurze Übergänge können leicht überhört werden. Das ist im Endeffekt so, als gäbe es gar keine Übergänge. Der häufigste und weit überstrapazierte Übergang ist »und«. Ich habe schon Reden gehört, bei denen »und« fast ausschließlich als Übergang herhalten musste.

Das überschreitet schon die Grenze zur unfreiwilligen Komik und klingt in etwa so, wie ein zusammengetackertes Abendkleid aussieht: ein Halsausschnitt und ein Ärmel und noch ein Ärmel und ... und ... »Außerdem« ist auch nicht viel besser.

Zu ähnliche

Abwechslung ist die Würze des Lebens. Auch bei Übergängen wirkt sie wahre Wunder. Stützen Sie sich nicht immer auf dieselben Wendungen. Das ist langweilig. Legen Sie sich eine Sammlung zu, auf die Sie zurückgreifen können: »Sehen wir uns jetzt einmal ... an«, »Darüber hinaus«, »Mein nächster Punkt«, »Zum Beispiel«, »Was ich damit meine, ist ...«. Es gibt zahllose Möglichkeiten, Übergänge einzuleiten.

Die richtigen Worte

In diesem Kapitel

▶ Die richtigen Worte finden, um der Botschaft Nachdruck zu verleihen

▶ Einen griffigen Slogan entwickeln

▶ In die rhetorische Trickkiste greifen

Man sagt, die deutsche Sprache habe mehr als 10.000 unnütze Wörter. Dennoch sind nicht wenige davon ganz nützlich, wenn es um das Verfassen von Computerhandbüchern und politischen Reden geht. Einige eignen sich vielleicht sogar für *Ihre* Rede. Alles hängt davon ab, was Sie erreichen wollen. Wörter sind die Grundbausteine aller sprachlichen Gebilde sind. Wenn Sie ein erfolgreicher Redner sein wollen, müssen Sie die richtigen Worte finden. Dieses Kapitel weist Ihnen den Weg.

Ton und Stil

Ein Politiker verdammte in einer Rede den Wohlfahrtsstaat. Mit donnernder Stimme füllte er den Raum: »Von den Leistungen im Bereich der pränatalen Vorsorge bis zur Sterbekasse kümmert sich die Regierung um ihre Bürger vom Koitus bis zum Exitus.« Durch den Reim von »Koitus« und »Exitus« erhielt dieser Satz einen besonderen Klang und wurde immer mit Applaus bedacht. Mit der Zeit packte den Politiker jedoch der Überdruss. Er überlegte sich etwas Neues und präsentierte es anlässlich einer Tischrede vor einer politischen Frauenvereinigung. Statt »vom Koitus bis zum Exitus« beschwerte er sich nun, er habe die Sorge der Regierung für die Bürger »vom Samenerguss bis zum Sarg« einfach satt. Im Publikum blieb es totenstill.

Was lernen wir daraus? Dreierlei: Sprechen Sie vor einer Frauenvereinigung nicht von Samenerguss. Lassen Sie Särge außen vor, solange die Zuhörer noch beim Essen sind. Vergessen Sie nicht, dass Ton und Stil zentrale Aspekte einer Rede sind – sie haben großen Einfluss darauf, wie Ihre Ideen aufgenommen werden.

Die Qual der Wortwahl

Vor einigen Jahren nahm ich an einem Seminar teil, eine der Hauptthesen war, dass die Wortwahl für die Vermittlung von Vorstellungen eine ganz entscheidende Rolle spielt. Als Beleg diente folgende Frage: Wenn ein Denkmal für John F. Kennedy errichtet werden würde, welche Inschrift würde man dafür wählen? Die Seminarteilnehmer waren sich relativ schnell einig: »Frag nicht, was dein Land für dich tun kann, frag, was du für dein Land tun kannst.«

Dieses Zitat stammt aus Kennedys Rede anlässlich seiner Vereidigung als Präsident im Jahre 1961. Es zeichnet sich durch eine äußerst wirkungsvolle Anordnung von Worten aus, die auf der ganzen Welt mit Kennedy assoziiert wird.

Die Wortwahl und die Anordnung der Worte sollen diesen Satz unsterblich gemacht haben. Wie kommt man darauf? Man stellt das Zitat einem Satz gegenüber, den Kennedy einige Monate früher gesagt hatte. Während der Präsidentschaftskampagne hatte er am 6. September 1960 gesagt:»Meine Vorstellung von der New Frontier ist nicht, dass ich Ihnen verspreche, etwas für Sie zu tun, sondern dass ich Sie fragen werde, was Sie für Ihr Land tun können.«

Huch? Wie bitte? Ziemlich holprig, würde ich sagen. Würde man diesen Satz für ein Kennedy-Denkmal vorschlagen? Mit Sicherheit nicht. Dieser Satz wäre für kein Denkmal geeignet, es sei denn, man würde eines für umständliche Formulierungen errichten. Inhaltlich jedoch sagt dieser Satz *dasselbe* wie Kennedys berühmtes Zitat. Es sind die Wahl der Worte und ihre Anordnung, die den Unterschied ausmachen.

Powerwörter

Auch Jim Lukaszewski, der die Chefetagen in Sachen Kommunikation berät, hebt die Macht des Wortes besonders hervor. Er teilt Wörter in drei Kategorien ein: Füllwörter, Farbwörter und Powerwörter. *Füllwörter* sind, wie das Wort schon sagt, Wörter, die unauffällig ihren Platz einnehmen, ohne große Beachtung zu finden. *Farbwörter* rangieren am anderen Ende des Spektrums. Sie schillern, lösen aber eine emotionale Reaktion aus, die alle anderen Aspekte in den Schatten stellen kann. *Powerwörter* wie »ungewöhnlich«, »maßgeblich«, »heiß«, »aufregend«, »neu«, »entscheidend«, »dringend« und »zwingend« sollten Ihre erste Wahl sein.

 Powerwörter ziehen die Aufmerksamkeit auf sich, ohne irgendetwas zu sagen. Wie das? Nun, wenn ich sage »Es ist dringend« oder »Das ist sehr wichtig«, dann habe ich Ihnen inhaltlich noch nichts gesagt, aber ich habe Ihre Aufmerksamkeit geweckt. Das ist die Leistung von Powerwörtern. Sie wecken Aufmerksamkeit, ohne zu verraten, worüber Sie denn eigentlich sprechen wollen. Möchten Sie die ungeteilte Aufmerksamkeit der Zuhörer während Ihrer Rede haben? Dann füttern Sie sie immer mal wieder mit Powerwörtern.

Fachsprache

»Die anfängliche 802.1x-Kommunikation beginnt mit einem nicht authentifizierten Bereitsteller (d. h. einem Client-Gerät), der versucht, die Verbindung zu einem Authentifikator (z. B. 802.11 Access Point) aufzubauen.« Aaah ja (um es mit Loriot zu sagen). Zur Verwendung des eigenen Jargons in Reden kann ich nur kurz und knapp sagen: Lassen Sie's. Fachsprache ist meist für die Allgemeinheit unverständlich. Sie errichten damit eine Barriere zwischen sich und Ihrem Publikum. Wenn Sie die Fachsprache allerdings erklären – und Ihre Zuhörer damit weiterbilden –, ist nichts dagegen einzuwenden.

 Man kann mit Fachsprache auch eine Verbindung schaffen. Um zu erklären, warum das so ist, muss ich akademisches Terrain betreten und etwas über Inklusion und Exklusion mittels Sprache erzählen. Klingt kompliziert, ich weiß. Es bedeutet aber nur, dass Menschen ihre Zugehörigkeit zu bestimmten Gruppen unter anderem durch die Verwendung von Sprache definieren und kenntlich machen. Das ist in etwa mit einem geheimen Passwort vergleichbar. Wenn Sie die jeweilige Sprache sprechen, gehören Sie dazu (Inklusion). Sprechen Sie die Sprache dagegen nicht, bleiben Sie draußen (Exklusion). Fachsprache ist also die Sprache, die einer bestimmten Gruppe eigen ist.

Fachsprache ist so verbreitet, weil jede Gruppe ihre eigene Sprache entwickelt, um die Zugehörigkeit zu definieren. Jede Branche und jeder Berufszweig verfügt über einen eigenen Jargon. Clubs und Verbände haben ihren eigenen Jargon. Selbst innerhalb von Familien findet sich spezifischer Jargon.

Was bedeutet das für Ihre Rede? Nun, Sie müssen in diesem Zusammenhang einiges beachten. Gehören Sie der Gruppe an, zu der Sie sprechen, oder sind Sie ein Außenseiter? Sie können durch die Verwendung von Jargon eine Verbindung zum Publikum herstellen. Das ist recht einfach und zeigt, dass Sie sich die Mühe gemacht haben, etwas über Ihre Zuhörer in Erfahrung zu bringen. Es lässt außerdem darauf schließen, dass Sie etwas von Ihren Zuhörern wissen. Reden Sie vor Chirurgen? Finden Sie heraus, was eine »Whipple-Operation« ist, und bauen Sie Ihre Erkenntnisse in Ihre Rede ein. Sitzen Immobilienmakler im Saal? Machen Sie sich schlau, was eine Rückauflassungsvormerkung ist, und bauen Sie den Begriff in Ihre Rede ein.

Einen Slogan prägen

Slogans dienen seit jeher dazu, die Aufmerksamkeit auf einen zentralen Punkt zu lenken, der den Zuhörern im Gedächtnis bleiben soll. Ein paar Beispiele gefällig? Schalten Sie den Fernseher oder das Radio ein. Die Werbung ist voll davon. »Lebst du schon, oder wohnst du noch?«, »Ich bin drin«, »Du bist Deutschland«. Diese Slogans setzen sich im Gedächtnis fest, dafür sind sie eigens entwickelt worden. Jedes Mal, wenn Sie daran denken, denken Sie an ein Produkt oder eine Kampagne und die jeweilige Kernaussage. Die ständige Wiederholung in der Werbung tut ein Übriges.

Auch Sie können mit Hilfe dieser Technik bestimmte Punkte Ihrer Rede hervorheben. Wählen Sie einen wichtigen Punkt aus, entwickeln Sie einen schlagenden Begriff oder einen Slogan daraus und wiederholen Sie ihn, bis die Schwarte kracht.

Gut abgeschmeckt mit klassischen rhetorischen Figuren

Im alten Griechenland hatten Auseinandersetzungen Vor- und Nachteile. Ein Vorteil war, dass es keine Anwälte gab. Der Haken dabei war aber, dass man seine Interessen selbst vertreten musste. Aus diesem Grund erfanden die Griechen alle möglichen rhetorischen Kunstgriffe, um die Wirksamkeit ihrer Reden zu verbessern. Jeder wollte eben gewinnen.

Dieser Abschnitt bringt Ihnen einige dieser klassischen rhetorischen Figuren näher. Sie sind zwar alt, aber ihre Wirkung haben sie nicht verloren. Jeder kann diese klassischen Techniken wirkungsvoll zu seinem Vorteil einsetzen, vom Erstklässler bis zum professionellen Redner.

Hyperbel

Hyperbel ist ein extravaganter Ausdruck für Übertreibung. Im Alltag greift man oft ganz instinktiv zur Hyperbel:»Ich warte schon seit Stunden, dass du endlich den Telefonhörer auflegst.« Man kann damit sehr schön einen bestimmten Aspekt hervorheben. Im folgenden Beispiel berichtet John Cantu über seine Anfänge als Comedian:

> *»Einer der ersten Clubs, in dem ich auftrat, war ein kleiner, dunkler Raum. Dort war es so dunkel, dass man die drei anwesenden Personen kam sehen konnte – die beiden in der ersten Reihe, die mir zuhörten, und der Kerl in der letzten Reihe, der seine Filme entwickelte.«*

Anspielung

Eine *Anspielung* ist ein Verweis auf eine Person, ein Objekt oder ein Ereignis aus der Bibel, der Mythologie oder der Literatur. Prof. Dr. Franz-Christoph Zeitler, Mitglied des Vorstands der Deutschen Bundesbank, verwendete eine solche Anspielung in einer Rede über den EU-Stabilitätspakt:

> *»Bei allen Vorschlägen ist aber zu bedenken, dass mit einem Aufschnüren des Stabilitäts-pakts eine ›Büchse der Pandora‹ geöffnet werden könnte und die Ergebnisse neuer rechtlicher Regeln für Wachstum und Konfliktvermeidung in der Währungsunion schlechter sein könnten. Ziel muss immer ein wirksames, operables und transparentes Verfahren sein.«*

Alliteration

Alliteration bezeichnet eine Wortkette, in der jedes Wort mit demselben Laut beginnt. Das klassische Beispiel ist hier der Werbespruch »Milch macht müde Männer munter«. Wegen ihrer Wirksamkeit werden Alliterationen zum Beispiel in Zeitungen oft genutzt (etwa die Bild-Zeitung: »Lotto-Lothar« oder »Klinsi killt King Kahn« oder beispielsweise die Süddeutsche Zeitung: »Kicker, Knödel und Klischees«).

Auch Sie können Alliterationen dazu verwenden, den Titel Ihrer Rede so zu gestalten, dass er im Gedächtnis haften bleibt. Wie wär's mit »Warum Wohlstand wahren?« oder »Heiterkeit heute« oder »Peitsche oder Pädagogik?«. Nur übertreiben sollten Sie es bloß nicht. Alliterationen wirken leicht sehr bemüht.

Metapher

Eine *Metapher* ist ein verkürzter, impliziter Vergleich, bei dem die Eigenschaften des genannten Gegenstands auf einen anderen übertragen werden. Ein klassisches Beispiel stammt aus der berühmten »I Have A Dream«-Rede von Martin Luther King:

> *»Einhundert Jahre später ist das Leben des Negers leider immer noch von den Handfesseln der Rassentrennung und den Ketten der Diskriminierung eingeschränkt.«*

Metaphern verleihen einer Rede einen poetischen Touch und unterstützen gleichzeitig ihre Aussage. Noch ein Beispiel aus der Rede von Martin Luther King:

> *»Dies ist nicht die Zeit, sich den Luxus der Abkühlung zu gestatten oder das Beruhigungsmittel der Allmählichkeit einzunehmen. Es ist jetzt die Zeit, die Versprechen der Demokratie zu verwirklichen. Es ist jetzt die Zeit, sich aus dem dunklen und trostlosen Tal der Rassentrennung zum sonnenbestrahlten Pfad der Rassengerechtigkeit zu erheben. Es ist jetzt die Zeit, unsere Nation vom Treibsand der rassistischen Ungerechtigkeit zum festen Felsen der Gemeinschaft aller Menschen zu erhöhen.«*

Simile

Ein *Simile* ist so ähnlich wie eine Metapher, nur dass hier ein direkter Vergleich hergestellt wird. (Deshalb taucht gewöhnlich auch das Wörtchen »wie« auf.) Der Vorsitzende des Bayerischen Städtetags, Hans Schaidinger, illustrierte seine Aussage durch die folgende Metapher:

> *»Von den bundesweit versprochenen 2,5 Mrd. Euro Entlastung durch Hartz IV sollen in Bayern lediglich 70 Mio. bei den Kommunen ankommen. Das ist doch wie ein Tropfen auf den heißen Stein!«*

Rhetorische Frage

Eine *rhetorische Frage* ist eine insofern nur zum Schein gestellte Frage, als sie nicht vom Publikum beantwortet werden soll. Vielmehr soll diese Frage die Aufmerksamkeit auf den Gegenstand der Frage lenken. Oft werden rhetorische Fragen als Einleitungen, Abschlüsse oder Übergänge verwendet. Der Parteivorsitzende der FDP, Guido Westerwelle, stellte auf dem letzten Parteitag in Rostock die folgenden Fragen:

> *»Alle reden von den Energiereserven Russlands. Alle reden über das Wirtschaftswachstum in China. Aber wer redet eigentlich noch von Tschetschenien? Wer redet eigentlich noch von Tibet?«*

Dreierregel

Die *Dreierregel* bezieht sich auf die Gruppierung dreier Wörter, Ausdrücke oder Sätze zu einer Einheit. Aus irgendeinem Grund machen drei miteinander verbundene Objekte einen besonderen Eindruck auf den menschlichen Geist. (Fragen Sie mich nicht warum. Es ist so.)

Diese Technik findet man in den berühmtesten Passagen der besten Redner der Welt:

✔ »Ich kam, sah und siegte.« (Julius Caesar)

✔ »... die Regierung des Volkes durch das Volk und für das Volk ...« (Abraham Lincoln)

Auch Unternehmer machen von dieser Technik häufig Gebrauch. Dr. Wendelin Wiedeking, der Vorstandsvorsitzende der Porsche AG, sprach vor den Abgeordneten des baden-württembergischen Landtags über »Neue Herausforderungen für Staat und Gesellschaft:

> _»Das sage ich als Unternehmer, der den Wettbewerb für das beste Modell zur Wohlstandsmehrung hält. Und Föderalismus [...] ist im wohlverstandenen Sinne Wettbewerb. Wettbewerb der Bundesländer untereinander: um die höchste Wirtschaftskraft, die besten Lebensbedingungen, die geringste Arbeitslosigkeit.«_

Das Schöne an der Dreierregel ist, dass man sie auf jedes Thema anwenden kann, egal wie banal oder auserlesen es sein mag. Denken Sie einfach ein paar Minuten über Ihr Thema nach. Es gibt immer drei Elemente, die sich zusammen gruppieren lassen. Geht es um ein neues Buchungsverfahren, an das sich alle Angestellten halten müssen? Es betrifft die Leitung, die Angestellten und die Aushilfen. Ist Qualitätsmanagement Ihr Thema? Da geht es um Aufmerksamkeit, Weiterbildung und Einsatz.

Wiederholung

Wiederholung nennt man das Wiederholen einer Wortgruppe im gleichen Rhythmus. Dadurch wird diese Wendung besonders hervorgehoben und kann sogar einer ganzen Rede Zusammenhalt verleihen. Ein klassisches Beispiel ist auch hier die »I Have A Dream«-Rede von Martin Luther King. Dr. King wiederholte den Satz »I have a dream« in seiner Rede immer wieder.

Wiederholungen müssen sich aber nicht über eine ganze Rede erstrecken. Man kann damit auch einen Abschnitt oder auch nur einen Satz einer Rede dramatisch gestalten. In seiner eindringlichen Rede anlässlich des 40. Jahrestags des Kriegendes 8. Mai 1945 machte der damalige Bundespräsident Richard von Weizsäcker mehrfach Gebrauch von Wiederholungen:

> _»Neben dem unübersehbaren großen Heer der Toten erhebt sich ein Gebirge menschlichen Leids, Leid um die Toten, Leid durch Verwundung und Verkrüppelung, Leid in Bombennächten, Leid durch Flucht und Vertreibung, durch Vergewaltigung und Plünderung, durch Zwangsarbeit, durch Unrecht und Folter, durch Hunger und Not, Leid durch Angst vor Verhaftung und Tod, Leid durch Verlust all dessen, woran man irgend geglaubt und wofür man gearbeitet hat.«_
>
> _..._
>
> _Die Bitte an die jungen Menschen lautet: Lassen Sie sich nicht hineintreiben in Feindschaft und Hass_
>
> _gegen andere Menschen,_
>
> _gegen Russen und Amerikaner,_

gegen Juden und Türken,

gegen Alternative und Konservative,

gegen Schwarz oder Weiß.

Lernen Sie, miteinander zu leben, nicht gegeneinander.

Lassen Sie auch uns als demokratisch gewählte Politiker dies immer wieder beherzigen und ein Beispiel geben.

Ehren wir die Freiheit.

Arbeiten wir für den Frieden.

Halten wir uns an das Recht.

Dienen wir unseren inneren Maßstäben der Gerechtigkeit.

Schauen wir am heutigen 8. Mai, so gut es geht, der Wahrheit ins Auge.«

Mit Wiederholungen können Sie auf dramatische Weise einen Rhythmus schaffen und Ihre Aussage verstärken. Sie können auf dramatische Weise stilvoll sein. Und Sie können auf dramatische Weise dramatisch sein.

Das Auge hört mit:
Visuelle Hilfsmittel

10

In diesem Kapitel

▷ Visuelle Hilfsmittel mit optimaler Wirkung wählen

▷ Dias, Overheadfolien und PowerPoint-Präsentationen vorbereiten

▷ Mit einem Flipchart arbeiten

▷ Audio- und Video-Clips in die Rede integrieren

▷ Die Rede mit Multimediakomponenten verbessern

▷ Tischvorlagen einsetzen

*J*eder kennt die Redewendung »Ein Bild sagt mehr als tausend Worte.« Wenn das stimmen würde, könnte man jede Rede auf zwei Dias oder Folien reduzieren, diese 40 Sekunden lang zur Schau stellen und dann nach Hause gehen. Wie wir alle wissen, funktioniert das so nicht. Ein Bild entspricht nur unter bestimmten Voraussetzungen tausend Worten. Wie diese Voraussetzungen aussehen, erkundet dieses Kapitel. Es widmet sich den Fragen, wann visuelle Hilfsmittel hilfreich sind, wann sie schaden und was sie wirklich für Ihre Rede leisten können. Sie sind im Bilde?

Grafiken und Diagramme

Grafiken und Diagramme werden in der Regel zur Darstellung von Zahlenmaterial verwendet. Nützlich sind sie außerhalb der Zahlenwelt auch für die Veranschaulichung von Unternehmensstrukturen, Prozessen und Funktionsstrukturen. Obwohl sie meist auf Dias und Folien erscheinen, erfreuen sich auch große Ausdrucke immer größerer Beliebtheit, die dann auf einer Staffelei präsentiert werden.

Grafiken- oder Diagrammtypen

Welche Grafiken- und Diagrammtypen es gibt und wie man sie verwenden kann, erfahren Sie im Folgenden:

✔ **Balken- oder Säulendiagramme:** Diese Diagramme eignen sich sehr gut für Vergleiche aller möglichen Daten – Verkäufe von diesem gegenüber Verkäufen von jenem, Zahl der Mängel bei Verwendung verschiedener Qualitätsmanagementprogramme, Nebenwirkungen von Medikamenten bei Kindern und Erwachsenen.

✔ **Flussdiagramme:** Diese Diagramme sind für die Darstellung einer Abfolge von Schritten geeignet – Unternehmensabläufe, die Entwicklung vom Gesetzesentwurf zum Gesetz, die Weiterleitung eines Notrufs.

✔ **Organigramme:** Wer ist wem verantwortlich? Wie ist die genaue Beziehung zwischen der Abteilung für Telekommunikation und der Abteilung für Informationsdienstleistungen? Ist die amerikanische Geschäftsstelle unabhängig oder Teil der deutschen Konzernzentrale? Solche Fragen lassen sich wunderbar anhand eines Organigramms erläutern.

✔ **Tortendiagramme:** Mit Hilfe von Tortendiagrammen kann man sehr gut prozentuale Anteile miteinander vergleichen. (Die Abteilung Damenbekleidung hat 80 Prozent der Gesamteinnahmen erzielt, die Kinderabteilung 17 Prozent und die Herrenabteilung schlägt mit 3 Prozent zu Buche.)

✔ **Tabellen mit Zahlen:** Das ist eine gängige grafische Darstellungsform, eher langweilig, aber manchmal sind die Zahlen so dramatisch, dass das Format keine Rolle spielt. (»Wie Sie anhand der Zahlen in der dritten Spalte sehen können, wird die Hälfte von Ihnen nächste Woche entlassen.«)

Wirkungsvolle Grafiken und Diagramme

Die folgenden Hinweise sollten Sie beachten, wenn Sie Grafiken und Diagramme verwenden:

✔ **Grenzen Sie die Daten ein.** Je mehr Elemente ein Diagramm hat, desto schwerer ist es zu verstehen. Wenn Sie sehr viele Elemente darstellen müssen, sollten Sie das Diagramm noch einmal überdenken. Vielleicht können Sie ja die Daten auf mehrere Diagramme verteilen.

✔ **Achten Sie bei Tortendiagrammen auf die richtige Größe der Elemente.** Ihre Zuhörer reagieren verwirrt, wenn ein Tortenstück mit 10 Prozent beschriftet ist, aber aussieht wie ein Viertel der ganzen Torte. Wenn Sie also ein Tortendiagramm verwenden, achten Sie darauf, dass die Größe der Elemente mit den angegebenen Werten übereinstimmt.

✔ **Stellen Sie unbedingt sicher, dass Ihre Zahlen stimmen.** Überprüfen Sie Ihre Zahlen. Prüfen Sie sie noch einmal. Und prüfen Sie sie ein weiteres Mal. Ihre Glaubwürdigkeit steht auf dem Spiel. Wenn auch nur eine Zahl nicht stimmt, kann das Ihre ganze Rede untergraben.

✔ **Vermeiden Sie dreidimensionale Balken oder Säulen.** Bei dreidimensionalen Balken oder Säulen kann man oft nur schwer sehen, wo sie anfangen und wo sie enden. Ihre Zuhörer sind sich dann möglicherweise unsicher, was die Zahlen repräsentieren.

Dias, Overheadfolien und PowerPoint-Folien verwenden

Es gibt heutzutage kaum noch Präsentation, die ohne Dias, Overheadfolien und PowerPoint-Folien daherkommen. Dieser Abschnitt soll Sie so weit bringen, dass Sie Ihrem Publikum Dias und Folien mundgerecht und ansprechend angerichtet servieren können.

Dias

Gut gemachte Dias können Ihre Hauptargumente hervorheben, Ihre Rede etwas abwechslungsreicher gestalten und die Aufmerksamkeit der Zuhörer fesseln. Sie haben aber auch nicht unwesentliche Nachteile. Zum einen müssen Sie wenigstens einen Teil des Raumes abdunkeln. (Das nutzt so mancher im Publikum zu einem kleinen Nickerchen.) Zum anderen sind Sie auf die Reihenfolge festgelegt, in der Sie die Dias einsortiert haben. (Ein Umsortieren während Ihres Vortrags ist nicht mehr möglich.)

 Ein weiterer Nachteil, den man aber leicht vermeiden kann, ist die Neigung vieler Redner, von Dia zu Dia zu hetzen. Wenn man alle zwei Sekunden ein neues Bild präsentiert, ist das einfach zu schnell. Achten Sie darauf, dass das menschliche Auge genug Zeit hat, das ganze Bild wahrzunehmen. Über den Daumen gepeilt kann man sagen, dass ein Bild etwa 20 Sekunden lang zu sehen sein sollte.

Overhead-Folien

Wenn ich zwischen Dias und Overhead-Folien wählen kann, entscheide ich mich in der Regel für die Overhead-Folien. Man kann sie an die Wand werfen, ohne den Raum verdunkeln zu müssen. (So kann niemand im Schutz der Dunkelheit wegdösen.) Praktisch ist auch, dass man sich auf den Papprahmen um die Folien Notizen machen kann. Am wichtigsten finde ich jedoch, dass man die Reihenfolge der Folien während des Vortrags ändern kann.

Einen Haken haben Overhead-Folien allerdings. Wenn Sie vor einem sehr großen Publikum sprechen, kann nicht jeder alles gut sehen.

PowerPoint-Folien

Als eine der wichtigsten Neuerungen im Bereich der öffentlichen Rede in den letzten 15 Jahren wurde PowerPoint schnell zum Standard. Im Unternehmensbereich wurde es von den Rednern als das Größte seit der Erfindung des geschnittenen Brots (oder des Mikrofons) gepriesen. Es gibt viele Redner, die gar nicht mehr ohne auskommen.

Darin liegt aber auch das Problem. PowerPoint ist zwar ein tolles visuelles Hilfsmittel, wird aber als eine Art Wunderdroge missbraucht. Das Programm wird zu viel oder unangemessen verwendet oder die Redner werden regelrecht abhängig davon. Aufgrund dieser Missbrauchstendenzen bringt PowerPoint die folgenden negativen Nebenwirkungen mit sich:

✔ **Die Rede ist nicht ausgereift.** Viele Redner bringen mehr Zeit damit zu, ihre PowerPoint-Folien vorzubereiten als ihre Rede. Sie erliegen dem Missverständnis, dass PowerPoint ihre Rede sei. Weit gefehlt! Wenn Sie die Aufmerksamkeit des Publikums erringen wollen, kommen Sie ohne eine interessante Botschaft, eingerahmt von einer packenden Einleitung und einem guten Schluss, nach wie vor nicht aus. Ein paar Bilder mit PowerPoint an die Wand zu werfen, ist noch keine Rede.

✔ **Der Redner findet nicht den Draht zu den Zuhörern.** Wissen Sie, wie sich das anhört, wenn ein Redner seine Rede Wort für Wort von seinen PowerPoint-Folien abliest? Dazu fällt einem nichts mehr ein. Das ist der Gipfel der Langeweile. Das Publikum kann die Folien mitlesen. Sollten Sie vorhaben, Ihre Folien abzulesen, können Sie genauso gut zu Hause bleiben und die PowerPoint-Präsentation Ihrem Publikum zum Lesen zuschicken.

✔ **Die Botschaft versickert.** Sicher kann man mit PowerPoint eine Rede prima aufpeppen. Man kann damit aber auch die eigene Botschaft zuschütten. Es ist ganz leicht: Sie müssen dazu lediglich jede Folie animieren, zu viele Grafiken einfügen und jede Menge Text aus dem Nichts erscheinen lassen. Da achtet doch niemand mehr auf den Inhalt.

Glücklicherweise kann man den ersten beiden Problemen leicht aus dem Weg gehen, indem man sie im Auge behält. Denken Sie beim nächsten Mal einfach daran, Ihre Rede richtig vorzubereiten. PowerPoint soll Ihre Worte unterstützen, nicht ersetzen. Achten Sie außerdem darauf, dass Sie zu Ihrem Publikum reden – man hat Sie nicht als Vorleser engagiert. Auch das dritte Problem, die versickerte Botschaft, kann man leicht vermeiden. Beachten Sie dazu die Hinweise im folgenden Abschnitt.

Einfache Gestaltungsregeln

Ob Sie nun Overheadfolien, Dias oder PowerPoint-Folien verwenden, es gilt in jedem Fall, ein paar wichtige Gestaltungsregeln zu beachten. Sie wollen doch sicher, dass Ihr Publikum anschließend begeistert ist und nicht betäubt. Beherzigen Sie also die folgenden Tipps:

✔ **Achten Sie auf eventuelle Rechtschreibfehler.** Kaum etwas ist peinlicher als ein Rechtschreibfehler, der groß an die Wand projiziert wird. Stellen Sie unbedingt sicher, dass Ihre Dias und Folien fehlerfrei sind.

✔ **Verwenden Sie sachbezogene Grafiken.** Grafiken sind eine feine Sache, aber nur dann, wenn sie Ihre Argumente auch untermauern. Allzu viele Redner präsentieren Grafiken mehr oder weniger nur, um den Raum zu füllen oder weil sie schön aussehen. Wenn ein Bild nichts mit dem Inhalt einer Folie zu tun hat, lassen Sie es weg.

✔ **Achten Sie auf die Abstimmung.** Bei visuellen Medien ist es sehr wichtig, dass man auf die Abstimmung achtet. Das zeigt, dass Sie gut organisiert sind. Was meine ich mit Abstimmung? Verwenden Sie keine Folien oder Dias aus verschiedenen Präsentationen, wenn sie im Stil völlig unterschiedlich sind. Sie bringen damit Misstöne in Ihre Rede, und das Publikum wird von Ihrer Botschaft abgelenkt.

✔ **Nutzen Sie Vorlagen.** Viele Programme, mit denen man Dias und Folien erstellen kann, bieten auch Vorlagen an. Man wählt einfach eine solche Vorlage aus, und das Programm wendet sie auf alle Folien an.

✔ **Halten Sie den Stil der Texte einfach.** Viele Redner fühlen sich genötigt, ihre visuellen Hilfsmittel mit »schicken« Texten zu verzieren. Geben Sie dieser Versuchung nicht nach. Es verschlechtert die Lesbarkeit Ihrer Dias und Folien.

✔ **Verwenden Sie die Aufbautechnik.** Bei der Aufbautechnik wird eine Reihe von Folien oder Overheadfolien schrittweise übereinandergelegt, wobei jeweils ein Aufzählungspunkt hinzugefügt wird. Dieses Verfahren hat sich in der Geschäftswelt mittlerweile eingebürgert. Man kann damit sehr gut Schlüsselpunkte hervorheben. Alles, was darüber hinausgeht, ist allerdings meist eher störend. Der Nachteil dieser Technik ist, dass man mehr Folien braucht. Wenn Sie beispielsweise sechs Hauptpunkte ansprechen wollen, brauchen Sie dafür statt einer Folie sechs Folien.

✔ **Setzen Sie Ihr Logo sparsam ein.** Ein Logo soll nur ein kleines Element sein, das darauf hinweist, dass es sich um eine Präsentation Ihres Unternehmens oder Ihrer Institution handelt. Wenn es auf jeder Folie erscheint, sollte es klein gehalten werden. Andernfalls lenkt es von Ihrer Botschaft ab.

✔ **Wechseln Sie Großbuchstaben mit gemischter Schreibweise ab.** Es verbessert die Lesbarkeit Ihrer Folien, wenn Sie Großbuchstaben und gemischte Schreibweise abwechseln. Großbuchstaben eignen sich für Überschriften, nicht aber für Fließtext.

✔ **Seien Sie sparsam mit Text.** Redner machen häufig den Fehler, zu viel Text auf ein Dia oder eine Folie zu schreiben. Sie müssen nicht jedes Wort festhalten, das Sie sagen – Sie sollten es auch nicht. Zum einen werden Ihre Zuhörer nicht alles lesen und zum anderen wirkt das amateurhaft. Konzentrieren Sie sich stattdessen auf Schlüsselworte und -passagen, die Ihre Ideen in markanter Weise umreißen. Bei manchen Designern läuft dies unter der Bezeichnung 4x4-Regel: Nie mehr als vier Zeilen auf einer Folie und vier Wörter in einer Zeile. Andere Experten empfehlen maximal sechs Zeilen mit je sechs Wörtern.

✔ **Verwenden Sie nur zwei verschiedene Schriftarten.** Bei mehr als zwei Schriftarten wirken Ihre Folien unübersichtlich. Eine Ausnahme gibt es hier allerdings: Folien mit einem Logo, einem Produktnamen oder einem anderen besonderen Element mit einer eigenen Schriftart werden bei der Beschränkung auf zwei Schriftarten nicht mitgezählt.

✔ **Heben Sie zentrale Punkte heraus** – nicht alles. Haben Sie auch schon einmal die fleißigen Studenten beobachtet, die etwa 95 Prozent eines Lehrtextes mit einem gelben Textmarker hervorheben? Was wird dabei eigentlich hervorgehoben? Die Stellen, die nicht markiert sind? Wenn Sie den Blick Ihrer Zuhörer auf bestimmte Punkte lenken wollen, nur zu. Aber verwässern Sie Ihre Botschaft nicht damit, dass Sie alles hervorheben.

✔ **Verwenden Sie nur vier Farben pro Visualisierung.** Nehmen Sie eine Farbe für den Hintergrund, eine für die Überschriften, eine für den normalen Text und eventuell eine für Hervorhebungen. (Eine Ausnahme können Diagramme und komplexe grafische Darstellungen sein, da man manchmal mehr Farben braucht, um Daten verständlich farblich umzusetzen.)

 Die Farben auf Ihrem Computerbildschirm sehen anders aus als die auf den Dias und Folien. Was Sie auf Ihrem Bildschirm sehen, ist nicht unbedingt farblich identisch mit dem, was nachher auf Dias, Folien oder Ausdrucken Ihrer Präsentation erscheint. Wenn es Ihnen auf bestimmte Farben ankommt, sollten Sie vorher ausprobieren, wie sie auf anderen Medien aussehen.

Flipcharts

Ein Flipchart besteht aus einer großen Platte, die auf einem staffelei-ähnlichen Ständer gut sichtbar im Raum steht und auf der ein großformatiger Papierblock befestigt ist. Flipcharts sind aus Geschäftssitzungen kaum noch wegzudenken, und das nicht ohne Grund. Ein Flipchart ist ein sehr vielseitiges visuelles Hilfsmittel. Man kann darauf schreiben, während man spricht, oder die einzelnen Seiten vorbereiten. Es ist leicht zu handhaben. Man muss sich nicht mit Schaltern, Kabelanschlüssen oder Ersatzglühlampen herumschlagen. Es funktioniert immer (es sei denn, der Filzstift ist ausgetrocknet) und ist leicht zu transportieren. Unschlagbar ist auch der Preis. Schwierig wird es allerdings, wenn Sie mehr als 50 Zuhörer haben. Die Leute in den hinteren Reihen können nur schwer lesen, was Sie da vorn aufgeschrieben haben. Davon einmal abgesehen vergehen sich manche Redner derart an dem Flipchart, dass selbst die in der ersten Reihe Sitzenden nicht entziffern können, was dieses Durcheinander heißen soll. Wenn Sie also bei Ihrer nächsten Rede ein Flipchart benutzen wollen, lesen Sie in den folgenden Abschnitten nach, wie man dieses vielseitige Werkzeug richtig einsetzt.

Häufige Fehler mit Flipcharts vermeiden

Damit Ihre Zuhörer angesichts Ihres Flipcharts nicht ausflippen, lesen Sie am besten zunächst einmal die folgenden Hinweise:

✔ **Seien Sie sparsam mit Worten.** Ich habe schon Flipcharts gesehen, die waren von oben bis unten vollgeschrieben. Sah aus wie eine mit Hieroglyphen übersäte Höhlenwand und war ähnlich gut lesbar. Tun Sie Ihrem Publikum einen Gefallen und lassen Sie ausreichend weiße Zwischenräume.

✔ **Beschreiben Sie nur die oberen zwei Drittel jedes Blatts.** Ihr Publikum kann dann besser sehen. Noch wichtiger ist, dass Sie sich so nicht bücken und dem Publikum Ihren verlängerten Rücken hinstrecken müssen, um den unteren Bereich beschreiben zu können.

✔ **Schreiben Sie in Großbuchstaben und großzügig.** Vielleicht können ja einige Leute im Publikum ohne Probleme auch die letzte Reihe beim Sehtest lesen, aber das sollen sie beim Augenarzt ausprobieren und nicht während Ihres Vortrags. Schreiben Sie so groß, dass man es auch in den hinteren Reihen gut lesen kann.

✔ **Verwenden Sie einen breiten Stift.** Auch große Buchstaben lassen sich schlecht entziffern, wenn sie mit einem dünnen Stift geschrieben sind. Nehmen Sie einen dicken Stift und malen Sie schöne fette Buchstaben, die man auch von weitem gut lesen kann.

✔ **Verwenden Sie gut sichtbare Farben.** So mancher, der vor einem Flipchart steht, entdeckt plötzlich den Künstler in sich. Widerstehen Sie diesem Drang. Lassen Sie den dicken magentafarbenen Stift in der Schublade. Auch Gelb, Pink und Orange sind nicht geeignet. Wenn Sie sicher sein wollen, dass Ihr Publikum lesen kann, was Sie schreiben, halten Sie sich an Schwarz und Blau. Diese Farben kann man auch von weiter hinten noch sehen.

✔ **Beschränken Sie sich auf zwei Farben.** Ein Regenbogen gehört an den Himmel. Auf dem Flipchart hat er nichts zu suchen. Sicher können Sie andere Farben für Hervorhebungen oder Markierungen verwenden. Wenn Sie aber zu viele Farben einsetzen, verlieren sie ihre Wirkung und lenken eher ab. Wenn die Farben vor den Augen Ihres Publikums zu flimmern beginnen, ist das ein sicheres Zeichen dafür, dass Ihr Farbschema zu intensiv ist.

Flipcharts wirkungsvoll einsetzen

Sie möchten, dass Ihr Flipchart ein wirkungsvolles Präsentationswerkzeug wird? Die folgenden Tipps machen den Unterschied zwischen Spektakel und Debakel.

✔ **Verwenden Sie für Ihr Flipchart kariertes Papier.** Das hat den Vorteil, dass Sie sich beim Schreiben an den Kästchen orientieren können. Sie wissen jederzeit, ob Sie groß genug schreiben und die Linie halten.

✔ **Korrigieren Sie Fehler mit einem Korrekturstift.** Haben Sie schon einmal Stunden damit verbracht, eine besonders detaillierte Seite für eine Flipchart-Präsentation vorzubereiten und am Ende dann festgestellt, dass noch ein kleiner Fehler drauf ist? Raufen Sie sich nicht die Haare und werfen Sie die Seite um Gottes Willen nicht weg. Tupfen Sie den Fehler einfach mit einer Korrekturflüssigkeit ab und korrigieren Sie ihn. Ihr Publikum wird davon nichts merken.

✔ **Notieren Sie geheime Notizen auf die Flipchart-Seiten.** Wenn Sie sich Sorgen machen, dass Sie etwas vergessen könnten, können Sie Ihre Flipchart-Seiten als Spickzettel benutzen. Schreiben Sie dazu einfach die betreffenden Schlüsselwörter dünn mit Bleistift auf die entsprechende Seite. Dem Publikum bleiben Ihre Notizen verborgen. Mit dieser Technik können Sie auch die Texte und Zeichnungen vorbereiten, die Sie während Ihres Vortrags zu Papier bringen wollen. Wenn Sie an dem betreffenden Punkt angelangt sind, müssen Sie nur noch die dünnen Linien mit dem dicken Filzstift nachfahren. Das wirkt sicherer und sieht unter Umständen besser aus, als wenn Sie alles komplett neu aufmalen.

 Zeichnen Sie Bilder wie aus Kindermalbüchern. Einfache Zeichnungen können Ihre Flipchart-Seiten interessanter machen. Sie können nicht zeichnen? Werfen Sie mal einen Blick in Kindermalbücher. Dort finden Sie einfache Zeichnungen, die sich leicht kopieren und nach Bedarf abändern lassen.

✔ **Verwenden Sie menschliche Figuren.** Wenn Sie Zeichnungen auf Ihren Flipchart-Seiten verwenden, wählen Sie möglichst menschliche Figuren. Ihre Zuhörer reagieren auf Menschen am wohlwollendsten. (Wir sind eine narzisstische Rasse.)

 **Lassen Sie zwischen zwei Ihrer Seiten jeweils zwei Leerseiten.** Wenn Sie Ihr Flipchart vorbereiten, sollten Sie nicht jede Seite verwenden. Das Papier ist so dünn, dass die nachfolgende Seite durchscheint, oft sogar auch noch die übernächste. Lassen Sie jeweils zwei Seiten frei, dann können Sie sicher sein, dass Sie niemand überholt.

✔ **Heben Sie Ihre Flipchart-Seiten auf.** Sie haben viel Arbeit in die Vorbereitung der Seiten gesteckt. Verwenden Sie sie wieder. Es macht nichts, wenn Sie die Seiten vom Papierblock abgerissen haben. Sie können sie mit Klebeband an die Wand heften, wenn Sie noch einmal darauf zurückgreifen. Es gibt keine Vorschrift, die Sie dazu verpflichtet, sie auf ein Flipchart zu stellen.

Tolle Video- und Audioclips erstellen

Videos sind sehr wirkungsvolle, aber oft vernachlässigte visuelle Hilfsmittel. Das Publikum in heutiger Zeit soll ja aufgrund der Einflüsse des Fernsehens nur noch über eine kurze Aufmerksamkeitsspanne verfügen. Warum also nicht das, was Ihr Publikum Ihnen an Aufmerksamkeit entgegenbringen kann, mit dem fesseln, was ihm am liebsten ist – Videos? Zusätzlich gehe ich in diesem Abschnitt auch darauf ein, wie man die Aufmerksamkeit mit Hilfe von Audioclips ausreizt. (Technisch betrachtet sind Audioclips natürlich keine visuellen Hilfsmittel, aber man kann damit geistige Bilder erzeugen. Abgesehen davon haben sie einfach gut an diese Stelle gepasst.)

Videoclips

 Videos sind so wirkungsvoll, dass man sie nur in kleinen Dosen einsetzen sollte. Es besteht sonst die Gefahr, dass sie Ihre Rede überlagern. Denn die Passagen ohne Video (mit anderen Worten: das, was Sie sagen) werden dann im Vergleich eher langweilig erscheinen, und das ist sicher das Letzte, was Sie wollen.

Zeugnisse anderer Personen einflechten

Egal, was Sie verkaufen – sich selbst, Ihre Ideen oder Ihre Produkte – die Überzeugungskraft externer Referenzen ist kaum zu überbieten. Angenommen, ich mache für Sie eine Verkaufspräsentation. Da wirke ich auf Sie doch viel überzeugender, wenn ich einige meiner Kunden über die Vorzüge meiner Produkte sprechen lasse. Leider haben die aber meist Besseres zu tun, als mich zu meinen Veranstaltungen zu begleiten. (Es ist kaum zu glauben, aber es ist so.) Da ist so ein Video doch praktisch. Ich kann den Lobgesang meiner Kunden aufzeichnen und Ihnen dann vorführen.

Andere Anwendungsbeispiele für Videos

Als das kommerzielle Fernsehen Anfang der 40er-Jahre noch in den Kinderschuhen steckte, meinte einer der Hollywood-Mogule, das Fernsehen würde die nächsten sechs Monate nicht überstehen – die Leute wären es schnell leid, in einen kleinen Kasten zu starren. (Seine Prognose zeugt von der Vorstellungskraft, die Hollywood-Mogulen nun mal eigen ist.) Er erkannte nicht, dass diese Branche zahlreiche fantasievolle Ausrucksformen entwickeln würde, die allesamt darauf abzielen, die Aufmerksamkeit der Zuschauer zu fesseln. Wenn Sie nicht gerade ein Hollywood-Mogul sind (oder aus anderen Gründen nur wenig Vorstellungskraft besitzen), sollten Sie in der Lage sein, Videoclips in vielfältiger Weise nutzbringend in Ihren Vortrag einzubauen. Sehen Sie sich die folgenden Möglichkeiten mal an:

✔ **Werbespots:** Ich hörte mir einmal eine Rede über Kreativität an. Der Redner sprach über verschiedene Arten von Kreativität und verschiedene Techniken, mit denen man Kreativität anregen könne. Diese Techniken erläuterte er anhand von Werbespots. (Ich nehme mal an, dass er die Erlaubnis eingeholt hatte, sie zeigen zu dürfen; siehe den Abschnitt »Verwendungsrechte einholen« weiter hinten in diesem Kapitel.) Das Publikum hatte seinen Spaß an den Videos. (Sie waren in der Tat sehr komisch.) Sie untermauerten sehr treffend die Thesen, die der Redner bisher zur Kreativität vorgebracht hatte. Wichtig war auch, dass die Werbespots gut über die gesamte Rede verteilt waren. Das Publikum war so in der Lage, seine Aufmerksamkeit bis zum Ende aufrechtzuerhalten. Da Werbespots thematisch weite Bereiche des menschlichen Lebens abdecken, dürfte es eigentlich kein Problem sein, einen (oder zwei) für Ihre Rede geeigneten Spot zu finden, der Ihre Argumente unterstützt.

✔ **Kurze Filmsequenzen:** Ein Redner sprach zum Thema Kommunikation über die Grenzen verschiedener Kulturen hinweg. Er erklärte, wie man als deutscher Geschäftsmann bei Zusammenkünften mit Partnern aus anderen Ländern peinliche Auftritte und das eine oder andere Fettnäpfchen vermeiden kann. Das war an sich alles nicht neu, aber er machte die Sache dadurch interessanter, dass er jedem Teil seiner Rede einen kleinen Videoclip voranstellte. Darin stellten Schauspieler Geschäftsleute aus Deutschland und anderen Ländern in verschiedenen Geschäftssituationen dar. Der Schauspieler, der den deutschen Geschäftsmann spielte, ließ keine Möglichkeit aus, sich zu blamieren. Das Publikum bog sich jedes Mal vor lachen. Die Videos waren sehr unterhaltsam gemacht, vermittelten aber auch einen Lerninhalt.

✔ **Interviews mit »Leuten auf der Straße«:** Solche Interviews habe ich schon in vielen Reden erlebt. Sie lockern die Atmosphäre auf. Sie fragen etwa ein vierjähriges Kind, was so ein Vorstandschef eines großen Unternehmens den ganzen Tag macht, und nehmen die Antwort auf Video auf. Oder Sie fragen Besucher einer Fachmesse (Nahrungsmittel), was sie von Ihrem neuesten Produkt halten (eine hydraulische Pumpe). Oder Sie bitten Mitarbeiter Ihres Unternehmens, für eine Kollegin ein Geburtstagsständchen zu singen. Alles klar so weit?

 Wenn Sie vorhaben, Clips aus Fernsehshows, Kinofilmen oder Werbespots zu zeigen, müssen Sie erst die Erlaubnis dazu einholen (siehe den Abschnitt »Verwendungsrechte einholen« weiter hinten in diesem Kapitel.)

Audioclips

 Unabhängig vom Thema Ihrer Rede können Musik und Klangeffekte Ihre Worte wirksam unterstützen. Sie können Ihre Zuhörer mit Energie aufladen, eine bestimmte Stimmung erzeugen und auch Argumenten Nachdruck verleihen. Dazu einige Beispiele:

✔ **Sorgen Sie für die richtige Stimmung mit Musik.** Im Vorfeld einer Rede betreten die Zuhörer den Raum, in dem sie Ihnen später zuhören werden. Sie haben jetzt die Wahl: Sie können veranlassen, dass Ihr Publikum beim Betreten des Saales das Thema aus *Rocky*

hört. Sie können aber auch für Stille sorgen. Glauben Sie, das macht einen Unterschied? Das will ich meinen. Wenn Sie das Thema aus Rocky spielen lassen, werden Ihre Zuhörer angeregt und mit Energie aufgeladen. Das ist vielleicht genau das, was Sie gerne hätten. (Nein? Dann wählen Sie eine ruhigere Musik. Die Zuhörer sollen ruhig und nachdenklich sein? Versuchen Sie es mit ein wenig New Age oder kosmischen Klängen, oder ein Stück von J.S. Bach.) Musik kann sehr gut, aber auch sehr schlecht zu einer Rede passen: Überlegen Sie sich vorher genau, ob Sie Musik einsetzen wollen oder nicht.

✔ **Bringen Sie Rhythmus in Ihre Diashow.** Menschen sehen sich gerne selbst. Deshalb schließen mehrtägige Kongresse oft mit einer Diashow, die Bilder der vergangenen Tage zeigt. (Dabei sehen die Teilnehmer, wie sie ankommen, an Veranstaltungen teilnehmen, feiern und so weiter.) In der Regel läuft während dieser Diashows laute Musik, oft mit einem fetten Bass unterlegt. (Discomusik ist halt beliebt.) Warum macht man das? Man will damit Energien freisetzen und Begeisterung erzeugen. Die Diashow wird dadurch lebendiger. (Es entsteht der Eindruck, dass die Dias im Takt der Musik wechseln.) Auch Sie können diese Technik für Ihre Vorträge nutzen. Sprechen Sie über die Fertigstellung eines Projekts (die Vollendung eines Gebäudes, einen Schulabschluss, die Einführung eines neuen Produkts und so weiter)? Haben Sie Bilder, die den Fortschritt des Projekts nachzeichnen? Machen Sie eine kleine Diashow daraus und unterlegen Sie sie mit Musik. Das ist ganz leicht und sehr wirkungsvoll.

✔ **Überbrücken Sie die Zeit, in der Ihre Zuhörer nachdenken oder schreiben.** Gibt es in Ihrer Rede einen Punkt, an dem eine Unterbrechung vorgesehen ist? Vielleicht bitten Sie Ihre Zuhörer, eine Übung zu machen, während der sie über etwas nachdenken sollen. Oder Sie bitten sie, sich ein paar Minuten Zeit zu nehmen, etwas aufzuschreiben. Wie dem auch sei, Sie hören auf zu reden und die Stille übernimmt das Kommando. Das kann nach einer Weile etwas bedrückend wirken und das Energieniveau im Raum deutlich senken. Ich kenne eine einfache Lösung für diesen Fall. Lassen Sie während dieser Zeit etwas Musik laufen. (Welche, das überlasse ich Ihrem Gespür.) So lässt sich ein minimales Energieniveau halten. Die Zuhörer, die als Erste fertig sind, werden es Ihnen danken, wenn sie einfach nur zuhören können, anstatt sich zu fragen, warum die anderen denn so ewig brauchen.

Multimedia

Mit _Multimedia_ meine ich die Kombination von Video, Text, Grafiken und Sound. In diesem Abschnitt liefere ich einen groben Überblick darüber, wie Sie Ihre Rede mit Multimediakomponenten aufpeppen können. Dazu erläutere ich einige leicht handhabbare Techniken. Erwarten Sie hier aber keine ausführliche Auseinandersetzung mit diesem Bereich. (Mehr über dieses Thema können Sie in Doug Lowes Buch _PowerPoint 2003 für Dummies_ nachlesen, das ebenfalls bei Wiley-VCH erschienen ist.)

Die nötige Multimedia-Ausstattung

Drei grundlegende Ausrüstungsbestandteile brauchen Sie, um eine Multimediapräsentation auf die Bühne zu bringen: einen Computer, verschiedene Medienabspielgeräte und einen Projektor. Außerdem brauchen Sie Software, aber dazu später mehr. Und damit man auch etwas hören kann, muss eine Audio-Anlage verfügbar sein.

Computer

Bei Computern gilt die allgemeine Regel:»Besorgen Sie sich den schnellsten, den Sie sich leisten können.« Je schneller Festplatte und Prozessor arbeiten, desto schneller erscheinen die Bilder Ihrer Präsentation. Notwendig ist auch eine Soundkarte, eine Grafikkarte, ein CD-ROM-Laufwerk und eine Video-Capture-Karte. Die meisten Computer haben das alles schon an Bord. Eine Ausnahme ist mitunter die Video-Capture-Karte, mit der Sie Videos aus analogen Quellen (Fernsehen, VCR und Camcorder) digitalisieren können.

Eingabegeräte

Mit Hilfe von Eingabegeräten können Sie Sounds und Bilder in digitaler Form auf Ihren Computer speichern – einfach alles, von Musik über Videoclips und Fotos bis zu Visitenkarten.

✔ **Bilder:** Standbilder wie Dias und Fotos können von digitalen Kameras oder Scannern auf Ihren Computer überspielt und dort gespeichert werden. Bewegte Bilder lassen sich über einen entsprechenden Adapter von einem Videorecorder oder Camcorder auf die Festplatte übertragen.

✔ **Sound:** Der Kabelsalat funktioniert auch bei Audiogeräten wie Kassettenrekordern, CD-Spielern, Stereoanlagen oder Radios. Verbinden Sie einfach den entsprechenden Audioausgang mit dem Audio-In-Eingang Ihrer Computer-Soundkarte. Oder stöpseln Sie ein Mikrofon ein und nehmen Sie Interviews oder Audiokommentare direkt digital auf.

Projektoren

Sie brauchen auch Hardware, mit der Sie die Sounds und Bilder unter die Leute bringen können. Der Sound ist dabei der einfachere Part. Wenn der Raum, in dem Sie sprechen, eine Lautsprecheranlage hat, können Sie Ihren Computer einfach an diese Anlage anschließen. Fehlt eine solche Anlage, müssen Sie eigene Lautsprecher mitbringen. Um Ihre Bilder an die Wand zu werfen, brauchen Sie einen LCD-Projektor oder einen Beamer. Mit beiden Geräten können Sie all das, was auf Ihrem Computerbildschirm zu sehen ist, an die Wand projizieren. Die neuesten Modelle sind recht handlich und so leuchtstark, dass Sie die Saalbeleuchtung nicht abschalten müssen. (Eventuell müssen Sie die Helligkeit ein wenig herunterdimmen.) Die meisten Geräte haben direkte Anschlussmöglichkeiten für Videorekorder. Der Audioausgang des Videorekorders muss dabei mit der Lautsprecheranlage verbunden werden.

Software für Multimediapräsentationen

Die grundlegenden Voraussetzungen sind ein funktionierendes Windows-Betriebssystem und Video für Windows oder der Windows Movie Maker. Darüber hinaus brauchen Sie Software, um die einzelnen Multimediakomponenten Ihrer Präsentation zu erstellen, und eine Bearbeitungssoftware, mit der Sie alle Komponenten zusammenbasteln können.

Bilder, Sound und Texte

Ihre erste Aufgabe besteht darin, die verschiedenen Bilder, Videoclips, Audioclips und Folien zu erstellen, aus denen sich Ihre Präsentation zusammensetzt. Dazu brauchen Sie die folgende Software:

✔ **Grafiken:** Grafiksoftware gibt es von einfachen Tools wie das Windows-eigene Paint bis hin zu Hochleistungssoftwarepaketen wie CorelDRAW. Auch populäre Programme wie PowerPoint oder Adobe Persuasion bieten dem Laien wertvolle Hilfen. (Sagen wir mal so: Ihre Folien werden am Ende nicht mit Wörtern in zwölf verschiedenen Schriftarten und acht verschiedenen Farben übersät sein.)

✔ **Audio und Video:** Für die Digitalisierung von Audio- und Videoclips brauchen Sie ebenfalls geeignete Software. Die meisten Sound- und Video-Capture-Karten werden mit der entsprechenden Aufnahme- und Bearbeitungssoftware ausgeliefert, mit der die Grundfunktionen in jedem Fall abgedeckt sind. Eine interessante Gesamtlösung für Fotos, Videos, Musik und Daten ist Magix Goya Multimedia. Das Programm ermöglicht das Einlesen von Fotos, Filmen und Musik, die Bearbeitung der eingelesenen Dateien, die Sicherung und Verwaltung auf Festplatte und umfangreiche Brennfunktionen.

✔ **Text:** Die meisten Textverarbeitungsprogramme sind in der Lage, Textdokumente für den Multimediazugriff zu formatieren. Wie das im Einzelnen geht, entnehmen Sie bitte der Anleitung Ihres jeweiligen Multimedia-Autorensystems.

Autorensysteme

Nachdem Sie die verschiedenen Teile Ihrer Multimediapräsentation fertiggestellt haben, brauchen Sie ein Verfahren, mit dem Sie alles zusammenfügen und steuern können. Das übernimmt eine Software, die man *Autorensystem* nennt. Sie führen damit alle Komponenten – den Sound, die Videoclips und die Grafiken und Texte – zu einer Präsentation aus einem Guss zusammen. Ein bekanntes Autorensystem ist beispielsweise Macromedia Director MX.

 Wenn Ihnen der Umgang mit einem Autorensystem zu kompliziert ist (man muss sich schon eine Weile damit beschäftigen, bevor man effizient damit arbeiten kann), ist das auch nicht weiter schlimm. Nehmen Sie einfach PowerPoint oder ein ähnliches Programm. Viele Leute erstellen und präsentieren Diashows mit PowerPoint. Man kann diese Diashows aber auch relativ einfach mit Sounds und Videos ergänzen. (Mehr darüber können Sie in *PowerPoint 2003 für Dummies* nachlesen.)

Verwendungsrechte einholen

Das Gute an Multimediapräsentationen ist, dass Sie Texte, Grafiken, Videos und Audioclips verwenden *können*. Das Dumme ist, Sie müssen auch die Berechtigung haben, die jeweiligen Komponenten verwenden zu dürfen.

 Dass man im Rahmen einer Multimediapräsentation alles verwenden kann, was man nur möchte, ist ein weit verbreitetes Missverständnis. Viele Leute schneiden mit ihrem Videorekorder Nachrichtensendungen, Sportübertragungen und Filmszenen mit. Sie nehmen Musikstücke von CD oder aus dem Radio auf. Sie digitalisieren Fotos und Bilder aus Büchern und Zeitschriften oder laden alles Mögliche aus dem Internet herunter. Formal betrachtet sind das alles Verstöße gegen das Urheberrecht – und die sind strafbar im Sinne des Gesetzes und werden auch geahndet. Darüber hinaus muss man mit Schadenersatzforderungen der Rechteinhaber rechnen.

Wo bekommen Sie also das Material für Ihre Multimediapräsentation her? Die Zauberworte heißen *öffentlich zugänglich* und *lizenzfrei*. Alles, was ausdrücklich öffentlich zugänglich oder lizenzfrei ist, können Sie ohne weiteres verwenden. Alternativ können Sie jederzeit mit dem eigenen Kassettenrekorder oder einer Kamera losziehen und Ihre eigenen Audio- und Videoclips herstellen. (Allerdings dürfen Sie auch hier nicht so ohne weiteres Personenaufnahmen weiterverwenden – bitten Sie besser die aufgenommenen Personen um Erlaubnis, bevor es Ärger gibt und es eventuell teuer wird.)

Mit einfachen Multimediatechniken Eindruck machen

Haben Sie es eilig? Dann versuchen Sie Ihr Glück mit einem der drei folgenden Vorschläge. Damit hauen Sie Ihr Publikum aus den Pantoffeln.

- ✔ **Verwenden Sie eine Empfehlung einer Person im Publikum.** Nehmen Sie Äußerungen von Personen aus dem Unternehmen, vor dessen Mitarbeitern Sie reden, auf Video oder Kassette auf und arbeiten Sie einen oder mehrere dieser Clips in Ihre Präsentation ein. Nichts macht mehr Eindruck auf eine Gruppe, als wenn sie plötzlich einen der ihren darüber reden hört, wie großartig Sie sind.

- ✔ **Flechten Sie einen Clip von einem aktuellen Ereignis ein.** Wenn Sie anlässlich einer Veranstaltung reden, suchen Sie den Ort einige Stunden früher auf und nehmen Sie andere Leute auf Video oder Kassette auf, die Sie dann in Ihre Präsentation einbauen können.

- ✔ **Nehmen Sie auf Ihre Zuhörer Bezug.** Einer der größten Vorteile einer Multimediapräsentation liegt darin, dass man sie relativ leicht an die Umstände anpassen kann. Fügen Sie möglichst viele Bilder, Video- und Audioclips ein, die einen Bezug zu Ihren Zuhörern haben. Reden Sie vor Autohändlern? Scannen Sie ein paar Bilder von Autos ein.

Besorgen Sie sich eine Visitenkarte von einem Mitarbeiter des Unternehmens, in dem Sie reden, und scannen Sie das Unternehmenslogo ein. Sie können dieses Logo dann zusammen mit Ihrem eigenen Logo in einer Ecke jedes gezeigten Bildes einfügen. Passen Sie so viel wie möglich dem jeweiligen Anlass an.

Informationsunterlagen

Heutzutage ist ja niemand auf andere angewiesen. Wenn man fragt, möchte niemand Informationsunterlagen haben. Keiner möchte Informationsunterlagen von der Regierung. Keiner möchte Informationsunterlagen von Konzernen. Keiner möchte Informationsunterlagen von gemeinnützigen Institutionen. Aber wenn _Sie_ eine Präsentation machen, sind Ihre Informationsunterlagen mit Sicherheit gefragt. Beachten Sie die folgenden Aspekte, bevor Sie Tischvorlagen vorbereiten und verteilen.

Überlegene Tischvorlagen erstellen

Wenn Sie Tischvorlagen vorbereiten, sollten sie auch gut aussehen. Das ist gar nicht schwer. Desktoppublishing-Programme bieten eine Menge Optionen, mit denen Sie Ihren Tischvorlagen einen professionellen Anstrich geben können. Nehmen Sie zum Ausdrucken gutes Papier. Wenn Sie es sich leisten können, sollten Sie die Unterlagen in einem Hefter ausgeben. Auch wenn jeder gerne Tischvorlagen von Ihnen entgegennimmt, ist es doch besser, wenige gut gemachte als viele schlecht lesbare und eilig zusammengeschusterte zu verteilen.

Die richtigen Informationen liefern

Zeigen Sie im Verlauf Ihrer Präsentation Dias oder Overheadfolien? Ihr Publikum hätte sicher gerne Kopien davon. Fügen Sie Ihren Tischvorlagen einige dieser Unterlagen bei. (Wenn Sie es nicht tun, werden Sie garantiert danach gefragt.) Kopien wichtiger Artikel von Ihnen oder anderen werden auch immer gerne genommen. Und Checklisten, die Leute sind geradezu wild auf Checklisten. Ihre Zuhörer wollen auch wissen, wie man mit Ihnen in Kontakt tritt. Achten Sie also darauf, dass Sie irgendwo Ihre Telefonnummer, Ihre Adresse oder Ihre E-Mail-Adresse angeben.

Man kann davon ausgehen, dass die Leute Tischvorlagen umso mehr schätzen, je mehr Kontaktinformationen sie enthalten. Wenn Sie zum Beispiel Produkte oder Dienstleistungen empfehlen, Informationsquellen für bestimmte Themen erwähnen oder anregen, öffentlich gewählte Repräsentanten anzurufen, um ihnen eventuelle Bedenken vorzutragen, sollten Sie eine Liste mit den jeweiligen Kontaktinformationen beilegen.

Der richtige Zeitpunkt der Ausgabe

Verteilen Sie Ihre Tischvorlagen nie, bevor Sie Ihre Rede halten. Das führt nur dazu, dass die Leute blättern und lesen, anstatt Ihnen zuzuhören.

Wann Sie Ihre Tischvorlagen am besten unters Volk bringen, hängt von ihrer Funktion ab. Wenn die Tischvorlagen Ihre Argumentation zusammenfassen und ergänzende Informationen liefern, verteilen Sie sie im Anschluss an Ihre Rede. Haben Sie dagegen Übungen vorgesehen, an denen sich das Publikum beteiligen soll, oder wollen Sie sich in Ihrer Rede auf bestimmte Tischvorlagen beziehen, müssen Sie sie natürlich im Vorfeld verteilen. Vor einer Rede verteilte Tischvorlagen regen Ihre Zuhörer auch dazu an, sich Notizen zu machen – vor allem wenn das Layout stimmt. Hier noch ein Tipp: Statt Ihre Dias und Overheadfolien auf die volle Seitengröße zu kopieren, können Sie sie auf die Hälfte bis ein Viertel einer Seite verkleinert ausdrucken. Den Rest der Seite können Ihre Zuhörer dann gut für Notizen zu den einzelnen Punkten verwenden, während Sie sprechen. (PowerPoint bietet als Druckoption das Format »Handzettel«.)

Teil IV

Die Rede präsentieren

In diesem Teil ...

Vorhang auf! In diesem Teil zeige ich Ihnen, wie man seine Zuhörer mit einer Rede beeindruckt. Dazu muss man wissen, wie man auftritt, Fragen beantwortet und mit jeder Art von Publikum umgeht, egal wie schwierig oder exzentrisch es auch sein mag. Sie werden erfahren, wie man Botschaften mit der Stimme und dem Körper übermittelt, wie man mit einem Rednerpult umgeht und wie man einen beeindruckenden Augenkontakt herstellt. Des Weiteren geht es in den folgenden Kapiteln darum, wie man das Publikum beteiligt und mitreißt. Und wenn Sie viel mit Lampenfieber zu kämpfen haben, nenne ich Ihnen einige Möglichkeiten, wie Sie es überwinden und sogar zur Verbesserung Ihrer Rede nutzen können.

Lampenfieber überwinden

In diesem Kapitel

▷ Die Angst mit Hilfe bewährter Techniken besiegen

▷ Körperliche Stresssymptome unter Kontrolle halten

▷ Das Lampenfieber beherrschen

▷ Die Nervosität nutzen

*L*ampenfieber. Schon das Wort macht mich nervös. Vielleicht haben die Sozialwissenschaftler deshalb den Begriff Lampenfieber abgeschafft. Zuerst haben sie von »Kommunikationsangst« gesprochen. Heute ist die Rede von »Kommunikationsbesorgnis«. Wie auch immer man es nennen mag, die Symptome sind auf der ganzen Welt dieselben. Ihr Herz klopft. Ihre Hände zittern. Ihnen stehen Schweißperlen auf der Stirn. Ihr Mund ist trocken. Ihr Magen fühlt sich an wie ein Mixer auf der höchsten Stufe. Und just in diesem Moment sollen Sie eine Rede halten. Wenn es dann so weit ist, fühlen sich total besch..., äh ... besorgt.

Sollten Sie Lampenfieber haben, herzlichen Glückwunsch. Sie gehören zur Mehrheit. Einer häufig zitierten Umfrage zufolge haben die meisten Menschen mehr Angst vor der öffentlichen Rede als vor dem Tod. Überdies sind Sie in guter Gesellschaft – zu den bekannten Persönlichkeiten, die daran gelitten haben sollen, zählen Otto Sander, Ulrike Folkerts, Johnny Cash und Sir Laurence Olivier. Es bleibt Ihnen zwar nichts anderes übrig, als mit dem Lampenfieber zu leben, aber dieses Kapitel zeigt Ihnen einige erfolgversprechende Techniken, mit denen Sie die Oberhand behalten und Ihr Lampenfieber sogar zu Ihrem Vorteil nutzen können.

Die Wahrnehmung ändern

Sagt der Lehrer zum Schüler: »Denke positiv.« Antwortet der Schüler: »Ich denke positiv. Ich werde durchfallen.« Ich weiß, das ist ein alter Witz, aber er weist auf einen wichtigen Punkt hin: Lampenfieber ist ein mentales Problem. Wenn das aber so ist, kann es auch mental kuriert werden. Es kommt nur darauf an, wie Sie die Dinge betrachten.

Erkennen, wie sich das Publikum wirklich fühlt

Lampenfieber ist ein sehr egozentrisches Leiden. *Ich* habe Angst. *Ich* bin nervös. *Ich* werde in Ohnmacht fallen. Ich. Ich. Ich. Da verliert man schnell die Interessen des Publikums aus den Augen. Dabei haben Ihre Zuhörer genau so viel zu verlieren wie Sie. Möglicherweise haben sie sogar mehr Angst als Sie. Vielleicht leiden sie an Sitzfieber – die Angst, seine Zeit damit zu verschwenden, sich eine schlechte Rede anzuhören. Damit Sie eine tolle Rede halten und

Ihre Angst im Zaum halten können, müssen Sie die folgenden vier Dinge über Ihr Publikum wissen:

Ihr Publikum möchte, dass Sie erfolgreich sind. Durch ihr Erscheinen zeigen Ihre Zuhörer Ihnen eindrucksvoll ihr Vertrauen. Sie wollen ihre wertvolle Zeit nicht damit vergeuden, Sie versagen zu sehen. Sie wollen, dass Sie eine erfolgreiche Rede halten. Ihr Erfolg als Redner ist auch das Erfolgserlebnis des Publikums. Wenn Sie eine brillante Rede abliefern, freut sich Ihr Publikum darüber, dieser Sternstunde beigewohnt zu haben.

✔ **Sie wissen das, was Ihr Publikum hören will.** Man hat Sie nicht ohne Grund gebeten, eine Rede zu halten. Wahrscheinlich verfügen Sie über Informationen, an denen Ihre Zuhörer interessiert sind. Sie sind der Experte. Sie haben die ersehnten Daten. Und selbst in dem unwahrscheinlichen Fall, dass Ihr Publikum zu dem betreffenden Thema mehr weiß als Sie, können Sie immer noch neue Informationen präsentieren. Nur Sie selbst können Ihre eigenen Einsichten offenbaren. Niemand sonst sieht und interpretiert die Dinge so wie Sie. Machen Sie sich bewusst, dass Sie Ihr wertvolles Wissen und Ihre Ideen mit Ihren Zuhörern teilen.

Das Publikum weiß nicht, dass Sie Angst haben. Sozialwissenschaftliche Studien fanden heraus, dass Redner und ihre Zuhörer Lampenfieber ganz unterschiedlich wahrnehmen. Oft merken die Zuhörer gar nichts davon, obwohl der Redner angibt, äußerst nervös gewesen zu sein. Das erinnert ein wenig an einen Werbespot für eine Pickellotion. Ein Teenager hat einen Pickel auf der Nase. Er hat das Gefühl, der Pickel sei so groß wie eine Wassermelone und alle Leute starrten nur auf seine Nase. In Wirklichkeit wird der Pickel überhaupt nicht beachtet. Mit Lampenfieber ist das auch so. Es ist wie ein mentaler Pickel, der für Sie schlimmer ist als für Ihr Publikum.

✔ **Sie können Ihre Zuhörer wie einzelne Personen behandeln.** Dr. Allen Weiner berichtet, dass seine Klienten häufig sagen, dass sie gerne Fragen beantworten, aber sich mit Händen und Füßen dagegen sträuben, eine Rede zu halten. Als Präsident einer Beraterfirma, die sich um die Verbesserung der kommunikativen Qualitäten ihrer Kunden kümmert, verdient Dr. Weiner eine Menge Geld mit der Beratung dieser Klienten. Sie kommen hier kostenlos in den Genuss seiner Tipps: Betrachten Sie Ihre Rede als Antwort auf eine Frage. Anders ausgedrückt: Fragen Sie sich, welche Frage Ihre Rede beantwortet. Statt eine »Rede halten« können Sie sich dann sagen, Sie »beantworten eine Frage«. Auf diese Weise verlieren Reden einen großen Teil ihres Schreckens.

Sich den Erfolg vorstellen

Sicher haben Sie schon einmal etwas von Visualisierung gehört. Im Grunde steckt eine ganz simple Idee dahinter. Sie stellen sich einfach vor, wie Sie eine Aufgabe erfolgreich abschließen. Viele Sportler arbeiten mit dieser Technik. Ein schönes Beispiel lieferten bei den letzten olympischen Winterspielen die Rodler und Bobfahrer, die man vor ihren Fahrten merkwürdige Kopfbewegungen vollführen sah. Sie stellten sich vor, wie sie ihr Gefährt perfekt beschleunigen, die

Kurven feinfühlig ansteuern und im Zielraum jubelnd die Arme hochreißen, während Eis und Schnee beim Bremsen nur so durch die Gegend stieben. All das stellten sie sich in lebhaften Einzelheiten vor und berücksichtigten dabei auch Erinnerungen an frühere Erfolge.

Wenden auch Sie die Technik der Visualisierung auf Ihre Rede an. Stellen Sie sich vor, wie Sie eine Rede halten. Ihre Stimme füllt den Raum mit klugen Bemerkungen. Die Menschen im Publikum hängen an Ihren Lippen. (Wenn sie sich nur ein wenig weiter vorbeugen, kippen sie von den Stühlen.) Sie werden mit stehenden Ovationen gefeiert und am Ende stürmen alle zur Bühne, um Sie auf den Schultern nach draußen zu tragen.

Sich zu einer großartigen Rede reden

Ihr Publikum hört Sie nur ein einziges Mal. Sie selbst hören sich die ganze Zeit. Die Botschaften, die Sie an sich selbst adressieren, sind also sehr wichtig. Ich spreche von Ihren _inneren Dialogen_, den Dingen, die Sie sich im Kopf sagen. Wenn Sie sich etwas immer und immer wieder sagen, fangen Sie an, daran zu glauben. Sie sollten also aufpassen, was Sie sagen. Denn wenn Sie sich immer wieder einreden, dass Sie Ihre Rede an einem bestimmten Punkt in den Sand setzen, wird das mit einiger Wahrscheinlichkeit auch passieren.

In gewisser Hinsicht ist das Sprechen mit sich selbst die Kehrseite der Visualisierung des Erfolgs – das eigene Versagen nicht herbeireden. Es ist aber mehr als das. Erfolgreiche Visualisierungstechniken richten sich auf eine bestimmte Aufgabe, etwa die Präsentation einer Rede. Ihr innerer Dialog hat eine wesentlich breitere Ausrichtung. Er betrifft _alles_, was Sie tun.

Wie können Sie aber dafür sorgen, dass Ihre Selbstgespräche positiv bleiben? Versuchen Sie es mit den Verfahren von Dr. Steven Resnick, einem bekannten Psychiater und Experten in Sachen Stressmanagement:

✔ **Stellen Sie irrationale Gedanken in Frage.** Angenommen, Sie hegen den folgenden irrationalen Gedanken: »Wenn ich vor einem Publikum stehe, vergesse ich alles, was ich über mein Thema weiß.« Sie können diesem irrationalen Gedanken nun den folgenden Gedanken entgegenhalten: »Ich habe keinen Grund, mir all diese Dinge zu merken, wenn ich sie meinem Publikum nicht weitererzähle.«

✔ **Geben Sie sich Selbstbestätigung.** »Ich bin der größte Redner der Welt.« »Mein Thema ist faszinierend. Die Leute werden begeistert sein.« »Ich bin ein Experte.« Ja, das klingt gnadenlos übertrieben, aber es gibt Selbstvertrauen. Je mehr Sie sich davon überzeugen können, daran zu glauben, desto weniger Stress werden Sie bei Ihrer Rede erleben.

✔ **Stellen Sie sich den schlimmsten Fall vor.** Stellen Sie sich Ihrer Angst. Was kann denn schlimmstenfalls passieren? Wenn Sie beim Sprechen einen Fehler machen, können Sie ihn korrigieren und dann weitersprechen. Wenn Sie keine stehenden Ovationen erhalten, werden die Zuschauer zumindest Beifall klatschen. Und selbst wenn sich Ihre Rede zur völligen Katastrophe auswächst, ist das nicht das Ende der Welt.

Beliebte Mittel gegen Lampenfieber, die nicht wirken

Die Geschichte ist voller Heilmittel gegen menschliche Leiden, deren angebliche wundersame Wirkung sich in der Praxis nicht einstellte. Schlangenöl für Erkältungen. Blutegel bei Fieber. Ohrstöpsel bei politischen Reden. Natürlich gibt es solche »Heilmittel« auch für Lampenfieber. Zwei dieser wirkungslosen Therapien möchte ich Ihnen nicht vorenthalten:

✔ **Das nackte Publikum:** Eine uralte Therapie gegen die nackte Angst vor dem Reden ist die Vorstellung, das Publikum sitze nackt im Saal. Hört sich nett an, hilft aber meiner Erfahrung nach nicht.

✔ **Alkohol und Pillen:** Oft hört man den Rat, vor einer Rede einen »Kurzen« zu kippen oder ein Beruhigungsmittel zu nehmen. Das soll angeblich dazu beitragen, dass man ruhiger wird. Das Problem ist nur, dass der gewünschte Effekt meist genau dann nachlässt, wenn man vor die Leute tritt, besonders dann, wenn man den Schluck aus der Flasche oder die Pille eine halbe bis eine Stunde vor dem Redetermin genommen hat. Die Angst schlägt dann mit Macht zurück und lässt Sie die Redesituation nur noch schrecklicher empfinden. Dann kann zu dem Lampenfieber auch noch die Angst vor Ausfallerscheinungen wegen Alkohol- oder Medikamentenkonsums kommen. Davon abgesehen werden Sie nicht gerade zur Hochform auflaufen, weil Sie sich ein wenig groggy fühlen werden.

Der Angst den Schrecken nehmen

Ein Mann ging zum Arzt, um sich vollständig durchchecken zu lassen. »Was ich im Spiegel sehe, ist eine Katastrophe«, klagt er. »Meine Wangen hängen. Ich habe überall Flecken im Gesicht. Mir fallen die Haare aus. Woran liegt das?« Der Arzt sieht ihn an und meint: »Ich weiß es nicht, an Ihren Augen jedenfalls nicht, Sie sehen noch hervorragend.«

Leider sehen viele andere Menschen auch noch hervorragend. Insbesondere werden ihnen die körperlichen Symptome Ihres Lampenfiebers nicht entgehen. Es ist jedoch nicht allzu schwer, schwitzende und zitternde Hände zu vermeiden oder zu verbergen.

Übungen gegen den Stress

Auch wenn der Stress eigentlich im Kopf stattfindet, wirkt er sich unter Umständen auch auf den Rest des Körpers aus. Wenn Sie also Ihren mentalen Zustand nicht beeinflussen können, so können Sie doch Ihre körperlichen Symptome in den Griff bekommen. Befolgen Sie die Empfehlungen des bekannten Stress-Experten Dr. Steven Resnick.

Atmen

Atmen Sie tief ein. Halten Sie die Luft an. Noch ein bisschen. Atmen Sie jetzt langsam aus. Gut. Machen Sie das noch einmal. Atmen Sie tief und langsam. Nur weiter so. Fühlen Sie sich schon besser? Dr. Resnick hält Atemübungen für die ältesten Techniken der Stressbekämpfung in der Geschichte der Menschheit. »Mit jedem Ausatmen transportieren wir Kohlendioxyd aus unserem Körper«, erklärt er. »Das senkt den Säuregehalt unseres Blutes.« Gleichzeitig führt tiefes Atmen unserem Gehirn mehr Sauerstoff zu.

Stretching

Mit Dehnübungen können Sie Ihre Muskelanspannung schnell abbauen. Schon 10 bis 15 Sekunden Dehnung wirken sich wohltuend aus. Natürlich können Sie nicht mitten im Festbankett Yoga-Übungen machen, wenn Sie eine Tischrede halten sollen, aber Sie können sich kurz entschuldigen und auf der Toilette ein paar Dehnübungen machen, bevor Sie sich zur Rede erheben. Die folgenden Übungen sind sehr wirkungsvoll:

✔ **Kopfrollen.** Rollen Sie Ihren Kopf langsam im Halbkreis von einer Seite zur anderen. Das ist zum Aufwärmen. Rollen Sie nun Ihren Kopf im Uhrzeigersinn im Kreis (sehen Sie nach oben, nach rechts, nach unten und nach links). Machen Sie das drei Mal und dann noch drei Mal gegen den Uhrzeigersinn. Sie werden spüren, wie die Anspannung im Nacken nachlässt.

✔ **Arme strecken.** Strecken Sie Ihren rechten Arm so weit in die Luft, wie Sie können. Halten Sie diese Stellung einige Sekunden. Senken Sie Ihren Arm wieder seitlich zum Körper. Machen Sie das Gleiche nun mit dem linken Arm. Wiederholen Sie die Übung. In der Schule haben Sie es als Qual empfunden, wenn Ihre Lehrer Sie zu solchen Übungen gezwungen haben. Jetzt helfen Sie ihnen, Ihren Rücken zu dehnen.

✔ **Kieferbrecher.** Reißen Sie Ihren Mund auf, so weit Sie können (als ob Sie schreien wollten), und schließen Sie ihn dann wieder. Wiederholen Sie diese Übung mehrmals. Sie löst die Anspannung in Ihrem Kiefer. Sie können auch mit den Fingern die Muskeln massieren, die Ihren Kiefer und den restlichen Schädel zusammenhalten.

Bewegung

Einige Redner machen gerne einen kurzen Spaziergang oder joggen, um ihre Nervosität abzubauen. Hat das Gebäude, in dem Sie Ihre Rede halten, ein Treppenhaus? Vielleicht ist es ganz angenehm, ein paar Treppen hinauf- und hinunterzulaufen. Aber übertreiben Sie es nicht. Sie wollen sicher nicht verschwitzt, abgekämpft und hechelnd vor Ihren Zuhörern erscheinen.

Was wirklich zählt: Nicht nervös erscheinen

Ein bisschen nervös ist gut, sehr nervös ist schlecht. Sie sollten Ihre Nervosität also besser im Zaum und auf einem angemessenen Level halten. Dazu machen Sie am besten alle Standardübungen, die ich Ihnen in diesem Kapitel vorstelle.

 Es spielt keine Rolle, wie nervös Sie sind, Hauptsache Sie machen einen ruhigen Eindruck. Um es mit Dr. Weiner zu sagen: »Sie müssen den Eindruck vermitteln, dass Sie die Lage beherrschen, und nicht, dass Sie von der Lage überrollt werden. Solange Ihre Zuhörer den Eindruck haben, Sie sind souverän, ist alles in Ordnung.«

In diesem Sinne gibt Dr. Weiner die folgenden Tipps, wie Sie die allgemeinen Anzeichen von Lampenfieber verbergen können:

✔ **Unruhige Hände.** Unruhige Hände weisen darauf hin, dass Sie nervös sind. Auch Berührungen mit dem Zeigefinger im Gesicht und unter der Nase oder Kratzen an der Oberlippe sind Zeichen von Nervosität. Die Lösung: Kennen Sie Albrecht Dürers »Betende Hände«? Nehmen Sie in etwa diese Handstellung ein, aber bleiben Sie locker dabei. Wenn Sie ein Rednerpult verwenden, legen Sie die Hände darauf wie auf ein Klavier.

✔ **Auf und ab tigern.** Auch das Auf- und Abtigern ist ein Zeichen innerer Unruhe. Die Lösung: Bewegen Sie sich auf das Publikum zu und bleiben Sie einen Moment stehen. Bewegen Sie sich dann in eine andere Richtung und bleiben Sie dort stehen.

✔ **Schwitzen.** Es kommt darauf an, wie Sie mit dem Schwitzen umgehen. Wenn Sie ein Taschentuch zur Hand nehmen, es öffnen und sich den Schweiß damit abwischen, wirken Sie wie ein nervöses Wrack. Die Lösung: Öffnen Sie nie Ihr Taschentuch. Lassen Sie es sauber gefaltet. _Tupfen_ Sie den Schweiß ab und stecken Sie das Taschentuch wieder weg.

✔ **Zitternde Hände.** Wenn Ihre Hände zittern wie Espenlaub, ist das ein sicheres Anzeichen für Lampenfieber. Die Lösung: Verwenden Sie für Ihre Notizen Karteikarten statt Papierbögen. Papier, das größer ist und weniger wiegt als Karten, macht das Zittern deutlicher sichtbar. Vermeiden Sie es außerdem, irgendwelche Requisiten oder Gegenstände hochzuhalten. So geraten Ihre Hände nicht in den Blickpunkt.

Lampenfieber vermeiden und bewältigen

Lassen Sie sich vom Lampenfieber nicht unterkriegen. Beherzigen Sie lieber die folgenden Tipps und Sie sind für alles gewappnet.

Einleitung und Schluss ausformulieren

Die Nervosität ist am größten, bevor Sie die ersten Worte an Ihre Zuhörer richten. Deshalb ist es wichtig, dass Sie Ihrer Einleitung besondere Aufmerksamkeit widmen. Sie ist mit der meisten Angst verbunden. Wenn Sie Ihre Einleitung ausformulieren und so lange üben, bis Sie sie im Schlaf aufsagen können, werden Sie weniger Angst haben.

Ähnlich sollten Sie mit dem Schluss verfahren, der in der Reihe der gefürchteten Redepassagen unmittelbar hinter der Einleitung rangiert. (Tipps zu Einleitung und Schluss finden Sie in den Kapiteln 6 und 7.)

Probleme vorausahnen und Lösungen vorbereiten

Denken Sie darüber nach, welche Probleme auftauchen könnten und wie Sie am besten damit umgehen. Immer wenn Sie sich beispielsweise bei einen bestimmten Namen oder problematischen Ausdruck verhaspeln, können Sie sich mit einem Allzwecksatz aus der Affäre ziehen: »Ich versuche es noch einmal – auf Deutsch.«

Was ist, wenn Sie den Punkt vergessen, den Sie als Nächstes ansprechen wollten? Sie können sich Zeit verschaffen, indem Sie Ihrem Publikum eine Frage stellen, zu deren Beantwortung die Hand gehoben werden muss. Oder Sie können kurz rekapitulieren, was Sie bisher angesprochen haben. Oder Sie springen zu einem anderen Punkt vor.

Früh an Ort und Stelle sein

Die Furcht vor dem Unbekannten löst wahrscheinlich mehr Angst aus als irgendeine andere Ursache. Bis Sie dort angekommen sind, wo Sie Ihre Rede halten werden, haben Sie es mit vielen Unbekannten zu tun. Ist der Saal richtig vorbereitet? Hat man daran gedacht, Ihnen einen Overheadprojektor hinzustellen? Lauter kleine Fragen, die viel Stress verursachen können, wenn man keine Antwort darauf hat.

 Sie können die Antworten finden, wenn Sie den Ort Ihrer Rede aufsuchen. Seien Sie also einfach früh genug da. Je früher Sie ankommen, desto mehr Zeit bleibt Ihnen, eventuelle Fehler zu beseitigen und zur Ruhe zu kommen. Sie haben darüber hinaus die Gelegenheit, früh eintreffende Zuhörer zu treffen und einen ersten Eindruck von den Leuten zu gewinnen, vor denen Sie reden werden. Auch das baut Stress ab.

Teile und herrsche

Viele Redner, die an Lampenfieber leiden, sehen die Ursache ihrer Nervosität in der Menge der Zuhörer. Ein paar Leute, kein Problem. Ein Saal voll, lieber nicht. Was kann man da tun? Sehen Sie einfach immer nur einen Zuhörer im Publikum an. Richten Sie Ihren Blick dabei besonders auf Gesichter, die Ihrem Vortrag interessiert zuzuhören scheinen. Lassen Sie Ihren Blick immer wieder zu diesen Zuhörern zurückkehren. (Natürlich sollten Sie nicht nur einige wenige Zuhörer anstarren. Das ist eine der Grundregeln für den Blickkontakt, auf die ich in Kapitel 12 zu sprechen komme. Lampenfieber bildet da eine Ausnahme. Wenn Sie durch den Blickkontakt mit einigen wenigen Zuschauern vermeiden können, in Ohnmacht zu fallen, dann blicken Sie in Gottes Namen.)

Keine Entschuldigung für die Nervosität

Viele Redner fühlen sich bemüßigt, sich für Ihre Nervosität zu entschuldigen. Entschuldigen Sie sich bitte nicht, wenn Sie einen Fehler machen oder etwas durcheinanderbringen. Gehen Sie einfach darüber hinweg. Sie wollen doch nicht zusätzliche Aufmerksamkeit auf Ihre Nervosität lenken, oder?

Die Nervosität nutzen

Wenn sich das Lampenfieber schon nicht vermeiden lässt, dann können Sie es doch wenigstens zu Ihrem Vorteil nutzen. Bei Ihrer nächsten Rede wird das Adrenalin Ihren Körper durchfluten. Das ist an sich nichts Negatives. Adrenalin gibt Athleten den letzten Kick, den sie brauchen, um im entscheidenden Moment Höchstleistungen zu vollbringen. Ihnen verleiht es beim Sprechen das gewisse Etwas.

Nutzen Sie den Adrenalinstoß, um Ihre Botschaft lebendiger und engagierter zu präsentieren. Kanalisieren Sie Ihre nervöse Anspannung in Ihre Rede. Glauben Sie mir, die Zuhörer erfreuen sich eher an einem »unter Strom« stehenden Redner als an einer Schlaftablette.

Übung macht den Meister – und schenkt Selbstvertrauen

Eine alte Weisheit sagt, dass zu viel Vertrautheit nur schadet. Für die öffentliche Rede gilt das sicher nicht. Je besser Sie mit Ihrer Rede vertraut sind, desto weniger Lampenfieber werden Sie haben. Das heißt, Sie können Ihr Lampenfieber in Schach halten, indem Sie Ihre Rede ausreichend üben. Hier sind ein paar Tipps für die Probe aufs Exempel:

✔ **Proben Sie laut.** Sie können nur dann einen Eindruck davon gewinnen, wie Ihre Rede klingt, wenn Sie sie auch hören. *Sie müssen also alles laut aussprechen.* Die Stimme in Ihrem Kopf zählt nicht – das ist nicht die Stimme, die Ihr Publikum hören wird.

 **Simulieren Sie realitätsnahe Bedingungen.** Je näher Sie an den tatsächlichen Bedingungen der jeweiligen Redesituation dran sind, desto gelassener werden Sie vor dem großen Ereignis sein. Verwenden Sie die Notizen, die Sie auch für die Rede benutzen. Ziehen Sie die Kleidung an, die Sie bei der Rede tragen werden. (Tragen Sie sie zumindest bei Ihrer Kostümprobe. Deshalb heißen Kostümproben schließlich Kostümproben.) Werden Sie ein Handmikrofon benutzen? Die meisten Leute haben zu Hause keine Lautsprecheranlage, mit der sie üben könnten. Macht nichts. Der verstorbene Comedy-Trainer John Cantu empfahl zum Üben eine herkömmliche Haarbürste. Haarbürsten haben in etwa die Länge eines Handmikrofons und eignen sich deshalb prima für Simulationen.

✔ **Bestimmen Sie Ihre Redezeit.** Messen Sie die Zeit, die Sie für Ihre Rede brauchen. Am besten sprechen Sie dazu vor ein paar Zuhörern. (Die Reaktionen des Publikums können die Länge einer Rede erheblich beeinflussen.) Jeder weiß, dass man vorher wissen sollte, wie lange eine Rede dauert. Nur so kann man sicher sein, dass man mit der zugeteilten Redezeit auskommt. Wenn man das weiß, ist man schon wieder eine Sorge los.

✔ **Proben Sie Fragen und Antworten.** Wenn Sie nach Ihrer Rede für Fragen zur Verfügung stehen, können Sie dem entspannter entgegensehen, wenn Sie darauf vorbereitet sind. Überlegen Sie im Voraus, welche Fragen zu erwarten sind. Proben Sie Ihre Antworten. (In Kapitel 13 erfahren Sie mehr darüber.)

Körpersprache: Was ist in, was ist out und was ist international

12

In diesem Kapitel

▶ Sich die Macht der Körpersprache zunutze machen

▶ Blickkontakt herstellen

▶ Sich in Schale werfen

▶ Die richtige Körperhaltung einnehmen

▶ Die Stimme strategisch einsetzen

M an sagt, ein Redner sollte die Lautstärke aufdrehen, damit man ihn hört, er sollte aufstehen, damit man ihn sieht, und er sollte schnell aufhören, damit man sich an ihm erfreuen kann. Das mag sich ein wenig unfreundlich anhören, es weist aber auf einen wichtigen Aspekte des öffentlichen Redens hin: Die Wirkung einer Rede speist sich zum großen Teil daraus, wie Sie aussehen und klingen.

Was ist Körpersprache?

Unter dem Begriff Körpersprache fasst man die Botschaften zusammen, die ein Mensch durch seinen Gesichtsausdruck, seine Haltung und seine Gesten aussendet. Man braucht nicht die Schulbank zu drücken, um diese Sprache zu lernen. Jeder von uns benutzt sie tagtäglich. Dabei sind die meisten Bedeutungen bekannt. Ein Lächeln signalisiert Freude. Stirnrunzeln deutet auf Missbilligung hin. Eine nach vorn gelehnte Haltung spricht bei einer Diskussion für eine aktive Beteiligung.

Was Ihnen nicht so klar sein dürfte, ist, wie *Sie* Ihre Körpersprache einsetzen. Wenn Sie sich selbst auf Video sehen könnten, wären Sie überrascht. Dies ist der schnellste Weg hin zu einer verbesserten Körpersprache – Kameras sind unbestechlich. Sie zeigen Bewegungen und Gesten, die Ihnen vielleicht gar nicht bewusst sind. Bitten Sie doch einmal jemanden, Sie zu filmen, wenn Sie eine Rede halten. Sehen Sie sich diese Aufzeichnung dann ohne Ton an. Sie werden instinktiv merken, woran Sie arbeiten müssen, etwa wenn Sie sich ständig an der Wange kratzen, während Sie reden. Achten Sie aber auch auf Ihren Gesichtsausdruck, Ihre Haltung und Ihre Gesten.

Das Gesicht als Botschafter

Wenn die Augen das Fenster zur Seele sind, ist das Gesicht die Hausfassade. Am Gesicht kann man schon eine Menge ablesen. Ihre Mimik sagt viel über Ihre Botschaft aus.

Der wichtigste Gesichtsausdruck überhaupt ist das Lächeln. Wenn Sie Ihr Publikum einfach anlächeln, können Sie damit in der ganzen Welt den Funken überspringen lassen. Man versteht sie überall. Leider meinen manche Redner, besonders die aus der Geschäftswelt, dass sie immer und überall ihr »Pokerface« aufsetzen müssen. Sie sind seriöse Geschäftsmänner. Sie sind die Herren über Fakten und Zahlen. Sie tragen die ganze Verantwortung. Wenn sie lächeln, könnten sie womöglich menschlich aussehen.

Das heißt aber nicht, dass Sie die ganz Zeit lächeln sollen. Sie müssen keinesfalls Werbung für Ihren Zahnarzt machen. Lächeln am falschen Platz kann sogar Ihre ganze Botschaft unterlaufen. Ein gutes Beispiel dafür ist der ehemalige amerikanische Präsident Jimmy Carter, der jeden seiner Sätze mit einem breiten Lächeln zu beenden pflegte. Damit brachte er zwar seine freundliche und mitfühlende Natur zum Ausdruck, löste aber oft auch Verwirrung aus. Er sprach beispielsweise über Atomkrieg, die Notwendigkeit von Abrüstung und die drohende Vernichtung der ganzen Welt und lächelte nach jedem Satz. Das passte ja wohl nicht ins Bild.

 Benutzen Sie Ihre Mimik, um wichtige Punkte zu unterstreichen. Führen Sie vor, was Sie sagen. Zweifeln Sie an der Statistik, die Sie gerade zitiert haben? Heben Sie eine Augenbraue. Erläutern Sie Ihren Zuhörern eine Strategie, die Sie für falsch halten? Runzeln Sie die Stirn. (Achten Sie jedoch in bestimmten Situationen auf Ihre Mimik und Gestik, in anderen Kulturen kann manches, was in Deutschland »normal« erscheint, anstößig sein; mehr dazu später.)

Interpunktion durch Körperhaltung

Ihre Mutter hatte recht. Sie sollten immer gerade stehen – vor allem wenn Sie eine Rede halten. Das Publikum hat bei einem Redner in salopper Haltung schnell den Eindruck, er sei faul, krank oder müde. Ein Redner mit aufrechter Haltung gilt dagegen als geradlinig, geradeheraus und jemand, der zu seinem Wort steht. Zu einer Rede gehört auch ein gewisses Maß an Posieren (aber übertreiben Sie's nicht).

Mit den folgenden Tipps sollte es Ihnen nicht schwerfallen, die richtige Haltung einzunehmen:

✔ **Stellen Sie sich aufrecht hin, die Füße leicht auseinander und die Arme bereit zum Gestikulieren.** Das ist die bevorzugte Grundstellung für jede beliebige Rede.

✔ **Beugen Sie sich leicht zum Publikum hin.** Sie zeigen durch diese Art der Haltung, dass Sie sich Ihren Zuhörern aktiv zuwenden möchten. Eine vom Publikum weg weisende Haltung signalisiert Abwendung.

✔ **Stützen Sie sich nur gelegentlich und gezielt auf das Rednerpult.** Hängen Sie sich nicht auf das Pult. Das lässt Sie geschwächt erscheinen.

✔ **Stützen Sie nicht die Hände in die Hüften.** Sie wirken sonst wie ein strenger Sportlehrer. Benutzen Sie Ihre Hände lieber für Gesten, die Ihre Botschaft unterstreichen.

✔ **Schwanken Sie nicht hin und her.** So lange Sie nicht über die Verwendung von Metronomen sprechen oder Details zur Seekrankheit ausführen, möchte Ihnen niemand beim

Schwanken zusehen. Es lenkt ab. Achten Sie darauf, dass Ihr Oberkörper von der Taille aufwärts ruhig bleibt.

✔ **Stehen Sie nicht mit verschränkten Armen da.** Sie wirken sonst wie eine Dumpfbacke aus einem Gangsterfilm. Was haben Sie vor? Wollen Sie das Publikum zusammenschlagen? Sie brauchen Ihre Arme für Gesten, die Ihre Argumente unterstützen.

✔ **Verschränken Sie die Arme nicht hinter dem Rücken.** Sie schränken damit Ihre Gestik erheblich ein. Wenn Sie dabei noch die Hände ineinanderschieben, sehen Sie aus, als wären Sie verhaftet worden und würden Handschellen tragen. Zeigen Sie dem Publikum Ihre Hände, indem Sie damit die einzelnen Punkte Ihrer Rede akzentuieren.

✔ **Vermeiden Sie die »Feigenblattstellung«.** In dieser Stellung legen Redner (ab und zu auch Fußballspieler) ihre Hände im Schritt übereinander – ähnlich wie die Feigenblätter, die Adam und Eva trugen. Das ist angemessen, wenn Sie für ein Renaissance-Gemälde als errötende Sittsamkeit Modell stehen (oder wenn Sie Teil einer Freistoß-Mauer sind). In allen anderen Zusammenhängen wirkt es wirklich lächerlich. Das ist so, als hätten Sie gerade gemerkt, dass Sie nackt sind (oder nichts Intelligentes mehr sagen können) und sich vor dem Publikum verstecken wollten. Ich sage es noch einmal: Benutzen Sie Ihre Hände zur Unterstützung Ihrer Botschaft durch Gesten.

✔ **Vergraben Sie Ihre Hände nicht in den Taschen.** Ihre Zuhörer werden sich fragen, was Sie da machen. Man kann gelegentlich mal eine Hand in die Tasche stecken, aber man darf sie nicht dort parken. Das hält Sie davon ab, Ihre Hände zum Gestikulieren zu verwenden.

Richtig gestikulieren

Ein Zyniker hat einmal den Vorschlag gemacht, dass Redner, die nicht wissen, was sie mit ihren Händen machen sollen, sich am besten damit den Mund zuhalten sollten. Dieser Vorschlag offenbart zwar einen fiesen Charakter, weist aber auch auf ein verbreitetes Problem hin, mit dem Redner zu kämpfen haben – was mach ich mit meinen Händen? Sie kommen nicht um die Tatsache herum, dass Sie *etwas* damit machen müssen. Und Ihre Entscheidung hat entscheidende Konsequenzen für Ihre Rede.

Wenn Sie Gestik richtig in einer Rede zum Einsatz bringen wollen, müssen Sie mit einem der Grundprinzipien Ihrer Kinderstube brechen: Sie dürfen Ihre Hände *nicht* bei sich behalten. Sie wollen sie vielmehr mit Ihren Zuhörern teilen. Wie man das macht? Lesen Sie die folgenden Hinweise, dann wird es klar werden:

✔ **Schaffen Sie Gelegenheiten für Gesten.** Wenn Sie befürchten, dass Sie kein Händchen für Gesten haben, dann müssen Sie die Sache eben selbst in die Hand nehmen. Bauen Sie ein paar Elemente in Ihre Rede ein, die geradezu nach Gesten schreien. Sprechen Sie über alternative Handlungsmöglichkeiten – »auf der einen Seite ... auf der anderen Seite«. Erwähnen Sie, wie groß oder wie klein etwas ist. Zählen Sie auf, wie viele Punkte Sie ansprechen werden und halten Sie die entsprechende Anzahl Finger hoch. (Letzteres funktioniert natürlich dann am besten, wenn es höchstens zehn Punkte sind.)

✔ **Bringen Sie Abwechslung in Ihre Gestik.** Wenn Sie immer wieder die gleichen Gesten machen, wirken Sie schnell wie ein Roboter. Weil das Publikum schon weiß, was kommt, lässt seine Aufmerksamkeit nach. Vermeiden Sie Bewegungsmuster. Lassen Sie Ihre Zuhörer im Ungewissen. Überprüfen Sie Ihre gewohnheitsmäßigen Gesten, indem Sie sich auf Video aufnehmen. Drücken Sie auf Play und dann auf Schnellvorlauf. So können Sie ganz schnell erkennen, wo Sie Gesten wiederholen oder übertrieben oft verwenden.

✔ **Halten Sie Ihre Hände in der »Betende-Hände-Stellung«.** Ihre Hände werden das schon machen, wenn Sie reden. Aber wenn Sie unbedingt einen Rat haben wollen, machen Sie das Folgende: Halten Sie Ihre Hände vor dem Oberkörper etwa so wie in Albrecht Dürers berühmtem Bild »Betende Hände«. Das ist die »Betende-Hände-Stellung«. Behalten Sie diese Position aber nicht bei. Das soll nur ein Zwischenstopp sein. Während Sie reden, werden Ihre Hände ganz von selbst auseinandergehen. Manchmal weit, manchmal nur ein wenig. Die Betende-Hände-Stellung sorgt dafür, dass sich Ihre Hände bewegen, ohne dass Sie darüber nachdenken müssen. Dennoch halten viele Redner diese Stellung viel zu lange, so dass man fast den Eindruck hat, sie hätten mit Sekundenkleber herumgespielt.

✔ **Passen Sie Ihre Gestik an den Raum an.** Man sieht immer wieder, dass Redner Gesten, die sie in einem engeren, intimeren Rahmen verwendet haben, einfach in einen größer angelegten, offiziellen Rahmen übertragen. Auf einer Cocktail-Party etwa bewegt man seine Arme vom Ellenbogen bis zu den Fingerspitzen. Wenn man aber vor einem großen Publikum in einem Saal spricht, muss man seine Gesten entsprechend anpassen. Ein großer Raum verlangt größere Gesten. Wollen Sie einen bestimmten Punkt betonen? Dann bewegen Sie Ihre Arme von den Schultern bis zu den Händen.

✔ **Machen Sie kühne Gesten.** Ihre Gesten sollten Selbstvertrauen und Autorität ausstrahlen. Verhaltene, halbherzige Versuche lassen Sie schwach und unentschlossen wirken. Heben Sie die Hände hoch. (Keine Angst, ich werde Sie nicht ausrauben.) Sie wirken selbstsicherer, wenn Ihre Hände die Höhe Ihrer Ellenbogen übersteigen. Zeigen Sie Mut. Belassen Sie es nicht beim Zeigefinger, wenn eine Faust viel dramatischer wirkt. Sehen Sie sich Motivationstrainer an. Die wissen, wie man wirkungsvoll gestikuliert. Bei den alten Römern wirbelten die Redner in besonders dramatischen Momenten gerne die Toga herum. Sehr eindrucksvoll, aber dafür brauchen Sie natürlich die passende Kleidung.

✔ **Überlegen Sie sich Ihre Gesten vorher, aber lernen Sie sie nicht auswendig.** Entscheiden Sie im Vorfeld, welche Gesten in Frage kommen. Überlegen Sie, an welcher Stelle Ihrer Rede sie angebracht wären. Legen Sie sich aber nicht bereits detailliert fest. Und lernen Sie sie nicht auswendig. Das fällt sofort auf und sieht ziemlich dümmlich aus.

✔ **Vermeiden Sie es, zu einem der folgenden Redner-Typen zu gehören:**

- **Der Banker:** Diese Redner klimpern die ganze Zeit mit Kleingeld in den Taschen. Sie hören sich an wie ein Geldwechselautomat. Das stört ungemein.

- **Der Optiker:** Diese Redner fummeln ständig an ihrer Brille herum. Brille auf, Brille runter. Brille die Nase rauf und runter. Tun Sie allen Beteiligten einen Gefallen und besorgen Sie sich Kontaktlinsen.

- **Der Schneider:** Diese Redner nesteln gern an ihrer Kleidung. Bei männlichen Exemplaren ist die Krawatte ein beliebtes Objekt. Da wird hier geruckelt und da gedrückt und hier wieder ein wenig gerubbelt. Keiner hört mehr zu. Alle warten darauf, wann er sich den Hals zudrückt.

- **Der Juwelier:** Eine vorwiegend weibliche Kategorie. Diese Rednerinnen fummeln an ihrem Schmuck. Besonders Halsketten haben es ihnen angetan. Ringdreher gibt es sowohl bei Männern und als auch bei Frauen.

- **Der einsame Liebhaber:** Diese Redner knuddeln sich selbst. Das sieht wirklich eigenartig aus. Sie stehen vor dem Publikum und umarmen sich, während sie sprechen. Von Glaubwürdigkeit kann man da nicht mehr sprechen.

- **Der Bettler:** Diese Redner legen ihre Hände ineinander und halten sie dem Publikum hin, als wollten sie um etwas betteln. Wahrscheinlich ist das so – sie betteln um ein Wunder.

- **Der Hygieniker:** Diese Redner reiben andauernd ihre Hände, als würden sie sie waschen. Das ist aus mehreren Gründen bizarr. Es ist keine Seife da, kein Wasser und kein Waschbecken. Und dann sind da noch Leute, die dabei zusehen – ich glaube, man nennt sie Publikum.

- **Der Spielzeugmacher:** Diese Redner spielen gerne mit ihren kleinen Spielzeugen – Füller, Filzstifte, Zeigestöcke, was gerade da ist. Sie drehen und wenden sie in ihren Händen. Sie drücken darauf herum. Und sie lenken ihre Zuhörer ab.

- **Der Läusefänger:** Diese Redner fuchteln ständig an ihren Nackenhaaren oder anderen Haarpartien herum. Sicher wissen die Zuhörer, dass das nur eine nervöse Angewohnheit ist, aber sie fragen sich trotzdem, wann der Typ da vorn sich wohl zum letzten Mal die Haare gewaschen hat.

Auf internationalem Parkett

Als wäre es nicht schon Aufregung genug, in aller Öffentlichkeit eine Rede zu halten, muss man gelegentlich noch etwas draufpacken, wenn im Publikum Zuhörer aus anderen Nationen sitzen. Jetzt gilt es, kulturelle Unterschiede zu beachten. Da wird der Einsatz der Körpersprache zu einer Gratwanderung, die dem Gang durch ein Minenfeld ohne Karte nicht unähnlich ist.

Damit Sie Ihre Rede durchstehen, ohne jemandem auf die Füße zu treten, sollten Sie zunächst eine Grundregel beachten: Nicht alle Menschen sprechen dieselbe Körpersprache. Wie also kriegen Sie heraus, ob Sie Ihren jeweiligen Zuhörern mit Ihrer Körpersprache zu nahe treten? Um das herauszufinden, habe ich Dr. Weiner gefragt, den Vorsitzenden eines großen Kommunikationsberatungsunternehmens. Er hat in den vergangenen 25 Jahren zahllose Geschäftsleute auf der ganzen Welt gelehrt, wie man wirkungsvoller kommuniziert. Über seine Website www.essessnet.com erhalten Führungskräfte, Manager und Angestellte bei Bedarf Rückmeldungen hinsichtlich ihrer Kommunikationsfähigkeiten.»Wenn Sie die Rückmeldungen von Amerikanern, Europäern und Asiaten miteinander vergleichen, fallen die Unterschiede unmittelbar ins Auge«, stellt Weiner fest.

Seine Erkenntnisse hat er für Sie in den folgenden Richtlinien für den Einsatz von Körpersprache auf internationaler Ebene zusammengestellt:

✔ **Europäisches Publikum:** Europäische Zuhörer bevorzugen einen eher formalen Stil, der einem gemäßigten Einsatz der Körpersprache entspricht.»Europäer sind von den betonten Gesten und dem Hin- und Herlaufen auf der Bühne, was man bevorzugt in Amerika antrifft, nicht so begeistert«, erklärt Weiner.»Sie halten diese Art der Darbietung für oberflächlich und wenig glaubwürdig.« Weiter führt er aus, dass Europäer beim Reden grundsätzlich stehen.»In den USA ist es mittlerweile auch üblich, dass ein Redner sitzend von einem Konferenztisch aus redet und seine PowerPoint-Folien an die Wand projiziert. Das würden Europäer nicht tun.«

✔ **Nordamerikanisches Publikum:** Nordamerikanische Zuhörer stehen auf eine lebendige Darbietung.»Stellen Sie sich eine glockenförmige Kurve vor, die von ruhig über sprudelnd bis hin zu übersprudelnd reicht«, erläutert Weiner.»Vor einem nordamerikanischen Publikum können Sie durchaus auch übersprudeln. Das heißt, Ihre Gesten können raumgreifender und leidenschaftlicher ausfallen.« Ein anschauliches Beispiel ist das Öffnen der Hände zur Unterstützung eines Arguments. Allen Weiner zufolge können Sie die Hände in Nordamerika so weit öffnen, dass ein Basketball dazwischen passt. Vor europäischen Zuhörern sollten Sie sich auf den Durchmesser eines Tennisballs beschränken.

✔ **Asiatisches Publikum:** Für asiatische Zuhörer gelten dieselben Körpersprache-Regeln wie für nordamerikanische.»Asiaten mögen den amerikanischen Stil«, stellt Weiner fest. Er bestätigt zudem, dass asiatisches Publikum sehr aufmerksam und respektvoll ist, selbst wenn der Redner nicht brilliert.

✔ **Südamerikanisches Publikum:** Südamerikanische Zuhörer mögen entschieden wirkende Redner. Ihre Gesten können deshalb weiträumiger und betont sein.»Sie können Ihre Hände etwas weiter öffnen als den Durchmesser eines Basketballs«, bestätigt Weiner.»Auf der schon angesprochenen Glockenkurve können Sie den leicht übersprudelnden Bereich erreichen.«

 Diese allgemeinen Richtlinien können Ihnen bei der Planung einer Rede vor internationalem Publikum helfen. Wenn Sie jedoch absolut sichergehen wollen, dass Sie mit Ihren Gesten niemand vor den Kopf stoßen, sollten Sie im Vorfeld Ihrer Rede mit einigen Leuten aus dem betreffenden Kulturraum darüber sprechen.

Blickkontakt herstellen

Eine Standardszene in vielen romantischen Liebesfilmen ist die, in der die Heldin dem Helden eröffnet, dass sie ihn nicht mehr liebt. (Meist hat irgendein gemeiner Schuft sie dazu gezwungen.) Im Hintergrund schwingen sich die Geigen zu dramatischen Höhenflügen auf. Die Kamera bringt uns ganz nahe an die beiden heran. Im Gesicht des Helden lesen wir Erschütterung und Unverständnis. Und dann kommt der unvermeidliche Satz:»Sieh mir in die Augen und sag das noch mal.« Es ist also so lange nicht wahr, bis sie es sagt, während sie ihn ansieht.

»Wenn Blicke töten könnten.« Ich denke, wir sind alle froh, dass sie nicht töten, wenn wir diejenigen sind, auf die sich der Blick richtet. Aber wenn es darum geht, eine Rede zu halten, _können_ Blicke töten. Je nachdem, wo Sie hinschauen oder nicht hinschauen, können Blicke Ihre ganze Rede ruinieren. Die folgenden Regeln sollen Sie davor bewahren, einen schweren Fehler zu begehen:

✔ **Sehen Sie einzelne Zuhörer an.** Wenn Sie Ihren Blick durch den Raum schweifen lassen, sollten Sie so viele einzelne Zuhörer ansehen, wie Sie können. Man hört oft, dass man sich ein freundliches Gesicht aussuchen und dieses dann ansehen soll. Das macht schnell einen merkwürdigen Eindruck. Der betroffene Zuhörer wundert sich, warum Sie ihn anstarren, und alle anderen sicher auch. Also blicken Sie besser viele Zuhörer an. Denken Sie daran, Sie wollen ein Suchscheinwerfer sein, kein Laserstrahl.

✔ **Stellen Sie den Blickkontakt am Ende eines Gedankens her.** Die größte Wirkung hat der Blickkontakt, wenn Sie einen Gedanken zu Ende geführt haben. Unter dem Druck Ihres Blickes werden die Leute Ihnen zustimmend zunicken, und das ist ein großer Vorteil. Aufgrund der Struktur der deutschen Sprache finden sich die wichtigeren Informationen oft in der zweiten Hälfte eines Satzes. Deshalb unterstreicht der Blickkontakt am Ende eines Gedankens diesen wichtigen Teil. Das heißt, Sie zwingen Ihre Zuhörer zum Nicken, wenn Sie gerade Ihre These vertreten haben. Das bedeutet zwar nicht automatisch, dass die Nickenden Ihrer Meinung sind, aber unterbewusst werden sie in diese Richtung gelenkt.

✔ **Blicken Sie ins Publikum, nicht in die Umgebung.** Wenn Sie aus dem Fenster sehen, folgt das Publikum Ihrem Blick. Das gilt auch für die Decke, die Wände oder den Boden. Das Publikum folgt Ihnen, denn Sie stehen vorn. Wenn Sie also Ihre Zuhörer anblicken, blicken Ihre Zuhörer Sie an.

✔ **Konzentrieren Sie Ihren Blick nicht auf einen Punkt.** Achten Sie darauf, dass Sie den Blickkontakt zu allen Zuhörern suchen. Verteilen Sie Ihre Blicke über den ganzen Raum. Wenn Sie immer geradeaus schauen und nie nach den Seiten oder immer nur auf die Leute in den ersten Reihen und nie weiter nach hinten, werden Sie Teile des Publikums verlieren, weil die anderen sich ausgeschlossen fühlen. Nein, Ihr Kopf soll sicher nicht wie ein Rasensprenger hin und her schwenken und dabei Blicke an die Massen versprühen. Aber Sie sollten Ihren Blick langsam über die verschiedenen Teile des Publikums schweifen lassen.

 Blicken Sie mehr ins Publikum als auf Ihre Notizen. So mancher Redner ist so auf seine Notizen fixiert, dass er das Publikum gar nicht richtig wahrnimmt. Das ist ein großer Fehler. Ihre Notizen werden Ihnen keinen Beifall klatschen, wenn Sie fertig sind. Ihre Zuhörer aber auch nicht. Was können Sie also tun? Achten Sie zunächst darauf, dass Ihre Notizen gut lesbar sind – große, deutliche Buchstaben, wenige Schlüsselwörter pro Karte. Nehmen Sie sich darüber hinaus ein Beispiel an Ihrem Lieblingsnachrichtensprecher. Die Profis blicken nach unten. Sie lesen die Notizen. Sie heben den Kopf. Sie blicken in die Kamera. Sie tragen einen Gedanken vor. Dann wiederholen sie das Ganze. Kopf hoch. Kopf herunter. Kopf hoch. Kopf herunter. (Machen Sie es nur nicht zu schnell, sonst wirken Sie wie ein Wackeldackel im Heckfenster eines Autos. Sie wissen schon, das Tierchen gleich neben der umhäkelten Klopapierrolle.)

✔ **Blicken Sie auf die Nasen Ihrer Zuhörer, wenn Sie nervös sind, nicht über ihre Köpfe hinweg.** Ein nicht tot zu kriegender Mythos, der seinen Ursprung in den Rhetorikkursen vieler Schulen hat, besagt, dass man im Zweifelsfall über die Köpfe seines Publikums hinweg an einen entfernten Punkt blicken soll. Es fällt Ihrem Publikum aber auf, wenn Sie zu der Uhr an der hinteren Wand sprechen. Je kleiner die Schar Ihrer Zuhörer ist, desto offensichtlicher wird diese Strategie. Wenn es Sie nervös macht, Ihren Zuhörern in die Augen zu blicken, sehen Sie auf ihre Nasenspitzen – das funktioniert.

Kleider machen Leute

Ein einzelnes Kleidungsstück kann Ihr ganzes Erscheinungsbild ändern und sich entscheidend darauf auswirken, wie Ihr Publikum Ihre Botschaft aufnimmt. Als Dan Rather erster Nachrichtensprecher bei den CBS-Abendnachrichten wurde, waren seine Einschaltquoten zunächst nicht so hoch, wie man sich das vorgestellt hatte. Im Vergleich zu seinem Vorgänger, dem berühmten Walter Cronkite, wirkte er einfach zu steif. Das besserte sich erst, als Rather dazu überging, unter dem Jackett einen Pullover zu tragen. Damit wirkte er legerer und konnte auch seine Einschaltquoten steigern.

Es ist zwar nicht politisch korrekt, aber Menschen beurteilen andere Menschen in vielerlei Hinsicht dennoch oft nach ihrer Kleidung. So sind wir nun mal. Zahlreiche Studien in Modeboutiquen haben gezeigt, dass gut gekleidete Kunden zuvorkommender bedient werden als schlecht gekleidete. Das gilt auch für Redner. Ihr Erscheinungsbild ist Teil Ihrer Botschaft. Es sollte also geeignet sein, das zu unterstützen, was Sie sagen, und nicht davon ablenken.

Sich richtig ins Bild setzen

Die nachfolgenden Tipps sollen Ihnen helfen, die richtige Garderobe für jede Redesituation zu wählen:

✔ **Ziehen Sie sich konservativ an (insbesondere in Europa, Asien und Südamerika).** Ihre Zuhörer sollen sich auf Sie konzentrieren, nicht auf Ihre Kleidung. Noch wichtiger ist, dass informelle Kleidung Sie in den genannten Kontinenten unseriös erscheinen lässt.

✔ **Polieren Sie Ihre Schuhe.** Das Publikum wird Ihre Schuhe sehen, vor allem wenn Sie auf der Bühne stehen.

✔ **Tragen Sie bequeme Kleidung.** Bequem heißt nicht abgetragen oder freizeitmäßig. Sie sollten nur nicht Ihre neuen Schuhe ausgerechnet am Tag Ihrer Rede zum ersten Mal anziehen.

✔ **Stecken Sie Füller, Stifte und Textmarker nicht sichtbar in Hemd- oder Jackentaschen.** Das sieht so nach Streber aus.

✔ **Tragen Sie unauffälligen Schmuck.** Wenn der Schmuck lauter ist als Ihre Stimme (für Auge und Ohr), dann ist es zu viel des Guten.

✔ **Nehmen Sie Ihre Handtasche nicht mit aufs Podium.** Das lenkt ebenfalls ab. Bitten Sie jemandem, dem Sie vertrauen, darauf aufzupassen.

✔ **Stopfen Sie Ihre Taschen nicht mit Utensilien voll.** Ihr Publikum sollte nicht von der Frage gefesselt sein, was Sie wohl in Ihren Taschen haben (das gilt sowohl für Männer als auch für Frauen). Ihre Zuhörer sollen gespannt sein, was Sie als Nächstes *sagen*.

Kleidung für informelle Treffen

Angenommen, Sie sprechen bei einer Gelegenheit, bei der Ihre Zuhörer in Freizeitkleidung erscheinen – Golfkleidung, Shorts, T-Shirt, vielleicht sogar Badekleidung. Ist es dann in Ordnung, wenn Sie sich entsprechend kleiden? Da gehen die Meinungen auseinander, aber wenn es sich um eine geschäftliche Veranstaltung handelt, sage ich»Nein«. Kleiden Sie sich dem Anlass angemessen. Das mache ich immer so, auch wenn mein Auftraggeber meint, es sei nicht nötig. Und auch, wenn alle anderen in Strandklamotten auftauchen. (Das ist gar nicht so ungewöhnlich. Viele Firmen veranstalten Management- oder Verkaufsseminare in Hotels in Strandnähe und geben sich nach den Veranstaltungen der Erholung hin.)

 Warum sollten Sie grundsätzlich geschäftsmäßig auftreten? Ihre Zuhörer nehmen ernster, was Sie sagen, wenn Sie in seriöser Kleidung erscheinen. Redner, die sich salopp kleiden, verfallen auch oft in einen saloppen Ton. Abgesehen davon sehe ich in Badekleidung einfach nicht gut aus.

Eine Ausnahme ist es, wenn Sie auch zu den Zuhörern gehören, zu denen Sie sprechen. Wenn beispielsweise eine Gruppe Manager in Golfkleidung erscheint, weil sie nach ihrer Sitzung gemeinsam Golfen gehen, und Sie einer dieser Manager sind und während der Sitzung einen Vortrag halten sollen, dann werden Sie wahrscheinlich auch lieber Golfkleidung tragen wollen. Würden Sie sich anders kleiden, würde das nicht zur Situation passen und würde von Ihrem Vortrag ablenken.

Welche Situation Sie auch immer vor sich haben, das entscheidende Kriterium ist das gleiche. Welche Kleidung unterstützt am besten Ihre Botschaft? Und die ziehen Sie dann an.

Körperhaltung und Bewegung

Sie haben vielleicht schon Ihre Einleitung fertig auf dem Tisch liegen und fühlen sich bestens auf Ihre Rede vorbereitet. Das ist prima. Ich muss Sie trotzdem daran erinnern, dass Sie auch daran denken müssen, wie Sie auf die Bühne und wieder herunter kommen. Und dann ist da noch die Frage, wie Sie während der Rede am besten stehen und sich bewegen. Lesen Sie am besten die Tipps, die ich in diesem Abschnitt für Sie zusammengestellt habe, damit Sie nicht auf dem falschen Fuß erwischt werden.

Auftritt und Abgang

Der ehemalige amerikanische Präsident Gerald Ford machte weltweit Schlagzeilen, als er aus einem Flugzeug stieg, der Menge zuwinkte und dann die Treppe hinunter auf das Rollfeld fiel. Er rappelte sich auf, ging zum Mikrofon und hielt seine Rede. Kein guter Auftritt. So sollten Ihr Auftritt und Abgang nicht in Erinnerung bleiben.

Mit Bravour auf die Bühne

Der Anfang ist der entscheidende Moment einer Rede. Jeder weiß das. Aber wo fängt er eigentlich an, der Anfang? Darüber streiten sich die Gelehrten. Beginnt eine Rede mit den ersten Worten? Sind es die ersten Schritte zum Rednerpult, die zählen? Oder etwa das Betreten des Raumes?

 Ich weiß, ich habe die Mehrheit gegen mich, aber ich gehe lieber auf Nummer sicher. Meiner Meinung nach beginnt eine Rede, wenn Sie Ihr Haus verlassen. Die folgenden Abschnitte zeichnen nach, wie Sie Ihre Rede beginnen sollten, angefangen bei Ihren ersten Schritten aus dem Haus.

 Wenn Sie die Haustüre hinter sich zufallen hören, können Sie nie wissen, ob Sie nicht irgendwo auf dem Weg einer Ihrer Zuhörer sieht. Sollten Sie zum Beispiel bei einer fragwürdigen Aktivität beobachtet werden, könnte Ihr Image leiden. Wenn Sie die Bühne erklimmen, möchten Sie Selbstvertrauen und Führungsqualität ausstrahlen. Sie wollen allmächtig sein. Da stört es gewaltig, wenn Sie von einigen Ihrer Zuhörer eine Stunde zuvor auf dem Parkplatz beim Nasebohren gesehen wurden oder wenn Sie einen Zuhörer auf der Autobahn mit der Lichthupe von der linken Spur verdrängt haben.

Suchen Sie den Ort des Geschehens frühzeitig auf und überprüfen Sie, ob das Rednerpult, das Mikrofon und eventuelle audiovisuelle Ausrüstung bereitstehen und funktionieren. Achten Sie besonders auf Mikrofon und Netzkabel. Sie wollen ja nicht gleich vor dem Publikum auf die Knie fallen. Wenn Sie auf einer Bühne sprechen, finden Sie heraus, wo die Treppenstufen sind. Überlegen Sie, wie Sie am besten zur Bühne gehen und gehen Sie den Weg möglichst vorher ab.

Hören Sie eventuellen anderen Rednern aufmerksam zu, während Sie auf Ihren Auftritt warten. Wenn man Sie vorstellt, sollten Sie sich voller Zuversicht erheben und sicheren Schrittes zum Rednerpult gehen. Ob Sie der Person, die Sie vorgestellt hat, die Hand schütteln, bleibt Ihnen überlassen. (Es sei denn, sie streckt Ihnen die Hand entgegen!)

Am Rednerpult angekommen, legen Sie Ihre Notizen dort ab, wo Sie sie haben wollen. Breiten Sie sie aus. Blicken Sie ins Publikum. Halten Sie inne. Und dann halten Sie eine umwerfende Rede.

Welch ein Abgang

Die letzten Worte einer Rede sind erst der Anfang vom Ende. Sie haben noch einiges zu tun. Damit meine ich nicht, dass Sie eilig Ihre Notizen zusammenraffen und sich aus dem Staub machen. Zuallererst müssen Sie den donnernden Beifall über sich ergehen lassen, den Ihnen das Publikum sicher spenden wird. (Sollte aus irgendeinem unerfindlichen Grund nicht unmittelbar der Applaus aufbrausen, hilft vielleicht ein kleiner Wink mit dem Zaunpfahl. Zumindest mache ich das so. Bei den seltenen Gelegenheiten, wo nach meinen letzten Worten kein ohrenbetäubender Aufschrei durch die Menge wogt, verbeuge ich mich kurz. Das wirkt in der Regel.)

Nachdem Sie den verdienten Beifall entgegengenommen haben (und eventuelle Fragen beantwortet haben), müssen Sie die Mikrofonverbindung unterbrechen (falls Sie ein Lavalier- oder ein drahtloses Mikrofon verwendet haben). Viele Redner vergessen diesen Handgriff, und das kann peinliche Folgen haben. Auch wenn Sie nicht mit dem Mikrofon zur Toilette gehen, kann Sie jeder schnaufen hören. In jedem Fall verlieren Sie an Seriosität.

Wenn Sie das Mikrofon abgekoppelt haben, sammeln Sie Ihr Material ein und verlassen voller Selbstvertrauen das Pult. Schreiten Sie zielgerichtet zu Ihrem Sitzplatz zurück. Lächeln Sie dabei und nehmen Sie unterwegs die Ehrerbietungen des Publikums entgegen. Wenn nach Ihnen ein weiterer Redner auftritt, benehmen Sie sich wie ein mustergültiger Zuhörer. Warten Sie voller Erwartung auf den Redner und richten Sie Ihre volle Aufmerksamkeit auf das Rednerpult.

So sollten Sie sich auch dann verhalten, wenn Sie gerade die schlechteste Rede abgeliefert haben, die die Welt je gehört hat. Es ist immer wieder frappierend, dass die Leute so reagieren, wie man es gerne hätte. Wenn *Sie* sich so verhalten, als wäre die Rede ein Erfolg gewesen, stehen die Chancen überdurchschnittlich gut, dass das Publikum mitspielt. Es ist einfach für *alle* angenehmer.

 Solange Sie den Ort des Geschehens nicht verlassen haben, sind Sie nie ganz fertig. Schluss ist erst, wenn Sie keinerlei Kontakt mehr zu irgendwelchen Zuhörern haben (etwa an einer Hotelbar nach der Rede) und Sie zu Hause im Bett liegen.

Bewegung ist immer gut

»Erfahrene Redner gestikulieren ausladend und gehen hin und her. Ein bewegtes Ziel ist eben schwerer zu treffen.«, sagt eine amerikanische Wendung. Vielleicht ist das so. Aber ein Redner, der sich bewegt, *landet* auch eher einen Treffer. Seine Bewegung hält das Publikum bei der Stange. Andauernde und unstete Bewegungen lenken natürlich eher von der Botschaft ab. Wie Sie sich richtig bewegen, sagen Ihnen die folgenden Hinweise:

✔ **Bewegen Sie sich zielgerichtet.** Bewegen Sie sich nicht einfach drauflos. Ob Sie gestikulieren, Ihre Haltung ändern oder von einer Stelle zu einer anderen gehen, jede Bewegung muss Ihre Botschaft unterstreichen. Auf und ab gehen ist eine nicht zielgerichtete Bewegung, die Sie vermeiden sollten.

Machen Sie sich die Tiefenwahrnehmung des Publikums bewusst. Wenn Sie von der Bühne eines großen Saales reden, sind Bewegungen nach links und rechts wirkungsvoller als nach vorn oder hinten. (Das hat mit der Tiefenwahrnehmung zu tun. Fragen Sie mich nicht nach Einzelheiten.) Es ist wichtig, dass Sie sich das bewusst machen, weil es Ihrer Intuition widerspricht. Man nimmt gemeinhin an, dass Bewegungen auf das Publikum zu und von ihm weg eine größere Wirkung haben. Ein Schritt zurück oder nach vorn ist aber nur halb so effektvoll wie ein Schritt nach links oder nach rechts. Denken Sie daran, wenn Sie ein Argument hervorheben wollen.

✔ **Bewegen Sie sich in unregelmäßigen Mustern.** Wenn Sie sich bewegen, halten Sie die Aufmerksamkeit des Publikums aufrecht. Wenn Ihre Bewegungen aber einem regelmäßigen Muster folgen, hat das den gegenteiligen Effekt. Alles, was vorhersehbar ist, lullt das Publikum in einen halbhypnotischen Zustand (man nennt das auch Schlaf). Bewegen Sie sich reichlich. Aber sorgen Sie dafür, dass niemand vorher weiß, wohin Sie sich bewegen.

✔ **Vermeiden Sie nervöse Bewegungen.** Redner, die sich andauernd ins Haar greifen, von einem Fuß auf den anderen treten, mit ihren Notizen herumspielen, sich kratzen oder ihre Kleidung zurechtzupfen, lenken ihre Zuhörer vom Wesentlichen ab. Verkneifen Sie sich solche Bewegungen. Sie sind schließlich kein Perpetuum mobile. Sie machen damit einen äußerst nervösen Eindruck und machen es Ihren Zuhörern schwer, sich auf Ihre Worte zu konzentrieren.

Die Powerposition einnehmen

Sie müssen jetzt nicht Ihre Yoga-Matte hervorkramen, es geht hier nur um die _Powerposition_, die Sie einnehmen, wenn Sie Ihre Rede auf einer Bühne halten. Sie finden diese Position, indem Sie die Bühne in Gedanken in ein Raster mit neun Quadraten einteilen: hinten links, hinten Mitte, hinten rechts, Mitte links, Mitte, Mitte rechts, vorn rechts, vorn Mitte, vorn links. Die _Powerposition_ ist vorn Mitte.

Aber es geht nicht darum, einfach nur dort herumzustehen. Bewegen Sie sich während des Sprechens in verschiedene Rasterquadrate. Wenn Sie dazu eine mechanische Formel brauchen, suchen Sie in Ihrer Rede nach Stichwörtern, die Bewegungen nahelegen. »Ich war gerade in einem Elefantenladen und sah mir Elefanten an. Da sah ich rechts in einer Ecke (bewegen Sie sich in eines der rechten Quadrate) ein wunderschönes chinesisches Teeservice. Ich nahm eine Tasse in die Hand und wandte mich an den Eigentümer: ›Ist das das berühmte Porzellan im Elefantenladen?‹« (Jetzt ziehen Sie sich besser in eines der hinteren Quadrate zurück, denn bei Wortspielen dieser Art müssen Sie damit rechnen, dass Sie eventuell mit Gegenständen beworfen werden.)

Man nennt diesen Vorgang der Bewegung von Quadrat zu Quadrat auch die Herstellung eines aktiven Bühnenbildes. Sie können auf diese Weise sicherstellen, dass Sie nicht wie festgewachsen an einer Stelle stehen bleiben, und bieten den Zuhörern ein interessanteres Bild. Denken Sie nur daran, häufig zur Powerposition zurückzukehren.

Vom Rednerpult aus arbeiten

Viele Leute glauben, dass das Rednerpult eine Barriere zwischen dem Redner und seinem Publikum aufbaut – als ob der Redner sich hinter dem Pult verschanzen würde. Viele Rhetorik- und Kommunikationstrainer raten deshalb dazu, kein Pult zu verwenden, und wenn doch, dann so oft wie möglich dahinter herauszutreten.

 Das Aufheben, das um das Rednerpult als Barriere gemacht wird, ist ein Riesenquatsch. Ich kann Ihnen nur raten: Wenn Sie ein Rednerpult verwenden wollen, nur zu.

Zwei Gründe sprechen für ein Rednerpult und der erste leuchtet unmittelbar ein:

✔ **Wenn Sie sich hinter einem Rednerpult wohler fühlen und davor nervös werden, dann sollten Sie dahinter bleiben.** Sie werden eine bessere Rede halten. Es macht keinen Sinn, vor das Pult zu treten, um eine Barriere zu beseitigen, wenn Sie dadurch eine noch größere Barriere aufbauen, nämlich das Lampenfieber.

✔ **Das Argument mit der Barriere ist ein Märchen.** Dr. Weiner, der Präsident einer renommierten Kommunikationsberatungsfirma, stellt fest, dass die wichtigste Verbindung zwischen Redner und Publikum Mimik und Blickkontakt sind. »Es gibt Studien, die belegen, dass Mimik und Blickkontakt eines Redners so wirkungsvoll waren, dass die Zuhörer sich nach zwei Wochen nicht mehr daran erinnern konnten, ob überhaupt ein Rednerpult auf der Bühne gestanden hatte«, so Weiner. Und wie steht es mit dem Argument, dass das Hervortreten hinter dem Pult die Aufmerksamkeit des Publikums wecke, weil dabei die Barriere falle? Weiner meint dazu: »Die Aufmerksamkeit rührt nicht daher, dass man nun den ganzen Körper sieht, sondern vielmehr, weil sich etwas geändert hat. Sie waren die ganze Zeit hinter dem Rednerpult und stehen jetzt davor. Jede Veränderung erweckt Aufmerksamkeit.«

Und noch etwas gebe ich zu bedenken: Die amerikanischen Präsidenten halten ihre Reden immer an einem Rednerpult. John F. Kennedy und Ronald Reagan haben recht gute Reden gehalten – einige kann man zu den besten des Jahrhunderts zählen. Wenn das Rednerpult für sie gut war, dann sollten Sie ruhigen Gewissens auch eines verwenden, wenn Sie sich damit wohler fühlen.

Das Rednerpult effektiv einsetzen

Wie für alles andere, was Sie während einer Rede tun und lassen, gibt es auch für die Verwendung eines Rednerpults Richtlinien und Hinweise. Werfen Sie einen Blick darauf:

✔ **Verwenden Sie das Rednerpult als strategisches Hilfsmittel.** Das Rednerpult kann mehr sein als ein Gegenstand, auf dem man seine Notizen ablegt und an dem man seine Rede hält. Es kann eine wesentlich aktivere Rolle spielen. Ein gutes Beispiel ist etwa die Zeiteinteilung. Der Komiker George Burns benutzte dafür eine Zigarre. Wenn er eine effektvolle Pause machen wollte, zog er an seiner Zigarre und blies den Rauch in die Luft. Kommunikationsberater Jim Lukaszewski benutzt dafür das Rednerpult. »Wenn ich auf das Publikum zugehe und ein Argument anbringe, über das die Zuhörer nachzudenken sollen, dann muss ich ihnen natürlich auch Gelegenheit dazu geben«, gibt er zu bedenken. Was macht er also? Er bringt sein Argument vor, dreht sich um und geht zurück zum Rednerpult. In dieser Zeit hat das Publikum Zeit, über das nachzudenken, was er gerade gesagt hat. Lukaszewski plant diese Augenblicke im Voraus, genau wie George Burns seine Zigarrenpafferei plante. Sie können das auch.

✔ **Sehen Sie in Ihre Notizen, wenn Sie wieder hinter das Rednerpult treten.** Sie wollen nicht den Eindruck erwecken, von Ihren Notizen abhängig zu sein? Dann werfen Sie immer dann einen Blick darauf, wenn Sie sich bewegen. Mit jeder Geste, jedem Positionswechsel oder jedem Drehen Ihres Kopfes können Sie einen kurzen Blick auf Ihre Notizen werfen. Wie bei einem Zauberer achten Ihre Zuhörer in diesem Moment auf Ihre Bewegung und weniger auf das, was Sie gerade tun – lesen.

✔ **»Verstecken« Sie sich hinter dem Rednerpult, wenn es angebracht ist.** Auch wenn Sie nicht hinter dem Rednerpult bleiben wollen, ist es manchmal notwendig, die Aufmerksamkeit Ihrer Zuhörer auf etwas anderes zu lenken als Sie selbst. Arbeiten Sie mit Dias, Overheadfolien oder Freiwilligen aus dem Publikum? In diesen Situationen ist es sinnvoller, hinter dem Rednerpult stehen zu bleiben, vor allem wenn es an der Seite der Bühne steht.

✔ **Klammern Sie sich nicht an das Rednerpult.** Es ist völlig in Ordnung, ein Rednerpult zu verwenden – aber nicht als Krücke. Sie müssen sich nicht an das arme Teil klammern, als würden Sie in den unendlichen Raum abdriften, sobald Sie loslassen. Ihre Zuhörer wollen eigentlich nicht sehen, dass Sie Lampenfieber haben. Anstatt auf Ihre Worte zu hören, werden sie im Geiste Wetten abschließen, wann Sie in Ohnmacht fallen werden.

Aber auch in die andere Richtung kann man übertreiben. Als ich an der Universität von Südkalifornien (USC) Rhetorik lehrte, hatte ich einen Studenten, der eine Art umgekehrtes Bankdrücken mit dem Rednerpult vollführte. Er legte die Handflächen auf das Pult und machte dabei den Eindruck, er wolle es durch den Fußboden drücken, und das eine ganze Rede hindurch. Die ständige Sorge um den Boden lenkte doch immens ab.

Nonverbale Elemente: Was Ihre Stimme über Sie aussagt

Man wird nicht nur danach beurteilt, welche Worte man verwendet. Es spielt auch eine Rolle, wie man sie verwendet. Sprechen Sie Ihre Worte laut? Schnell? Leiern Sie sie runter? Haben Sie einen Akzent? Machen Sie Aussprachefehler? All diese Faktoren – *wie* man etwas sagt, nicht *was* man sagt – nennt man die *nonverbalen Elemente der gesprochenen Sprache*.

Mein Freund Loyd Auerbach arbeitet als Trainer für das Unternehmen LexisNexis und als professioneller Wahrsager. Er redet also ziemlich viel. Im Folgenden hat er für Sie zahlreiche Tipps zusammengestellt, wie Sie Ihre Stimme einsetzen können:

✔ **Machen Sie Ihre Stimme warm.** Sie werden gleich am Rednerpult stehen. Ihr erster Satz ist ein echter Knaller. Er wird sicher noch jahrelang zitiert werden. Sie werden vorgestellt. Sie treten ans Rednerpult. Sie öffnen den Mund, um Ihre wohlgewählten Worte unter die Leute zu bringen und ... Ihre Stimme kippt. Das war's dann mit Ihrem brillanten ersten Satz. Aus diesem Grund empfiehlt es sich, die Stimme warm zu machen. Gehen Sie vor Ihrer Rede in einen freien Raum oder zur Toilette und machen Sie ein paar Stimmübungen. Summen Sie. Sprechen Sie mit sich selbst. Arbeiten Sie mit Ihrer Stimme. (Aber achten Sie darauf, dass Sie allein sind. Sie wollen doch nicht, dass einer Ihrer Zuhörer Sie als die merkwürdige Person in Erinnerung behält, die auf der Toilette Selbstgespräche führte.) Verschiedene hervorragend geeignete Übungen für das stimmliche Warm-Up finden Sie in _Singen für Dummies_ von Pamelia S. Phillips, das ebenfalls bei Wiley-VCH erschienen ist.

✔ **Sprechen Sie klar und deutlich.** Sie wissen, dass es unhöflich ist, mit vollem Mund zu sprechen. Nun, es ist auch unhöflich, sich so anzuhören, als hätte man den Mund voll, besonders dann, wenn man Zuhörer hat. Es ist schon für eine einzelne Person schwer zu verstehen, was ein anderer gesagt hat, selbst wenn beide genau wissen, was gesagt worden ist. Machen Sie es nicht noch schwerer. Sprechen Sie Ihre Worte deutlich aus.

✔ **Werfen Sie Pausenfüller und Phrasen über Bord.** Pausenfüller und Phrasen verbrauchen sinnlos Redezeit, klingen dümmlich und lenken das Publikum von der Botschaft ab. Streichen Sie folgende Wörter und Phrasen aus Ihrem Wortschatz: in dem Fall, wissen Sie, hm, äh, eigentlich, interessanterweise, wie gesagt.

 **Variieren Sie Ihre Stimme.** Monotonie betrifft nicht nur den Tonfall Ihrer Stimme. Sicher hat man den Eindruck einer monotonen Stimme, wenn jemand stets im gleichen Tonfall spricht. Eine gleichbleibende Geschwindigkeit, Lautstärke oder Tonhöhe tragen aber genauso viel zum Eindruck der Monotonie bei. Wenn Sie in allen genannten Bereichen monoton klingen, schlafen Ihre Zuhörer ein. Schaffen Sie Abhilfe und variieren Sie Ihre Stimme.

✔ **Nutzen Sie Ihre Stimme für Betonungen.** Sie können die Bedeutung eines Satzes völlig verändern, indem Sie jeweils unterschiedliche Wörter besonders betonen. Sprechen Sie die folgenden Sätze laut aus und betonen Sie jeweils das kursiv gedruckte Wort. »Sprichst du mit _mir_?« »Sprichst _du_ mit mir?« »_Sprichst_ du mit mir?« Okay, genug Robert DeNiro gespielt. Sie haben verstanden, was ich meine. Benutzen Sie Ihre Stimme, um ganz deutlich zu machen, was Sie rüberbringen möchten.

✔ **Bremsen Sie bei Unsauberkeiten.** Nein, das ist kein Straßenschild, das vor einer verschmutzten Fahrbahn warnt. Ich meine sprachliche Unsauberkeiten. Niemand ist vollkommen. Jeder macht Fehler. (Sie können mich da gerne zitieren. Eine echte Erkenntnis, nicht wahr?) Sie werden ohne Zweifel das eine oder andere Wort falsch aussprechen oder über einen Zungenbrecher stolpern. Einem natürlichen Instinkt folgend neigt man dazu, nach Fehlern schneller zu sprechen. Tun Sie das besser nicht. Sie machen dadurch nur noch mehr auf den Fehler aufmerksam und erhöhen die Wahrscheinlichkeit für weitere Fehler. Machen Sie lieber langsam.

✔ **Nutzen Sie die Lautstärke als Hilfsmittel.** Lautstärke ist ein wirkungsvolles Mittel, das leicht zu handhaben ist. Es mag nicht immer leicht sein, die Tonhöhe zu ändern, aber lauter oder leiser sprechen kann jeder. Sie werden sich wundern, wie groß die Wirkung auf das Publikum ist.

Viele Redner glauben, dass man nicht leise sprechen darf. Das ist Unsinn. Es kann sehr wirkungsvoll sein, leise zu sprechen. Ich habe schon Redner flüstern gehört, die damit das gesamte Publikum in ihren Bann gezogen haben. Die Leute beugen sich auf ihren Stühlen nach vorn. Wie können sie es nur anstellen, Sie zu hören? Solange Sie in ein Mikrofon sprechen, ist es kein Problem, wenn Sie leise Töne anschlagen. Deshalb benutzt man schließlich ein Mikrofon – damit man das gesamte Lautstärkespektrum ausnutzen kann.

Eine sehr laute Stimme lässt sich effektvoll einsetzen. In einer meiner Reden erzähle ich von einem Mann, der an einem häuslichen Streit beteiligt ist, bei dem es hoch hergeht (Einrichtungsgegenstände fliegen umher und so weiter). Als ein Polizist an der Tür läutet, schreit er:»Wer ist da?« Wenn ich diese Geschichte erzähle, beschreibe ich ganz ruhig und leise, wie der Polizist klingelt. Dann schreie ich »Wer ist da?« ins Mikrofon. Das Publikum ist jedes Mal verblüfft. Ich habe die volle Aufmerksamkeit.

Jedes Mal, wenn Sie Ihre Lautstärke verändern, werden Ihre Zuhörer aufmerken. Das ist ein einfacher Ansatz, Abwechslung in Ihr Sprechmuster zu bringen. Nutzen Sie ihn.

✔ **Fügen Sie Pausen ein.** Unerfahrene (und nervöse) Redner machen oft den Fehler, ohne jede Pause zu sprechen. Sie hetzen von einem Gedanken zum nächsten, nur um schnell fertig zu werden. Das Publikum _hört_ eine Menge Worte, _nimmt_ aber kaum etwas _wahr_. Die Leute werden einfach mit Informationen überschüttet.

Pausen gehören zum Kommunikationsprozess unbedingt dazu. »Nur so kann die Bedeutung des Gesagten auch bewusst wahrgenommen werden«, erklärt Jim Lukaszewski. »Außerdem kann man sich auf das vorbereiten, was als Nächstes kommt.« Er betont außerdem, dass Pausen vor einem Themenwechsel, einem wichtigen Argument oder einer interessanten Tatsache zum einen vertrauenerweckend wirken und zum anderen den jeweiligen Aspekt hervorheben. Loyd Auerbach ist der Meinung, man sollte vor jedem wichtigen Gedanken eine Pause setzen. Er regt sogar an, eine Rede daraufhin abzuklopfen, an welchen Stellen man eine Pause machen kann.

Sie sollten also keine Angst vor Pausen haben. Vergessen Sie nicht: Ihre Zuhörer sind wie die Leute in der KitKat-Werbung – sie machen gerne mal eine Pause.

Mit Fragen umgehen

In diesem Kapitel

*E*in Professor bereiste die Universitäten des Landes und hielt einen Vortrag über Quantenphysik. Eines Tages meinte sein Chauffeur: »Herr Professor, ich habe Ihren Vortrag jetzt schon so oft gehört, dass ich ihn auch halten könnte.« Der Professor darauf: »Nun gut, dann halten Sie ihn heute Abend.« Gesagt, getan. Im Hörsaal der Universität wurde der Chauffeur als Professor vorgestellt. Er hielt den Vortrag, ohne dass jemand Verdacht schöpfte. Anschließend stellte ein Zuhörer eine lange Frage zum Thema Boolesche Algebra und Quantenmechanik. Der Chauffeur war um eine Antwort nicht verlegen und sagte: »Es wundert mich, dass Sie diese Frage stellen. Die Sache ist so einfach, dass ich es meinem Chauffeur überlasse, Ihnen die Antwort zu geben.«

Leider haben wir nicht alle einen Chauffeur zur Hand, der schwierige Fragen beantworten kann. Sie müssen also das Steuer selbst in die Hand nehmen und sich durch die Fragerunde manövrieren. Viele Redner sind in diesem Teil nicht mehr so auf der Hut. Das ist ein großer Fehler. Selbst wenn Sie eine tolle Rede gehalten haben, kann ein schlechter Eindruck bei der Fragerunde die Wahrnehmung Ihrer Person und Ihres Themas noch einmal völlig auf den Kopf stellen. Auf der anderen Seite können Sie hier nach einer mittelmäßigen Rede durch einen starken Auftritt beträchtlich Boden gut machen. Lesen Sie dieses Kapitel, damit Sie auch bei der Fragerunde eine gute Figur machen. (Lesen Sie aber auch den Rest des Buches, damit Ihre Rede in jeder anderen Hinsicht ein Hit wird!)

Die Grundlagen

Wenn Sie in der Fragerunde nach Ihrer Rede glänzen wollen, können Sie die Karten schon im Vorfeld zu Ihren Gunsten mischen. Halten Sie sich an die folgenden Grundregeln.

Fragen antizipieren

Jeder Oberschüler kann Ihnen sagen, dass das Geheimnis brillanter Antworten darin liegt, dass man die Fragen vorher kennt. In manchen Kreisen nennt man das Hellseherei. (In der Schule nennt man es Schummeln.) In unserem Zusammenhang nenne ich es Antizipation. Sie antizipieren die Fragen, die man Ihnen stellen wird.

Dazu greifen Sie einfach auf den gesunden Menschenverstand zurück. Denken Sie an Ihre Rede und an Ihre Zuhörer. Stellen Sie eine Liste aller möglichen Fragen zusammen, die Ihnen Ihre Zuhörer stellen könnten. Halten Sie sich dabei nicht zurück. Beziehen Sie auch die unangenehmsten Fragen ein, die aufkommen könnten. Bitten Sie auch Freunde und Kollegen, sich mögliche schwere Fragen auszudenken.

Wenn Sie auf diese Weise eine ansehnliche Liste mit Fragen zusammengestellt haben, machen Sie sich daran, die Antworten vorzubereiten. Üben Sie so lange, bis Sie sie beherrschen. So haben Sie auch Material an der Hand, das Sie gegebenenfalls für Fragen zurechtbiegen können, die Sie nicht vorhergesehen haben.

Fragen am Ende beantworten

Es ist im Allgemeinen besser, Fragen im Anschluss an die Rede zu beantworten und nicht mittendrin. Wenn Sie während Ihrer Rede Fragen entgegennehmen, stört das den Redefluss, lenkt Sie und Ihre Zuhörer ab und macht es schwerer, Ihren Worten zu folgen. (Es ist immer toll, wenn jemand eine Frage stellt, wenn man gerade kurz vor dem Höhepunkt einer dramatischen Passage ist.) Sagen Sie Ihren Zuhörern gleich am Anfang, dass Sie für Fragen gerne im Anschluss an Ihre Rede zur Verfügung stehen.

Gleiche Chancen für alle

Es kommt immer wieder vor, dass im Publikum ein oder zwei Leute sitzen, die ohne Ende Fragen stellen. Sie haben gerade die erste Frage beantwortet, da stellen sie schon die nächste. Was auch immer sie dazu bewegt, es ist nicht Ihre Aufgabe, 20 Fragen eines Zuhörers zu beantworten. Sie möchten sich doch sicher mit dem _gesamten_ Publikum unterhalten, nicht nur mit einem oder zwei Zuhörern.

In der verfügbaren Zeit sollten möglichst viele verschiedene Zuhörer Fragen stellen können. Bleiben Sie also nicht nur bei ein oder zwei Fragestellern, es sei denn, es hat niemand sonst eine Frage. Alle anderen, die ihre Hand gehoben haben, sind sonst frustriert, weil sie ihre Frage nicht stellen können. Nach einer Weile geben diese Fragesteller einfach auf.

Lassen Sie Fairness walten. Bevorzugen Sie nicht eine Ecke des Saales. Am besten ist es, wenn Sie versuchen, die Fragesteller in der Reihenfolge abzuarbeiten, in der sie sich gemeldet haben. Geben Sie dabei nicht den Vordränglern nach, die nicht warten können, bis sie dran sind, und ihre Frage einfach in den Raum rufen. Das ist die verbale Form des Drängelns mit der Lichthupe und unfair denen gegenüber, die geduldig warten, bis sie an der Reihe sind.

Machen Sie die Regeln frühzeitig deutlich. Sagen Sie Ihren Zuhörern gleich bei der Eröffnung der Fragerunde, dass zunächst einmal jeder nur eine Frage stellen darf und Sie, falls es die Zeit erlaubt, eine zweite Fragerunde anbieten.

Fragesteller sollten fragen, nicht eine Rede halten

Sie haben um Fragen gebeten. Der Tatsache zum Trotz, dass Sie am Rednerpult stehen, möchte nun einer Ihrer Zuhörer ebenfalls zu einer Rede ansetzen. Einen solchen Menschen gibt es in jedem Publikum. Es liegt an Ihnen zu verhindern, dass er eine Rede hält.

Sie sind der Redner. Sie haben eine Fragerunde eröffnet, nicht eine Rederunde. Wenn nun einer der mutmaßlichen Fragesteller zu einer Rede ansetzt, müssen Sie dem ein Ende machen. Wie Sie das anstellen? Machen Sie es wie die CNN-Koryphäe Larry King. Wer in seiner Show anruft, kann dem jeweiligen Gast eine Frage stellen. Tut er das nicht gleich, sondern setzt zu einer Rede an, unterbricht King sofort mit der Frage:»Würden Sie bitte Ihre Frage stellen?« Wenn Sie das etwas diplomatischer formulieren möchten, können Sie fragen:»Haben Sie eine Frage?« Und wenn Sie sehr diplomatisch sein wollen, können Sie die Person sanft unterbre chen und eine Frage nahelegen:»Was Sie also eigentlich wissen möchten, ist ...« (Wenn die Antwortet»Nein, das wollte ich nicht wissen« lautet, dann schieben Sie sofort nach:»Würden Sie dann bitte Ihre Frage stellen?«)

Gut zuhören

Wenn Sie bei Ihrer Fragerunde einen guten Eindruck hinterlassen möchten, müssen Sie zuhören. Ich meine, *wirklich* zuhören. Damit meine ich, dass Sie versuchen, hinter die Worte des Fragestellers zu sehen. Lesen Sie zwischen den Zeilen, beobachten Sie seine Körpersprache und achten Sie auf den Ton seiner Stimme. Auf diese Weise können Sie herausfinden, was der Fragesteller wirklich wissen will. Zugegeben, das ist anstrengend (und Sie müssen dabei immer noch frisch und elegant wirken – mehr über die Rolle Ihres Erscheinungsbildes erfahren Sie in Kapitel 12), aber Ihre Antworten werden sehr viel besser sein, wenn Sie den Fragen beziehungsweise den Fragestellern wirklich zuhören.

Die Frage wiederholen

Eine gestellte Frage *nicht* zu wiederholen, ist einer der größten Fehler, den Sie als Redner begehen können. Nichts ist frustrierender, als eine brillante Antwort auf eine Frage gegeben zu haben, die gar nicht gestellt wurde.

Drei wichtige Gründe sprechen dafür, eine Frage immer noch einmal zu wiederholen:

1. Sie können sicher sein, dass jeder im Publikum die Frage gehört hat.

2. Sie können sicher sein, dass Sie die Frage richtig gehört haben.

3. Sie erkaufen sich damit ein wenig Zeit, in der Sie über Ihre Antwort nachdenken können. (Wenn Sie noch mehr Zeit benötigen, geben Sie die Frage mit Ihren Worten wieder und fragen dann:»Ist das im Wesentlichen das, was Sie wissen wollen?«)

Wenn eine Frage weitschweifig oder verwirrend ist, wiederholen Sie sie nicht wortwörtlich. Geben Sie sie so wieder, dass sie prägnant und verständlich ist.

Glauben ist nicht antworten

Wenn Sie die Antwort auf eine Frage nicht wissen, sollten Sie nie aufs Geratewohl im Nebel herumstochern. Nie. Ihre Glaubwürdigkeit geht dabei auf Nimmerwiedersehen den Bach hinunter. Vielleicht haben Sie Glück und können entgegen allen Unkenrufen Ihren Zuhörern etwas vormachen. Aber in den meisten Fällen wird Ihnen jemand auf die Schliche kommen. Und dann haben Sie ein ernsthaftes Problem. Zum einen sieht jeder, dass Sie die Antwort nicht wussten, wie Sie es behauptet haben. Und zum anderen wird sich Ihr Publikum natürlich fragen, wie es denn mit all den anderen Sachen aussieht, die Sie von sich gegeben haben.

Wenn Sie etwas nicht wissen, geben Sie es zu. Und dann beherzigen Sie einen, mehrere oder alle Tipps, die ich Ihnen hier anbiete:

✔ Fragen Sie jemanden im Publikum, ob er die Antwort auf die Frage kennt.

✔ Nennen Sie eine Quelle, in man die Antwort finden kann.

✔ Bieten Sie an, sich kundig zu machen und dem Fragesteller die Antwort zu übermitteln.

Denken Sie daran: Niemand weiß alles.

Ein starker Schluss

Die Fragerunde ist Ihre letzte Chance, die Meinung Ihres Publikums zu Ihrem Thema, Ihren Thesen und Ihrer Person zu beeinflussen. Was Sie brauchen, ist ein starker Abgang. Folgendes sollten Sie dabei beachten:

✔ **Enden Sie auf dem hohen C.** Sie sollten nicht warten, bis Ihren Zuhörern keine Fragen mehr einfallen, und dann sagen:»Gut, das war dann wohl alles.« Das wirkt schwach und nicht so, als hätten Sie die Zügel in der Hand.

✔ **Stellen Sie sicher, dass die letzte Frage eine ist, die Sie beantworten können.** Kündigen Sie nicht an:»Eine letzte Frage noch.« Es könnte eine Frage sein, die Sie nicht beantworten können oder mit der Sie nicht gut zurechtkommen. Auch das wäre ein schwacher Abschluss.

Suchen Sie nach einer vertretbaren Anzahl von Fragen nach einer Gelegenheit, die Fragerunde zu beenden. Warten Sie, bis Sie eine Frage brillant beantwortet haben, und verkünden Sie dann, dass die Zeit leider abgelaufen ist. Natürlich können Sie im Anschluss an die Veranstaltung immer noch Fragen einzelner Zuhörer beantworten.

Was ist, wenn keine Fragen kommen, auf die Sie eine brillante Antwort geben könnten? Keine Sorge. Stellen Sie die letzte Frage einfach selbst.»Danke sehr. Leider neigt sich unsere Zeit dem Ende zu. Vielleicht fragen Sie sich immer noch [fügen Sie hier Ihre Frage an].« Geben Sie dann Ihre brillante Antwort. Das funktioniert immer.

 Ein Wort noch (es sind tatsächlich vier) über das Ende der Fragerunde: Hören Sie pünktlich auf. Nicht wenige Zuhörer sind nur wegen Ihrer Rede gekommen und haben mit der Fragerunde nicht viel am Hut. (Oder sie interessieren sich nicht für die gestellten Fragen.) Halten Sie sich also besser an den Zeitplan. Sie können sich nach dem Ende der Veranstaltung immer noch mit Leuten unterhalten, die gerne weiterdiskutieren würden.

Die perfekte Antwort

Experten, so sagt man, sind die Leute, die richtige Antworten kennen – wenn man ihnen die richtigen Fragen stellt. Leider können Sie nicht davon ausgehen, dass Ihr Publikum die richtigen Fragen stellt. Dieser Abschnitt widmet sich der Frage, wie man unabhängig von den Fragen sicherstellen kann, dass die Antworten eines Experten würdig sind.

Fragesteller zuvorkommend behandeln

Fragesteller können rüde, unausstehlich, starrsinnig, egomanisch, dumm, begriffsstutzig, feindselig, verwirrt, ungebildet oder unverständlich sein. Sie müssen sie dennoch zuvorkommend behandeln. Warum? Weil sie ein Teil des Publikums sind und das Publikum sich mit ihnen identifiziert, zumindest anfangs. Sehen Sie sich die folgenden Vorschläge an, wie man mit einem Fragesteller umgehen kann:

✔ **Helfen Sie nervösen Fragestellern.** Auch Zuhörer, die eine Frage stellen, können von Lampenfieber befallen werden. Sie setzen alles daran, ihre Frage loszuwerden und überwinden ihr Herzklopfen, ihre schwitzenden Hände und ihren streikenden Magen. Wenn sie dann ihre Frage stellen, versuchen sie zwar zu vergessen, dass sich alle Augen auf sie richten, aber das ist nicht immer so leicht. Es ist also nicht ungewöhnlich, wenn nervöse Zuhörer Probleme damit haben, ihre Frage frei heraus zu formulieren. Sie stammeln und stottern, sie verlieren den Faden und verbreiten damit im übrigen Publikum Unbehagen. Helfen Sie diesen Leuten. Formulieren Sie ihre Frage zu Ende, wenn Sie merken, dass sie es nicht können. Oder sprechen Sie ihnen sanft Mut zu. Wenn Sie kurz das Wort übernehmen, kann sich der nervöse Fragesteller sammeln und neu ansetzen. Er wird es Ihnen danken. Und alle anderen auch.

✔ **Warten Sie, bis der Fragesteller ausgeredet hat.** Solange niemand ins Schwafeln gerät oder Hilfe braucht, sollten Sie ihn ausreden lassen. Zu oft unterbrechen Redner, bevor eine Frage vollständig gestellt werden konnte. Sie *glauben* zu wissen, worum es dem Fragenden geht und beginnen schon mit ihrer Antwort. Allerdings stehen sie ziemlich dumm da, wenn der Fragesteller dann unterbricht und darauf besteht, dass er das gar nicht wissen wollte.

✔ **Sprechen Sie Fragesteller mit Namen an.** Wenn Sie den Namen des jeweiligen Fragestellers kennen, sprechen Sie ihn damit an. Das hat eine große Wirkung auf das Publikum. Sie wirken dadurch, als wären Sie über alles bestens unterrichtet und hätten alles unter Kontrolle. Und nicht zuletzt fühlen sich die Angesprochenen gebauchpinselt.

✔ **Loben Sie Fragesteller, wenn es angebracht erscheint.** Wenn jemand eine besonders interessante oder intelligente Frage stellt, können Sie das durchaus würdigen. Sagen Sie aber genau, warum die Frage lobenswert ist. Viele Kommunikationsexperten raten davon ab, »Gute Frage« zu sagen, weil damit die anderen Fragen implizit abgewertet werden. Wenn Sie das vermeiden wollen, sagen Sie: »Das ist eine besonders interessante Frage, weil ...«. Das beinhaltet gleichzeitig, dass auch die anderen Fragen interessant waren – ein Kompliment. Darüber hinaus bleiben auf diese Weise alle mit dem Wort »gut« verbundenen Werturteile außen vor.

 Wahren Sie die Würde des Fragestellers. Erinnern Sie sich an die Aussage Ihrer Lehrerin in der Grundschule: »Es gibt keine dummen Fragen.«? Dem kann ich nicht uneingeschränkt zustimmen. Es gibt ganz viele dumme Fragen, und Redner werden tagtäglich damit konfrontiert. Dennoch sollten Sie nicht mit dem Finger darauf zeigen. Egal wie dumm eine Frage sein mag, sollten Sie dem Fragesteller respektvoll begegnen. Wenn Sie stattdessen über die Dummheit von Fragen zu lamentieren beginnen, geben Sie nur ein schlechtes Bild ab, wecken Mitgefühl mit dem Fragesteller und entmutigen alle anderen, weitere Fragen zu stellen.

✔ **Blicken Sie interessiert, wenn jemand eine Frage stellt.** Es kann schon einige Überwindung kosten, aus der Anonymität der Masse aufzustehen und eine Frage zu stellen. Entmutigen Sie Ihre Zuhörer nicht, indem Sie gelangweilt oder herablassend blicken, während einer von ihnen eine Frage stellt. Auch wenn Sie eine Frage für absolut einfältig halten, sollten Sie Interesse zeigen. Geben Sie jedem Fragesteller Ihre volle Aufmerksamkeit. Blicken Sie ihn an. Beugen Sie sich nach vorn. Zeigen Sie, dass Ihnen jetzt nichts wichtiger ist, als diese Frage zu hören. Nichts beleidigt und entmutigt einen Fragesteller mehr als ein Redner, der schon nach dem nächsten Fragesteller Ausschau hält, wenn die aktuelle Frage noch nicht verhallt ist. Damit vergrätzt man nicht nur den jeweiligen Fragesteller. Das ganze Publikum nimmt diese negative Botschaft wahr.

 Bleiben Sie ruhig und behalten Sie die Zügel in der Hand. Egal wie aggressiv eine Frage oder ein Fragesteller ist, schlagen Sie nicht zurück. Lösen Sie solche Ärgernisse mit Diplomatie und Raffinesse. Wenn der Fragesteller sich disqualifiziert, wird das Publikum das merken. Disqualifizieren Sie sich nicht selbst, indem Sie sich auf die gleiche Ebene begeben. Der Fragesteller will Sie provozieren. Lassen Sie den Köder links liegen. (Mehr über Zwischenrufer erfahren Sie in Kapitel 14.)

Antworten finden

Man weiß nie genau, wie man am besten antwortet, solange man die Frage nicht gehört hat. Das nutzt nur nicht viel, wenn man seine Antworten vorbereiten möchte. Die folgenden Hinweise sollen Ihnen dabei helfen, Ihre Antworten zu formulieren:

✔ **Fassen Sie sich kurz.** Ihre Antwort sollte die gestellte Frage einfach und knapp beantworten. Viele Redner setzen anlässlich einer Antwort zu einer zweiten Rede an, das ist schlecht. Wenn das Publikum eine Zugabe wollte, hätte es danach verlangt. Bedenken Sie außerdem, dass viele Zuhörer gar nicht an der Frage interessiert sind, die Sie beantworten. Sie warten auf die nächste oder möchten selbst eine stellen.

✔ **Verweisen Sie auf Ihre Rede.** Indem Sie in Ihren Antworten auf Ihre Rede verweisen, unterstreichen Sie Ihre dort vertretenen Thesen. Diese Taktik lässt Sie dazu allwissend erscheinen. (In weiser Voraussicht haben Sie die Grundlagen für die Beantwortung der Frage bereits in Ihrer Rede gelegt.)

✔ **Definieren Sie die fraglichen Begriffe.** Angenommen, es fragt Sie jemand, ob Sie der Meinung seien, die Mittelschicht solle steuerlich entlastet werden. Sie antworten mit »Ja«. Der Fragesteller sieht das anders und führt ins Feld, dass es unfair sei, die Mittelschicht steuerlich zu entlasten. Nach einer zehnminütigen Auseinandersetzung hat auch der Letzte im Saal bemerkt, dass Sie nicht wirklich unterschiedlicher Meinung sind. Weder Sie noch der Fragesteller sind der Meinung, dass Familien mit einem Einkommen über 100.000 Euro steuerlich entlastet werden sollten. Sie würden diese Familien jedoch zu den Reichen zählen. Für den Fragesteller gehören sie dagegen zur Mittelschicht. Stellen Sie sicher, dass alle die gleiche Wellenlänge haben. Definieren Sie zentrale Begriffe vorher.

✔ **Beziehen Sie sich auf Ihre Erfahrungen.** Wenn Sie sich in Ihrer Antwort auf persönliche und berufliche Erfahrungen berufen, ist das keine Prahlerei. Schließlich hat man Sie wegen Ihrer Erfahrung eingeladen. Sie gelten als erfahrener Experte. Das Publikum will an Ihren Erfahrungen teilhaben.

 Weisen Sie auf Missverständnisse seitens der Zuhörer hin und stellen Sie Ihre Position richtig. Lassen Sie nie einen Fragesteller Ihre Position in einer Sache definieren. Wenn Sie Formulierungen wie »Wenn man Ihre Rede hört, liegt auf der Hand, dass ...« hören, sollten bei Ihnen die Alarmglocken läuten. Denn meist ist das, was dann als Ihre Meinung formuliert wird, gar nicht Ihre Meinung. Lassen Sie sich nicht von anderen Worte in den Mund legen. Sollte das passieren, müssen Sie sofort darauf reagieren – sobald der Fragesteller seine Frage formuliert hat.

✔ **Ziehen Sie die Fakten oder Feststellungen eines Fragestellers in Zweifel, wenn Sie nicht seiner Meinung sind.** Sie sind nicht an die Fakten oder Annahmen anderer gebunden. Wenn Sie anderer Auffassung sind als der Fragesteller, sagen Sie das höflich. Sollten Sie eine Statistik in Zweifel ziehen, äußern Sie Ihre Zweifel. Geben Sie keine nette Antwort auf eine zweifelhafte Frage. Nehmen Sie zuerst die Frage auseinander.

✔ **Seien Sie ehrlich.** Machen Sie keine Versprechungen, die Sie nicht halten können. Sagen Sie nicht, dass man Sie jederzeit im Büro anrufen kann, wenn man Fragen hat, wenn Sie genau wissen, dass Sie keine Anrufe entgegennehmen werden. Versprechen Sie nicht, sich um eine Antwort zu bemühen, wenn Sie wissen, dass Sie es nicht tun werden. Bieten Sie nicht an, jemandem Informationen zukommen zu lassen, wenn Sie wissen, dass Sie nicht dazu kommen werden.

✔ **Sie können es höflich ablehnen, eine Frage zu beantworten.** Versuchen Sie nicht, einer Frage auszuweichen, indem Sie sie zum Schein beantworten. Sie sind nicht verpflichtet, jede Frage zu beantworten. (Sie befinden sich *nicht* in einem Kreuzverhör, auch wenn es manchmal den Anschein haben kann.) Aber wenn Sie einer Frage ausweichen, schadet das Ihrer Glaubwürdigkeit. Das wirkt, als ob Sie die Frage unter den Teppich kehren wollten. Wenn Sie eine Frage nicht beantworten wollen, sagen Sie das höflich und bestimmt. Nennen Sie Ihre Gründe und gehen Sie zur nächsten Frage über.

✔ **Sprechen Sie Ihnen wichtige Punkte in Ihrer Rede an, anstatt darauf zu warten, dass jemand danach fragt.** Es ist gefährlich, wichtige Aspekte in einer Rede nicht anzusprechen, weil man sie für die Fragerunde aufheben möchte. Wenn niemand die richtigen Fragen stellt, werden Sie vielleicht keine Gelegenheit erhalten, darauf einzugehen.

Antworten geben

Wenn man die perfekte Antwort hat, heißt das noch lange nicht, dass man sie auch entsprechend wirkungsvoll präsentiert. Nur ruhig Blut. Wenn Sie sich an die folgenden einfachen Regeln halten, werden Ihre Antworten ebenso perfekt rüberkommen.

✔ **Nehmen Sie eine passende Haltung ein.** Passen Sie Ihr Verhalten an den Inhalt der Frage und Ihrer Antwort an. Wenn jemand verwirrt erscheint, seien Sie verständnisvoll. Greift Sie jemand offen an, zeigen Sie Entschlossenheit und Missbilligung (ohne zurückzuschlagen). Bittet jemand um Informationen, seien Sie wie ein Professor. Verlieren Sie nie die Kontrolle über sich. Seien Sie nie unhöflich.

✔ **Blicken Sie das ganze Publikum an.** Suchen Sie nicht nur den Blickkontakt zum Fragesteller. Lenken Sie zwar zunächst Ihren Blick auf ihn, lassen Sie Ihren Blick aber während Ihrer Antwort über das gesamte Publikum schweifen. Sie sprechen zu allen Anwesenden, nicht nur zum Fragesteller.

✔ **Seien Sie nicht selbstgefällig.** Damit können Sie beim Publikum keinen Blumentopf gewinnen. Im Gegenteil, Sie errichten eine Mauer zwischen sich und Ihren Zuhörern. Im Übrigen kann diese Haltung nach hinten losgehen: Das Publikum wartet nur darauf, dass Sie einen Fehler machen. Bei der ersten Frage, die Sie auf dem falschen Fuß erwischt – selbst wenn Sie nur ein kleines Detail falsch wiedergeben –, fällt Ihre Selbstgefälligkeit auf Sie zurück.

Techniken für den Umgang mit Fragen

Wie entwickelt man sich zum Experten in der geschickten Beantwortung von Fragen? Ich sage nur: Üben, üben, üben. Was üben? Die nachfolgend erläuterten Grundtechniken (die meisten verdanke ich meiner langjährigen Freundin Dr. Barbara Howard, die von Denver aus Unternehmensschulungen durchführt) können dazu beitragen, dass Sie fortgeschrittene Fertigkeiten im Umgang mit Fragen erwerben.

Den Spieß umdrehen

Manchmal stellt ein Zuhörer nur aus dem Grund eine Frage, weil er Sie in Verlegenheit bringen will. Keine Panik. Drehen Sie den Spieß einfach um. Wenn beispielsweise ein Zuhörer demonstrativ gelangweilt fragt: »Wann machen wir eine Pause?«, dann müssen Sie sich nicht verteidigen, sondern antworten einfach: »Wann möchten Sie denn eine Pause machen?« Das ist mentales Judo. Sie nutzen das Gewicht der Frage und wenden es gegen den Fragesteller.

Die Frage weiterleiten

Jemand stellt eine Frage. Sie haben nicht den blassesten Schimmer, was Sie antworten sollen. Was bleibt Ihnen noch? Beteiligen Sie das Publikum. Leiten Sie die Frage an die Anwesenden weiter: »Das ist eine interessante Frage. Fällt jemandem zu diesem Thema etwas ein?« Oder: »Hat jemand bereits Erfahrungen mit einer solchen Situation?« Das Publikum ist eine großartige Quelle. Nutzen Sie sie.

Die Frage umformulieren

»Die Anklage, die letzte Woche gegen Ihren Cheflobbyisten wegen der Bestechung eines Abgeordneten erhoben worden ist, hat offenbart, wie Ihr habgieriges Unternehmen die Zulassung eines Medikaments erreicht hat, das bereits 200 Menschen das Leben gekostet hat. Werden Sie das Mittel jetzt vom Markt nehmen?« Hmmm. Wollen Sie eine solche Frage tatsächlich noch einmal für das Publikum wiederholen? Ich glaube nicht. Man sollte nie eine Frage wiederholen, die ein Problem in den Raum stellt – das ist peinlich, schwierig, nicht nachzuvollziehen oder was auch immer. Eine wortgetreue Wiederholung scheidet also aus, aber Sie könnten die Frage etwas vorteilhafter umformulieren. »Die Frage lautet, wie wir unsere Sorge um die Sicherheit unserer Kunden in die Tat umsetzen. Wir werden die folgenden Schritte einleiten, um die Öffentlichkeit zu schützen ...«

Beachten Sie, dass eine Frage auch dann problematisch sein kann, wenn sie sehr umständlich formuliert ist. »Werden Ihrer Meinung nach die Maßnahmen der Zentralbank zur Inflationskontrolle im Rahmen der Geldpolitik im Zusammenwirken mit den globalen finanziellen Entwicklungen – ich denke da besonders an die Abwertung des mexikanischen Pesos – ökonomische Kräfte ins Werk setzen, die die Spekulanten an der Wall Street kurzfristig bestätigen oder widerlegen?« Wie bitte? Formulieren Sie diese Frage um, damit das Publikum sie verstehen kann (vorausgesetzt, Sie haben verstanden, worum es geht). Das könnte sich etwa so anhören: »Die Frage ist, ob der Aktienmarkt in den nächsten Monaten nach oben oder nach unten tendieren wird.«

Hintergedanken aufdecken

Es kommt vor, dass sich hinter einer Frage eine mehr oder weniger versteckte Absicht verbirgt. Dabei kann es sich um ein heißes Eisen handeln. Es kann eine andere hintergründige Frage sein oder die Frage kann eine Anschuldigung enthalten. (»Wie kann jemand guten Gewissens den Vorschlag machen, die Mittel für die Pflegekräfte zu kürzen?«) Egal welche Methode dahintersteckt, die Frage hat einen Haken. Der Fragesteller möchte eine bestimmte Antwort provozieren, damit er sich mit Ihnen streiten kann. Die Frage ist nur der Auslöser für diesen Streit.

Tappen Sie nicht in diese Falle. Anstatt zu antworten, sollten Sie Ihren Verdacht eingestehen. Mögliche Reaktionen sind: »Denken Sie dabei an etwas Bestimmtes?« oder »Das klingt, als erwarteten Sie von mir eine bestimmte Antwort. Was versuchen Sie aus mir herauszukitzeln?« Es kommt darauf an, den Hintergedanken aufzudecken und den Fragesteller dazu zu bringen, als Erster darüber zu sprechen.

Die Frage in einen Kontext stellen

»Stimmt es, dass Sie in der Nacht, in der Herr Becker erstochen in seinem Bett gefunden wurde, in seinem Schlafzimmer waren?« So etwas nennt man eine Fangfrage. Sie ist so angelegt, dass der Rest des Publikums Schlüsse zieht, die Sie in einem schlechten Licht dastehen lassen. Ihre Antwort muss den Bezugsrahmen für das Publikum erweitern. Sie müssen die fehlenden Informationen zur Verfügung stellen, die diese Frage entschärfen. »Ja klar, ich bin Polizeifotograf. Ich habe einige Stunden nach dem Tod von Herrn Becker die Fotos vom Tatort gemacht. Deshalb war ich in der Nacht, in der er erstochen wurde, in seinem Schlafzimmer.« Jedes Wort und jedes Verhalten kann in einem falschen Licht erscheinen, wenn man es aus dem Kontext herauslöst. Es liegt an Ihnen, eine Frage in einen Kontext zu stellen, wenn dies notwendig ist.

Eine Brücke bauen

Sehen Sie sich an, wie sich ein Politiker um eine Frage herumdrückt. »Herr Abgeordneter, werden Sie gegen die Steuererhöhung stimmen?« »Sie wollen wissen, ob ich gegen die Steuererhöhung stimmen werde? In Wirklichkeit geht es doch um die Frage, wie wir dafür sorgen können, dass die Bürger wieder mehr Geld in den Taschen haben. Lassen Sie mich Ihnen meinen 12-Punkte-Plan zur Wiederbelebung der Wirtschaft erläutern ...«

Der Abgeordnete hat eine Brücke gebaut. Er hat dazu einen Satz verwendet, der ihm erlaubt, von einer unangenehmen Frage zu einem Thema überzuleiten, zu dem er gerne etwas sagen möchte. Diese Brücke lautet: »In Wirklichkeit geht es doch um die Frage ...« Es gibt viele Brücken dieser Art, wie die folgende Liste zeigt:

- ✔ »Es macht doch viel mehr Sinn, über ... zu reden.«

- ✔ »Was wirklich hinter dieser Frage steckt, ist ...«

✔ »Die zentrale Frage lautet doch ...«

✔ »Sie sollten lieber fragen ...«

✔ »Wenn man das Gesamtbild betrachtet, ist Ihre Frage ...«

 Nutzen Sie eine solche Brücke nur, um sich ein kleines Stück von einer unangenehmen Frage zu entfernen, nicht, um ihr ganz aus dem Weg zu gehen. Sie verlieren sonst an Glaubwürdigkeit. (Für Politiker spielt das keine Rolle, denen glaubt sowieso niemand.) Sie müssen zumindest den Eindruck erwecken, dass Sie eine Antwort versucht haben.

Mit typischen Frageformen umgehen

Es gibt Fragen, die für einen Redner von Vorteil sind. Jetzt wollen wir uns den Fragen zuwenden, deren Eigenarten Sie gleich erkennen müssen, damit Sie in geeigneter Weise reagieren können. Wie, das verraten Ihnen die folgenden Tipps.

✔ **Die Ja-oder-Nein-Frage:** Auf solche Fragen müssen Sie sich nicht einlassen. (»Wird Ihr Unternehmen mit dem Unternehmen X zusammenarbeiten, ja oder nein?«) Solange Sie nicht im Zeugenstand unter Eid stehen, müssen Sie nicht mit Ja oder Nein antworten. Sollte die betreffende Frage nach einer komplexeren Antwort verlangen, zögern Sie nicht zu sagen, was gesagt werden muss. (»Eine Zusammenarbeit zwischen unserem Unternehmen und dem Unternehmen X hängt von mehreren Faktoren ab ...«) Weichen Sie damit der Frage aus? Nicht wirklich. Sie ignorieren die Form der gestellten Frage, die Ihnen der Fragesteller aufzwingen möchte, aber Ihre Antwort zielt auf die Frage.

✔ **Die Entweder-oder-Frage:** Diese Frage ist eng verwandt mit der Ja-oder-Nein-Frage. In diesem Fall möchte Sie der Fragesteller zwingen, zwischen zwei Alternativen zu wählen. Auch dazu sind Sie nicht verpflichtet. Manchmal sind beide angebotenen Alternativen von Übel. (»Vernachlässigt Ihr Plan Sicherheitspersonal, weil es zu teuer ist oder haben Sie es schlicht vergessen?« »Weder noch, es wurde nicht berücksichtigt, weil wir keines brauchen.«)

Manchmal möchte man aber auch nicht zwischen den angebotenen Alternativen wählen. (»Worauf zielt Ihre Wachstumsstrategie primär – auf die Entwicklung neuer Produkte oder auf Kosteneinsparungen?« »Im Grunde wollen wir beides und noch einiges mehr. Wir werden neue Produkte erwerben, unseren Verkauf erweitern ...«)

✔ **Die hypothetische Frage:** (»Was ist, wenn die Verkaufszahlen hinter den Erwartungen zurückbleiben?«) Begeben Sie sich nicht in den Sumpf hypothetischer Fragen. Es gibt mehr als genug reale Aspekte, um die Sie sich Sorgen machen müssen. Antworten Sie etwa so: »Ich sehe keinen Anlass, mir darüber jetzt Gedanken zu machen. Wir werden uns dieser Frage stellen, wenn es so weit ist.«

✔ **Die auf einer falschen Annahme basierende Frage:** Das klassische Beispiel lautet: »Schlagen Sie Ihre Frau nicht mehr?« Die Frage unterstellt, dass der Befragte seine Frau geschlagen hat. (Möglicherweise ist er nicht einmal verheiratet.) Falsche Annahmen können auch falsche Tatsachen oder Statistiken beinhalten oder auf falschen Schlüssen basieren, die der Fragesteller aus Ihrer Rede gezogen hat.

✔ **Die mehrteilige Frage:** »Können Sie mir sagen, ob wir in diesem Jahr mit Gehaltserhöhung rechnen können, wenn nicht, warum nicht, und wenn ja, wie hoch wird sie sein?« Puh, langsam, langsam. Das ist eine mehrteilige Frage. Wenn man Ihnen eine solche Frage stellt, teilen Sie sie in mundgerechte Häppchen und beantworten die einzelnen Fragen nacheinander.

Auf besondere Situationen eingehen

Der Umgang mit Fragen aus dem Publikum kann eine heikle Angelegenheit sein. Einerseits muss man oft eindeutig Stellung beziehen und durchgreifen, andererseits möchte man seine Zuhörer aber nicht vor den Kopf stoßen. Die folgenden Hinweise sollen Ihnen den Umgang mit problematischen Situationen erleichtern.

✔ **Ein Fragesteller unterbricht Sie.** Unterbrechen Sie den Unterbrecher nicht. Sagen Sie nichts, bis der Flegel ausgesprochen hat. Sagen Sie dann etwa: »Lassen Sie mich bitte ausreden.« Führen Sie dann Ihre Antwort zu Ende. Sollten Sie abermals unterbrochen werden, verfahren Sie wieder so. Lassen Sie sich nicht auf einen Streit ein. Wenn der Unterbrecher weitermacht, werden möglicherweise andere Zuhörer für Ihre Rechte eintreten. (Wenn nicht, haben sie es nicht verdient, an Ihrer Weisheit teilzuhaben.)

✔ **Jemand stellt eine Frage, die Sie in Ihrer Rede bereits beantwortet hatten.** Sagen Sie nicht: »Das habe ich bereits in meiner Rede beantwortet.« Das mag vielleicht so sein, aber möglicherweise haben Sie es nicht klar genug ausgedrückt. Wenn ein Zuhörer die Antwort auf die gestellte Frage in Ihrer Rede nicht wahrgenommen hat, ist es anderen vielleicht ebenso gegangen. Und wenn Ihnen dieser Punkt wichtig genug war, ihn in Ihrer Rede aufzugreifen, ist es auch wert, dass Sie noch einmal darauf eingehen. Beantworten Sie die Frage, aber versuchen Sie, es diesmal von einer anderen Seite aus anzugehen.

✔ **Jemand stellt eine Frage, die bereits gestellt wurde.** Wenn Ihre Antwort länger als zehn Sekunden Zeit in Anspruch nimmt, weigern Sie sich höflich zu antworten. Sagen Sie etwa: »Mit dieser Frage haben wir uns schon beschäftigt.« Das ist eine völlig andere Situation als bei einer Frage, die Sie bereits in Ihrer Rede beantwortet haben, denn in diesem Fall hat der Fragesteller einfach nicht aufgepasst. Wenn Sie seine Frage beantworten, ist das den anderen Zuhörern gegenüber unfair. Sie verschwenden ihre Zeit. Wenn Sie ganz nett sein wollen, können Sie dem Fragesteller anbieten, sich nach der Fragerunde an Sie zu wenden.

✔ **Jemand stellt eine völlig irrelevante Frage.** Sie können klarstellen, dass die Frage nicht in die Diskussion passt und zum nächsten Fragesteller übergehen. Sie können dem Fragesteller aber auch die Gelegenheit geben, eine relevante Frage zu stellen. Oder aber Sie benutzen seine Frage als Sprungbrett für ein Thema, das Sie gerne zur Sprache bringen wollen.

✔ **Jemand stellt eine völlig konfuse Frage.** Sie haben mehrere Möglichkeiten. Sie können den Fragesteller bitten, die Frage noch einmal zu stellen (das ist allerdings keine gute Idee, weil die Frage wahrscheinlich noch konfuser wird als beim ersten Mal), Sie können auf einen Teil der Frage antworten (einen, der Ihnen entgegenkommt) oder Sie können dem Fragesteller anbieten, sich nach der Fragerunde an Sie zu wenden.

 Jemand stellt eine Gully-Frage. »Warum haben Sie in der Version 3.1 Ihrer Finanzsoftware die Bitmaps für die Icons auf dem Menübildschirm geändert?« Das ist eine Gully-Frage. Sie ist nur für eine Person im Publikum von Interesse – für den Fragesteller. Für alle anderen ist sie eine Quälerei. Die Zeit und Mühe, die Sie in die Beantwortung einer solchen Frage investieren, können Sie auch in den Gully spülen. Antworten Sie in dieser Situation zunächst ganz knapp und bitten Sie dann das Publikum um Handzeichen, ob noch weiteres Interesse an dieser Frage besteht. Zeigt sich größeres Interesse, können Sie die Antwort weiter ausführen. Hebt keiner die Hand, können Sie dem Fragesteller anbieten, im Anschluss an die Fragerunde zur Verfügung zu stehen.

✔ **Jemand stellt mehrere Fragen.** In dieser Situation haben Sie viele Möglichkeiten. Erstens können Sie dem Fragesteller entgegnen, dass Sie aufgrund der beschränkten Zeit und aus Rücksicht auf die übrigen Zuhörer nur eine seiner Fragen beantworten werden. (Sie können anbieten, die anderen Fragen zu beantworten, wenn alle anderen Fragesteller zum Zug gekommen sind.) Zweitens können Sie alle Fragen in der Reihenfolge beantworten, in der sie gestellt wurden, und drittens können Sie alle Fragen in einer Ihnen genehmen Reihenfolge beantworten. (Die letzten beiden Optionen können Sie wahrnehmen, wenn Sie das Gefühl haben, die Beantwortung der Fragen ist vorteilhaft für Sie.)

✔ **Jemand stellt eine lange, weitschweifige Frage.** Wenn Sie absehen können, wo die Reise hingeht, unterbrechen Sie sanft (machen Sie auf die zeitliche Beschränkung aufmerksam) und fassen Sie die Frage kurz in eigenen Worten zusammen. Bestätigen Sie, dass Sie verstanden haben, was der Fragesteller wissen will. Beantworten Sie dann die Frage. Wenn Sie nicht wissen, worauf der Fragesteller hinaus will, greifen Sie auf die Larry-King-Technik zurück und fragen Sie: »Würden Sie bitte Ihre Frage stellen?«

Mit feindseligen Fragen umgehen

Viele Redner haben Angst davor, dass sie mit feindseligen Fragen konfrontiert werden. Machen Sie sich keine unnötigen Sorgen. Sie können auf erprobte Techniken zurückgreifen, mit deren Hilfe Sie dieses Problem in den Griff bekommen. Sie werden sehen, dass man mit ein wenig Vorausplanung die Wahrscheinlichkeit solch nervtötender Fragen erheblich mindern kann.

Feindselige Fragen erkennen

Sie dürfen nicht davon ausgehen, dass jeder, der nicht Ihrer Meinung ist, Ihnen feindselig gegenübersteht. Auch Leute, deren Meinung von der Ihren abweicht, können eine berechtigte

Frage haben. Sie müssen nicht unbedingt einen Streit vom Zaun brechen wollen. Vielleicht sind sie nur an Informationen interessiert.

Jemand, der Ihnen eine sehr gezielte Frage stellt, muss nicht unbedingt anderer Meinung sein als Sie. Es kann sogar das Gegenteil der Fall sein. Vor dem Obersten Amerikanischen Gericht passiert so etwas andauernd. Ein Richter, der einer bestimmten Auffassung ist, stellt einem Anwalt, der diese Auffassung vertritt, eine unglaublich harte Frage, weil er hofft, dass eine gute Antwort darauf die anderen Richter überzeugt, seiner Auffassung beizupflichten. So etwas kann sich auch in Ihrem Publikum abspielen. Jemand, der Ihrer Meinung ist, könnte eine harte Frage stellen und hoffen, dass Sie eine gute Antwort darauf geben, die den Rest des Publikums auch überzeugt. Es kann also sein, dass die unbequemsten Fragesteller Ihre zuverlässigsten Verbündeten sind. Gehen Sie nicht davon aus, dass diese Fragesteller Ihnen feindselig gegenüberstehen.

Wenn Ihnen jemand eine Frage stellt, die von falschen Voraussetzungen ausgeht, dann ist *das* feindselig. (»Glauben Sie, dass Sie 10 oder 20 Jahre wegen Steuerhinterziehung bekommen?« und »Ist das nicht ein unglaublicher Erfolg – für eine Frau?«) Sie können sicher davon ausgehen, dass diese Fragesteller es auf Sie abgesehen haben.

Den Wind aus den Segeln nehmen

Am besten geht man mit feindseligen Fragen um, indem man sie vermeidet. Leider kann ich nicht garantieren, dass keine solchen Fragen aufkommen. Aber ich kann Ihnen Techniken vermitteln, mit denen Sie die Anzahl feindseliger Fragen minimieren können:

✔ **Die Impfung:** Können Sie sich bestimmte feindselige Fragen vorstellen, die Ihnen gestellt werden könnten? Dann bringen Sie sie selbst zur Sprache und beantworten Sie sie bereits während Ihrer Rede. Wenn Sie Ihren Gegnern zuvorkommen, bleibt ihnen nichts mehr zu fragen.

✔ **Das Eingeständnis:** Geben Sie gleich zu Beginn der Fragerunde zu, dass Sie nicht in allen Bereichen die höchste Autorität sind. Schrauben Sie die Erwartungen Ihrer Zuhörer im Hinblick auf das Ausmaß und die Breite Ihrer Fachkenntnis auf ein realistisches Maß zurück. Sagen Sie Ihren Zuhörern, was Sie nicht wissen. Damit können Sie möglichen Feindseligkeiten und Enttäuschungen vorbeugen, die sich sonst ergeben könnten, wenn Sie Fragen nicht beantworten können.

✔ **Die Offenbarung:** Stellen Sie gleich zu Beginn der Fragerunde klar, dass die Fragesteller sich jeweils identifizieren müssen. Dazu gehören die Angabe des Namens und der Unternehmenszugehörigkeit und andere Dinge, die Sie gerne wissen möchten. In vielen Fällen wird das feindselige Fragesteller abschrecken. Sie verlieren nicht gerne die Tarnkappe der Anonymität des Publikums. Es ist viel leichter, den Schurken herauszukehren und den Redner anzugreifen, wenn man ungenannt und unerkannt bleibt.

Feindselige Fragen meistern

Wenn Sie jemand mit einer feindseligen Frage konfrontiert, ist das so, als hätte er Ihnen eine Handgranate vor die Füße gerollt. Sie müssen wissen, wie Sie diese Handgranate entschärfen, bevor sie hochgeht. Wenden Sie eines der folgenden taktischen Manöver an:

✔ **Fühlen Sie sich in den Fragesteller ein.** Gehen Sie zunächst darauf ein, dass der Fragesteller erregt ist, und räumen Sie ein, dass Sie seinen Standpunkt verstehen können, auch wenn Sie anderer Meinung sind. Machen Sie ihm klar, dass Sie keinerlei persönliche Animositäten gegen ihn hegen. Sie stimmen nur in dem fraglichen Punkt nicht mit ihm überein.»Ich merke, dass Sie diese Frage besonders aufregt, und ich weiß Ihre Beweggründe einzuschätzen. Lassen Sie mich Ihnen ein paar Dinge sagen, die Ihre Meinung vielleicht beeinflussen können ...«

✔ **Finden Sie Gemeinsamkeiten.** Finden Sie einen Bereich, in dem Sie mit dem Fragesteller übereinstimmen, und formulieren Sie Ihre Antwort von dort aus.»Wir sind uns also einig, dass das Budget auf 75 Prozent der Ausgaben des letzten Jahres gekürzt werden muss. Wir sind nur unterschiedlicher Auffassung darüber, wofür das Geld ausgegeben werden soll ...« Wenn Sie Schwierigkeiten haben, Gemeinsamkeiten zu finden, können Sie immer noch auf die Allzweck-Antwort auf feindselige Fragen zurückgreifen:»Wenigstens stimmen wir darin überein, dass dies ein kontroverser Punkt ist ...« (zugegeben, das ist ein bisschen lahm).

✔ **Formulieren Sie die Frage neutral.** Wenn eine Frage emotional aufgeladene Begriffe enthält, sollten Sie sie neutral umformulieren (siehe dazu den Abschnitt»Die Frage umformulieren« weiter vorn in diesem Kapitel).

✔ **Werden Sie sehr konkret.** Sprechen Sie über Tatsachen und Zahlen. Bleiben Sie genau. Je mehr Sie in die Theorie, in die Spekulation oder in die Meinungsäußerung abgleiten, desto eher werden sich abweichende Meinungen ihren Weg bahnen wollen. Schränken Sie die Gelegenheiten ein, einen Streit vom Zaun zu brechen.

✔ **Fragen Sie, warum die Frage gestellt wird.** Was ist, wenn Sie zur Zielscheibe einer Fangfrage oder einer ausgesprochen feindseligen Befragung werden? Erwägen Sie nicht einmal eine Antwort. Fragen Sie einfach:»Warum stellen Sie diese Frage?« Das kann die Situation in vielen Fällen schon entschärfen. Die Fragesteller sind oft verlegen, weil Sie den Braten gerochen haben, und ändern ihre Frage ab oder ziehen sie zurück. (Siehe dazu auch den Abschnitt»Hintergedanken aufdecken« weiter vorn in diesem Kapitel.)

✔ **Weichen Sie den Angreifern aus.** Erlauben Sie keine ständigen Nachfragen von Zuhörern, die Sie offensichtlich nur mit ihren Fragen in die Enge treiben wollen. (Es sei denn, sie haben eine Dienstmarke.) Dafür gibt es keinen Grund. Sie sollten jedem Zuhörer die Möglichkeit geben, Fragen zu stellen. Antworten Sie einfach, dass auch die anderen Anwesenden gerne Fragen stellen würden. Sie können auch anbieten, im Anschluss an die Fragerunde für weitere Fragen zur Verfügung zu stehen.

Darf ich vorstellen?
Das Publikum

In diesem Kapitel

▷ Die Reaktionen des Publikums bewerten

▷ Ein angenehmes Klima für das Publikum schaffen

▷ Mit Zwischenrufen und anderen Ablenkungen fertig werden

▷ Sich die Aufmerksamkeit des Publikums sichern

▷ Das Publikum beteiligen

Sie können die tollste Rede der Welt in der Hand haben, aber das nutzt überhaupt nichts, wenn Sie vor dem schlechtesten Publikum der Welt stehen. Ein Publikum ist wie eine dornige, langstielige Rose. Wenn Sie es richtig behandeln, ist es einfach nur schön und erblüht vielleicht sogar, während Sie reden. Wenn Sie es falsch anfassen, werden Sie sich übel stechen.

Die Reaktionen des Publikums lesen

Viele professionelle Redner behaupten von sich, sie könnten ein Publikum »lesen« wie ein Buch. Ich habe mich immer gefragt, was sie damit sagen wollen. Lesen sie ein bisschen vor dem Schlafengehen, bis sie dann wegdösen, und blättern dann am nächsten Tag weiter? Unterstreichen sie einzelne Zuhörer mit einem gelben Textmarker? Stecken sie dem einen oder anderen ein Lesezeichen in den Rachen? Wie man es auch dreht und wendet, es scheint mir doch mehr Sinn zu machen, ein Publikum wie ein Publikum zu lesen – eine Ansammlung von Leuten, die Ihrer Rede lauschen müssen. Es geht deshalb in diesem Abschnitt darum, wie Sie die Reaktionen Ihres Publikums bewerten.

Wie steht es mit der Energie?

Ein einfacher Einstieg in das Lesen des Publikums ist die Beobachtung des Energielevels. Reden und lachen die Leute miteinander, während sie auf den Beginn der Veranstaltung warten? Dann handelt es sich um ein Publikum mit hohem Energielevel – ein Glücksfall für Sie. Ein solches Publikum ist viel aufnahmefähiger. Es liegt an Ihnen, wenn Sie dieses Publikum verlieren. Wenn Sie es mit einem energiegeladenen Publikum zu tun haben, müssen Sie nicht so viel Energie aufwenden. (Es kann aber auch nicht schaden, wenn Sie es trotzdem tun.)

Ein Tipp des Comedy-Trainers John Cantu: Ein energiegeladenes Publikum lacht und applaudiert länger als ein energiearmes. Sie müssen also mehr Zeit für Gelächter und Applaus einplanen, wenn Sie einschätzen wollen, wie viel Sie in der Ihnen zur Verfügung stehen Zeit sagen können.

Ein energiearmes Publikum ist das genaue Gegenteil. Niemand sagt ein Wort, es herrscht eine öde Stimmung. (So eine Stimmung findet man oft zu bestimmten Zeiten und Wochentagen vor. An einem Montagabend hat man es zum Beispiel meist mit einem energiearmen Publikum zu tun.) Da haben Sie einige Arbeit vor sich. Sie müssen die Energie aufbringen, den Funken überspringen zu lassen.

Wie steht es mit der Körpersprache?

Das Gestik des Publikums kann Ihnen viel über die Wirkung Ihrer Rede verraten. Nicken die Zuhörer bei Ihren Worten? Sehen sie Sie an? Beugen sie sich nach vorn? Lächeln sie? Oder winden sie sich auf ihren Stühlen, stoßen sich gegenseitig an, schauen auf die Uhr oder lassen ihren Blick zum Fenster wandern? (Man muss keinen Universitätsabschluss haben, um diese Signale zu interpretieren.)

 Beurteilen Sie nicht das gesamte Publikum anhand der Reaktionen einer einzelnen Person. Das versteht sich eigentlich von selbst, und dennoch machen viele Redner diesen Fehler. Sie sehen einen Miesepeter, der keine Miene verzieht, und kommen von diesem Anblick nicht los. In der Folge gründen Sie alle Entscheidungen zu Ihrer Rede auf diesem einen Eindruck. Das ist meistens falsch, denn den Miesepeter können Sie in keinem Fall durch irgendetwas beeindrucken. Sie werden nervös, könnten explodieren und vermasseln die ganze Rede. Wenn Sie sich stattdessen auch die anderen 99 Prozent Ihrer Zuhörer ansehen, werden Sie feststellen, dass sie zufrieden sind mit Ihnen – jedenfalls bis zu dem Zeitpunkt, an dem Sie wegen dem Miesepeter nervös werden.

Fragen ans Publikum

Wenn Sie sich nicht sicher sind, ob Ihre Zuhörer Ihre Ansichten teilen, anderer Meinung sind oder ob sie überhaupt verstehen, was Sie sagen, fragen Sie doch einfach. Das ist der direkteste Weg, etwas über die Reaktionen des Publikums zu erfahren. (»Wie viele von Ihnen wissen von dem großen Ölteppich, über den ich gerade gesprochen habe?« »Wie viele von Ihnen stimmen dem, was ich eben gesagt habe, nicht zu?« »Wie viele von Ihnen haben diese Argumente noch nie gehört?«)

Ein angenehmes Klima schaffen

Die meisten Menschen sind in Situationen, mit denen sie nicht vertraut sind, erst einmal vorsichtig. Wenn sie mit fremden Menschen zusammentreffen, benehmen sie sich zurückhaltend. Sie sind wachsam und entspannen sich erst, wenn sie sicher sind, dass sie sicher sind.

Bei Zuhörern ist das nicht anders. Wenn Loriot ans Rednerpult tritt, wissen die Leute, dass sie lachen dürfen. Wenn jemand da vorn steht, den die Zuhörer nicht kennen, wissen sie nicht, welches Verhalten von ihnen erwartet wird. Das müssen Sie ihnen erst sagen.

Jim Lukaszewski nennt diesen Prozess die *Erlaubniserteilung*. »Meistens sind wir Redner den Zuhörern fremd«, erläutert er. »Wir müssen ihnen also erst erlauben, unsere Rede zu genießen.« Lukaszewski vergleicht diesen Vorgang mit einem ständigen begleitenden Dialog mit den Zuhörern. »Ich informiere sie eingehend in meinen Reden«, erklärt er. »Aber ich erlaube ihnen auch, auf verschiedene Weise zu reagieren.«

Was muss man einem Publikum erlauben? Das hängt davon ab, was Sie erreichen wollen und wie das Publikum Ihrer Meinung nach reagieren soll. Die folgende Übersicht zeigt drei wichtige Bereiche, für die Sie Ihren Zuhörern eine Erlaubnis erteilen können:

✔ **Erlaubnis zu lachen:** Wollen Sie Ihre Rede mit Humor auflockern? Dann ist es ungemein wichtig, dass Sie Ihrem Publikum erlauben zu lachen. Der erfahrene Hightech-Geschäftsmann Joe DiNucci ist bekannt dafür, seinen Humor in Reden vor Kunden und Mitarbeitern zum Besten zu geben. Er versichert seinen Zuhörern gleich am Anfang, dass es völlig in Ordnung ist, wenn sie Spaß an seiner Rede haben. Das hört sich in etwa so an: »Ich möchte Ihnen etwas mitteilen, Sie informieren, Sie aufklären und Ihnen Einsichten vermitteln, aber es ist auch meine erklärte Absicht, Sie zu unterhalten. Also lockern Sie Ihre Krawatte. Entspannen Sie sich. Schalten Sie das Immunsystem ab, das alles annähernd Amüsante abwehrt. Ich verspreche Ihnen, das Sie viel Substanzielles erfahren werden, aber Sie werden auch Ihren Spaß dabei haben.«

✔ **Erlaubnis zu lernen:** Jim Lukaszewski erlaubt seinen Zuhörern gerne, etwas zu lernen. Das klingt so: »Ich glaube, das ist eine wirklich wichtige Rede. Ich werde über drei heikle und wichtige Themen sprechen. Zu den Einzelheiten komme ich später. Aber wenn Sie heute nach Hause gehen, werden Sie sich an die folgenden drei wichtigen Bereiche erinnern ...« Indem er dem Publikum sagt, was wichtig ist, lässt Lukaszewski es an seiner Interpretation seiner Rede teilhaben. »Ich öffne dem Publikum meine Psyche«, legt er dar. »Es kann jetzt den Verlauf der Rede aktiv mitverfolgen – nicht nur auf das reagieren, was ich gerade von mir gebe.«

 **Erlaubnis zu schreiben:** Lukaszewski zufolge ist die wichtigste Erlaubnis, die man einem Publikum geben kann, die Erlaubnis, sich Notizen machen zu dürfen. Er macht das so: »Meine Rede steckt voll Informationen, die Sie sich vielleicht gerne merken würden. Deshalb lagen auf Ihren Stühlen Papier und Stifte. Wenn bei Ihnen nichts gelegen hat, sollten Sie sich sofort mit jemandem anfreunden, der Papier und Stift hat, denn Sie werden es brauchen.«

Diese Erlaubnis steht im Widerspruch zu der traditionellen Meinung, die das Mitschreiben als Ablenkung missbilligt. »Viele Kommunikationstrainer sind der Meinung, man könne nicht die Leute mitschreiben lassen und erwarten, dass sie alles mitbekommen«, erläutert Lukaszewski. »Das ist Blödsinn. Ist es nicht toll, wenn Hunderte Zuhörer aufschreiben, was man sagt?« Aber wie stellt er sicher, dass seine Zuhörer nichts verpassen? »Ich schweige einfach und lasse sie schreiben«, meint er. »Und stellen Sie sich vor – wenn ich aufhöre zu reden, fangen sie an zu schreiben.«

Schwieriges Publikum - was tun?

Nicht bei jedem Publikum wird das reinste Vergnügen sein, eine Rede zu halten. Wenn Sie einem schwierigen Publikum gegenüberstehen, haben Sie mehrere Wahlmöglichkeiten. Sie können das Problem erfassen und bewältigen oder Sie können auf stehende Ovationen warten – und zwar lange, sehr lange.

Verschiedene Typen

Unproblematisches Publikum ist überall gleich, aber jedes schwierige Publikum ist aus ganz eigenen Gründen schwierig. Ich versuche im Folgenden, Ihnen einen Überblick darüber zu geben, womit Sie es zu tun bekommen können.

Das unberechenbare Publikum

Das Publikum reagiert oft unvorhersehbar. Die Zuhörer lachen oder applaudieren, wenn Sie es am wenigsten erwarten, und sind mucksmäuschenstill, wenn Sie den Applaus schon fast zu hören glaubten.

Das macht es so schwierig. Es ist unmöglich, im Rhythmus zu bleiben. Es bleibt Ihnen nichts anderes übrig, als mit dem Strom zu schwimmen. Machen Sie bloß keine Andeutungen, dass Sie die Reaktionen des Publikums ungewöhnlich finden. Halten Sie einfach inne, wenn Sie Applaus bekommen, und reden Sie weiter, wenn er ausbleibt.

Das unfreiwillige Publikum

Das unfreiwillige Publikum ist schwierig, weil es – wie der Begriff es nahelegt – eben nicht freiwillig vor Ihnen sitzt. Man hat die armen Leute aus irgendeinem Grund gezwungen, Ihrer Rede zuzuhören, und das mögen sie nicht. Sie sind also schon schlecht gelaunt, bevor Sie überhaupt angefangen haben. Das hat nichts mit Ihnen zu tun, aber Sie kriegen den ganzen Ärger ab. Was können Sie da tun? Sprechen Sie die Situation gleich zu Beginn an und appellieren Sie an die Fairness. Sagen Sie Ihren Zuhörern, welchen Nutzen sie aus Ihrer Rede ziehen können, wenn sie sich zusammenreißen und Ihnen eine faire Chance geben.

Das Experten-Publikum

Ein klassischer Witz unter Vortragsreisenden handelt vom letzten Überlebenden der Oderbruch von 1838, der schließlich das Zeitliche segnete. Am Himmelstor wird er vom Heiligen Petrus begrüßt, der ihn gleich darauf hinweist, dass einige der Alteingesessenen gerne die neuesten Geschichten von der Erde hören würden. Petrus fragt, ob er denn irgendetwas Interessantes zu berichten wüsste. Der Neuzugang meint, er habe auf seinen Vortragsreisen immer großen Erfolg mit seinen Geschichten von der Oderbruch gehabt. Petrus bringt ihn also zu den Wartenden, stellt ihn vor und kündigt an, er habe etwas Interessantes zu erzählen. Im Weggehen wendet er sich noch einmal an den Neuankömmling und flüstert ihm ins Ohr: »Der zweite Mann von rechts in der ersten Reihe – das ist Noah.«

 Was können Sie machen, wenn Ihr Publikum mehr über das Thema Ihrer Rede weiß als Sie? Sie können Ihre Rede zu einer Gesamtschau der Grundlagen erklären. Alternativ können Sie sich entscheiden, aus einer völlig subjektiven Perspektive zu sprechen. Die Rede ist dann eine Beschreibung Ihrer Gefühle, Vorstellungen und Reaktionen bezogen auf das jeweilige Thema. Oder Sie heben die Diskussion auf eine höhere Ebene und zielen auf das Gesamtbild. (»Ich bin heute nicht hier, um über Fluten zu sprechen. Sicher weiß Herr Noah darüber mehr zu berichten, als ich es kann. Ich möchte Ihren Blick auf die grundlegende Beziehung des Menschen zur Natur lenken und darauf, wie wir Menschen mit widrigen Umständen fertig werden. In jedes Leben muss ein wenig Regen fallen ...«)

Das Ihre Position ablehnende Publikum

Sie sprechen für oder wider eine kontroverse Sache – Mehrwertsteuererhöhung, Einführung von Studiengebühren, eine neue Staffel von Big Brother, was auch immer. Die Meinung Ihres Publikums ist der Ihren diametral entgegengesetzt. Sie wissen also, dass Ihre Zuhörer Ihren Worten ablehnend gegenüberstehen werden. Das wird kein Zuckerschlecken.

Am besten entwaffnen Sie Ihr Publikum gleich am Anfang. Stellen Sie offen fest, dass Sie eine andere Meinung haben. (Und entschuldigen Sie sich bloß nicht für diese andere Meinung. Sie haben ein Recht darauf.) Appellieren Sie dann an die traditionellen Werte der Fairness, der freien Rede und des Dialogs. Machen Sie Ihren Zuhörern klar, dass sie im Anschluss an Ihre Rede die Möglichkeit haben, ihre Ansichten vorzutragen. (»Wir werden in einigen grundlegenden Fragen unterschiedlicher Meinung sein. Aber das ist der Grund, warum ich heute hier bin – um mit Ihnen in einen Dialog über die Auswirkungen des Ozonlochs zu treten. Wenn wir alle dieselben Überzeugungen hätten, käme kein großer Dialog zustande. Und ich verspreche Ihnen, dass es einen Dialog geben wird, denn wenn ich meine Rede beendet habe, wird jeder, der es wünscht, die Gelegenheit erhalten, seiner Meinung Ausdruck zu verleihen. Ich möchte Sie nur bitten, mir eine faire Chance zu geben, meine Ansichten ohne Unterbrechung darzulegen. Sie müssen mir nicht zeigen, wie sehr unsere Meinungen auseinander gehen. Das weiß ich bereits.«)

Das Wegen-dir-sind-wir-nicht-hier-Publikum

Der Hauptredner ist vielleicht der gerade aktuelle Business-Guru, der einen Bestseller über Führung geschrieben hat, ein erfolgreicher Politiker mit eigenem Personenkult oder ein Star aus Film oder Fernsehen. Das ist es, weshalb das Publikum eigentlich hergekommen ist. Nun müssen die Zuhörer sich leider noch eine Reihe anderer Redner anhören, bis es endlich so weit ist und sie ihren Guru anhimmeln können. Und zu allem Überfluss sind Sie einer der Redner des Vorprogramms.

Ein solches Publikum vor sich zu haben, ist kein Zuckerschlecken. Wenn es nach ihm ginge, sollten Sie bereits fertig sein, bevor Sie angefangen haben. Viel können Sie da nicht machen, aber vielleicht macht es die Sache einfacher für Sie, wenn Sie in Ihrer Rede öfter mal auf den Guru anspielen. Das dürften dann die einzigen Gelegenheiten sein, bei denen Sie eine positive

Resonanz von Ihren Zuhörern erhalten. (»Es ist mir eine Ehre, heute zusammen mit Herrn Guru im Rahmen der gleichen Veranstaltung zu sprechen. Ich möchte nicht verhehlen, dass viele meiner Vorstellungen direkt von Herrn Gurus Thesen beeinflusst worden sind. Viele von Ihnen werden mit mir der Meinung sein, dass Herrn Gurus Buch _Laber dich an die Spitze_ die wohl wichtigste Geschäftslektüre des Jahrhunderts ist. Herr Guru wird etwas später zu Ihnen über Führung sprechen. Ich möchte mich jetzt einigen Konzepten zuwenden, die Ihnen einen besseren Einblick in die Ideen Herrn Gurus ermöglichen.«) Ist das ein Appell an das Publikum. Aber sicher. Haben Sie eine andere Wahl? Ja. Sie können Ihre Rede halten wie geplant und sich die Zwischenrufe und Johlerei des Publikums anhören. (»Ach, sei still und setz dich.« »Runter von der Bühne« »Wir wollen den Guru.«) Sie sind am Zug.

Das abgelenkte Publikum

Sie sprechen als ausgewiesener Experte auf dem Gebiet zu einer Gruppe Fundraiser über neue Möglichkeiten, das Spendenaufkommen zu steigern. Redner, Thema und Publikum passen also wunderbar zusammen. Es ist zu erwarten, dass Ihre Zuhörer Ihnen ihre ungeteilte Aufmerksamkeit schenken und sich Notizen machen werden. Ihre Erwartung wird jedoch enttäuscht. Die Zuhörer scheinen abgelenkt und hören nicht zu. Woran liegt das? Zwei Stunden zuvor ist ein Spaceshuttle explodiert oder es hat einen Anschlag auf eine U-Bahn gegeben oder Jürgen Klinsmann ist als Nationaltrainer zurückgetreten. Irgendein größeres Ereignis hat sich in die Köpfe Ihrer Zuhörer gedrängt und lässt alles andere – besonders Ihre Rede – im Moment vergleichsweise unwichtig erscheinen.

Ein solches Ereignis muss dabei nicht unbedingt nationale Tragweite erreichen. Es kann sich auch um ein lokales Ereignis handeln, von dem Ihre Zuhörer betroffen sind. (Sie sollen vor Mitarbeitern eines Verpackungsherstellers eine kurze Tischrede über vermögenswirksame Leistungen halten. Am selben Morgen verkündet der Geschäftsführer des Unternehmens rekordverdächtige Quartalsverluste und deutet an, dass mit massiven Entlassungen zu rechnen sei. Da wird sich keiner auf Ihre Rede konzentrieren können.)

 Was machen Sie, wenn Sie Ihre Rede an einem Tag halten sollen, an dem ein aufwühlendes Ereignis die allgemeine Aufmerksamkeit auf sich zieht? Versuchen Sie, die Rede abzusagen oder zu verschieben. Wenn das nicht möglich sein sollte, sollten Sie darauf vorbereitet sein, über das jeweilige Ereignis zu sprechen, denn etwas anderes interessiert die Anwesenden nicht.

Das Fremdkörper-Publikum

Sie sind er einzige Mann bei einer Veranstaltung für Frauen oder umgekehrt. Sie sind der einzige Deutsche bei einer Veranstaltung für türkische Mitbürger oder umgekehrt.

Sie wissen, worauf ich hinaus will. Sie sind das, was Ihr Publikum nicht ist. Zuhörer können recht anstrengend sein, wenn sie annehmen, dass Sie ihren Standpunkt gar nicht verstehen können. Schließlich sind Sie ja ganz anders.

Lösen Sie gleich zu Beginn die Spannung. Gehen Sie auf Ihr Anderssein ein. Wenn es in den Rahmen passt, machen Sie sich lustig darüber. Bemühen Sie sich dann, die Gemeinsamkeiten herauszuarbeiten. Sie sprechen aus einem bestimmten Grund vor diesem Publikum. Die Zuhörer können einen Nutzen daraus ziehen, wenn sie Ihnen zuhören. Beschreiben Sie diesen Nutzen – und zwar schnell.

Das vom Vorredner vergrätzte Publikum

Ihr Vorredner hat die Zuhörer tief verärgert. Sie sind echt sauer. Vielleicht ging es um eine kontroverse Sache. Vielleicht war er beleidigend. Wie dem auch sei, das Publikum ist ziemlich übel drauf und will Sie dafür leiden sehen. Am allerwichtigsten ist es, dass Sie sich dieser Situation *bewusst* sind. Sie müssen wissen, dass das Publikum über den Vorredner verärgert ist, nicht über Sie.

 Wenn Sie die Lage missverstehen, steht Ihre ganze Rede auf dem Spiel. Sie nehmen an, dass *Sie* das Problem sind und passen Ihre Darbietung entsprechend an. Das funktioniert aber nicht, weil Sie ja *nicht* das Problem sind. Sie müssen unbedingt wissen, was die Vorredner Ihrem Publikum gesagt haben. Hören Sie sich die Reden an, wenn es Ihnen möglich ist. Erkundigen Sie sich zumindest, was passiert ist. Wenn im Vorfeld Probleme aufgetreten sind, können Sie gleich zu Beginn Ihrer Rede darauf eingehen.

Das Schon-mal-gehört-Publikum

Ihre Vorredner haben ganz annehmbare Reden gehalten. Das Publikum ist gut in Form für Ihre Rede. Keine Aufregungen, kein Ärger. Das kann sich aber schnell ändern, wenn Sie ans Pult treten und das wiederholen, was Ihre Vorredner bereits gesagt haben.

Warum sollten Sie das tun? Nun, so etwas passiert jeden Tag, und zwar aus zwei Gründen: Ihnen ist nicht bewusst, was Ihre Vorredner gesagt haben, oder Sie ignorieren die Tatsache, dass diese bereits gesagt haben, was Sie sagen wollten, und halten Ihre vorbereitete Rede. Damit dürfen Sie einem Publikum nicht kommen. (Das ist auch der Grund, warum niemand gerne zu ganztägigen Konferenzen geht. Wenn der fünfte Redner aufsteht und über die Bedeutung von Synergien, Änderungsbereitschaft und Globalisierung spricht, möchte man am liebsten schreiend rauslaufen.)

Wenn Sie sich in einer solchen Lage befinden, halten Sie Ihre Rede nicht, als hätte niemand im Saal je etwas davon gehört, was Sie verbreiten wollen. Sie haben sofort verloren. Sie müssen sich der Situation anpassen. Das Wenigste, was Sie tun können, ist zuzugeben, dass Sie Punkte ansprechen, über die schon gesprochen worden ist. Strategisch wirkungsvoller ist es jedoch, Ihr vorbereitetes Material links liegen zu lassen und das Thema aus dem Stegreif mal aus einer anderen Perspektive anzugehen. Kommentieren Sie die Aussagen Ihrer Vorredner oder rufen Sie das Publikum zur Mitwirkung auf.

Das kranke Publikum

Das kranke Publikum ist buchstäblich krank. Aus allen Ecken hört man es husten, niesen und schnäuzen. Das nervt ganz schön, aber was will man machen. Sie können der Situation mit Humor beizukommen versuchen. (»Warten Sie mit dem Applaus und dem Husten bis zum Ende.«) Wenn das nichts bringt, haben Sie Pech gehabt.

Zwischenrufer und Störer

Bei dem Wort Zwischenrufer denkt man traditionell an einen Zuhörer, der einen Redner mit lauten (oft feindseligen) Bemerkungen oder Fragen unterbricht. Neben dem Zwischenrufen gibt es aber noch andere Formen des Störens. Meiner Definition zufolge ist Stören alles, was jemand tut, um Sie oder das Publikum von der eigentlichen Rede abzuhalten. In diesem Sinne können Sie es mit folgenden Zwischenrufern und Störern zu tun bekommen:

✔ **Aufmerksamkeitsheischer:** Der Aufmerksamkeitsheischer ist ein Zwischenrufer, der die Aufmerksamkeit auf sich lenken will. Wenn Sie das Publikum bitten, Fragen zu stellen, prescht der Aufmerksamkeitsheischer mit einer sarkastischen Bemerkung oder einer gezielten Frage vor, um Sie in Verlegenheit zu bringen. Nicht dass er etwas gegen Sie persönlich hätte. Sie sind nur das Mittel zum Zweck auf seiner nie endenden Suche nach Aufmerksamkeit.

✔ **Besoffene:** Wenn Sie öfter Tischreden halten, werden Sie früher oder später auf den betrunkene Zwischenrufer treffen. Vertreter dieser Spezies haben meist einen im Tee und weisen die typischen Symptome nach Alkoholkonsum auf – sie sind sehr böse, sehr traurig oder sehr glücklich. Egal um welche Stimmung es sich handelt, sie wird bis zum Anschlag ausgekostet. Sie rufen, schreien oder lachen lauthals und bringen damit Ihre Rede völlig aus dem Gleis. Natürlich sind Zwischenrufer, die unter anderen Drogen stehen, auch nicht angenehmer.

✔ **Der Kampfhund:** Der Kampfhund ist der traditionelle Zwischenrufer. Er mag weder Sie noch Ihre Ansichten und möchte Sie nach Kräften vom Reden abhalten. Er wird versuchen, Sie niederzuschreien, zu beleidigen und alles zu tun, um einen Aufruhr zu veranstalten. Es ist ein Kampf – mit Ihnen.

 Es kann sein, dass Sie gelegentlich auch auf einen »Deppen« stoßen. Der »Depp« ist kein Störer im eigentlichen Sinne, sondern vielmehr jemand, der sich im Zusammenhang mit Ihrer Rede unbeabsichtigt auffällig verhält, indem er etwa eine rhetorische Frage beantwortet. Richten Sie sich darauf ein: Er weiß es nicht besser.

 Jemand, der eine Störung verursacht, muss nicht unbedingt ein Störer sein. Oft hat störendes Verhalten auch ganz harmlose Ursachen. So kann etwa ein Zuhörer seinen Nachbarn um einen Stift bitten. Ärgern Sie sich nicht über solche unbeabsichtigten Störungen. Wenn jemand den Raum verlässt, um zur Toilette zu gehen, ist das keine Störung im eigentlichen Sinne. Anders liegt die Sache, wenn derjenige zurückkommt und Sie mit Toilettenpapier bewirft.

Jetzt kennen Sie verschiedene Störer und Zwischenrufer, die Ihnen bei Ihren Reden begegnen können. Wie gehen Sie aber damit um? Da gibt es mehrere Möglichkeiten:

✔ **Ermitteln Sie den Typ des Störers.** Sie müssen herausfinden, warum es zu den Störungen kommt, damit Sie entscheiden können, wie Sie dem ein Ende setzen können. Mehr Informationen über die verschiedenen Störer und Zwischenrufer und ihre Motive finden Sie weiter vorn in diesem Kapitel.

✔ **Seien Sie einfühlsam.** Manchmal kann man Störern den Wind aus den Segeln nehmen, indem man ihren Standpunkt anerkennt. Machen Sie klar, dass Sie ihre Position verstehen, aber nicht damit konform gehen.

✔ **Bieten Sie dem Zwischenrufer an, nach Ihrer Rede mit ihm zu sprechen.** Ich mache das gerne so:»Hören Sie, mein Freund, das ist meine Rede. Wenn Sie nachher mit mir streiten wollen, sind Sie mir willkommen. Ich werde gerne später mit Ihnen reden, aber im Moment beleidigen Sie den Rest des Publikums.«

✔ **Suchen Sie Hilfe.** Sie sollten sich nicht mit Zuhörern herumärgern müssen, die sich nicht unter Kontrolle haben. Bitten Sie einen der Organisatoren der Veranstaltung um Hilfe. Sie können auch andere Zuhörer um Hilfe bitten. (Sie können dann dem Zwischenrufer erklären, dass er sich ruhig verhalten soll.)

✔ **Lassen Sie sich nicht auf eine Auseinandersetzung ein.** Das liefert dem Störer eine Angriffsfläche und lässt Sie schlecht dastehen. Davon abgesehen ist es genau das, was der Störer will.

✔ **Bleiben Sie ruhig.** Störer wollen die Kontrolle übernehmen. Wenn Sie sich aufregen, haben sie erreicht, was sie wollten – eine negative Reaktion (und den Beweis dafür, dass Sie die Kontrolle verloren haben). Bleiben Sie also unter allen Umständen ruhig. Wenn es auch sonst nichts bewirkt, als den Störer zur Verzweiflung zu bringen.

✔ **Beenden Sie Ihre Rede.** Wenn ein Störer nicht aufhört und Ihnen niemand hilft, beenden Sie Ihre Rede. Sagen Sie Ihren Zuhörern, dass Sie wegen der andauernden Störungen nicht weiterreden können. Verlassen Sie würdevoll den Saal.

Mit anderen Störungen fertig werden

Wahrscheinlich werden Sie es eher selten mit Zwischenrufern zu tun haben. Andere Störungen sind da wesentlich häufiger. Bei Tischreden etwa wird ein Kellner unweigerlich während Ihrer Rede Geschirr oder Besteck fallen lassen. Wenn Kinder anwesend sind, wird ein Baby seine Unzufriedenheit lautstark dokumentieren. Der Gast mit dem lautesten Handy-Klingelton wird einen Anruf erhalten, während Sie sprechen. Die Liste ließe sich endlos fortsetzen.

Bei solchen Störungen reagiert das Publikum oft mit Gelächter. In diesem Fall lachen Sie am besten einfach mit. Es geht im Wesentlichen darum, wer die Fäden in der Hand hat. Sie müssen Ihren Zuhörern vermitteln, dass Sie über den Problemen stehen und alles unter Kontrolle haben. (Das ist vergleichbar mit einem Auto, das ins Schleudern gerät. Wenn Sie in die gewünschte Fahrtrichtung lenken, können Sie die Kontrolle über das Fahrzeug zurückgewinnen.) Wenn Sie sich aber über die Störung aufregen, fühlt sich Ihr Publikum nicht mehr wohl, und Sie kommen aus dem Tritt.

 Überlegen Sie im Vorfeld, was schieflaufen könnte, und legen Sie sich ein paar Scherze zurecht. Angenommen, die Saalbeleuchtung würde ausfallen. Dann könnten Sie sagen:»Ich denke, ich muss das Thema etwas näher beleuchten.« (Nicht unbedingt ein Brüller, aber das muss ja auch nicht sein. Es reicht aus zu vermitteln, dass es keinen Grund zur Aufregung gibt und Sie alles unter Kontrolle haben.)

Zwischenrufer vorführen

Der Albtraum vieler Redner ist es, von einem Zwischenrufer unterbrochen zu werden. Andererseits haben Sie als Redner in diesem Fall die einzigartige Chance, mit Witz und Schlagfertigkeit zu antworten. Eine gute Retourkutsche bleibt meist noch im Gedächtnis haften, wenn die Rede bereits längst vergessen ist. Ich habe ein paar schöne Beispiele für Sie zusammengestellt.

Al Smith war ein beliebter Gouverneur von New York und Präsidentschaftskandidat. Während einer Rede im Rahmen seiner Wahlkampagne wurde er von einem Zwischenrufer unterbrochen, der rief:»Sag ihnen, was du denkst, Al. Kann nicht lange dauern.« Smith war um eine Antwort nicht verlegen und antwortete:»Ich werde ihnen sagen, was wir beide denken. Kann nicht viel länger dauern.«

William Gladstone und Benjamin Disraeli waren einst Erzrivalen im Britischen Parlament. Während einer Debatte rief Gladstone Disraeli zu:»Sie, mein Herr, werden entweder am Galgen sterben oder an einer abscheulichen Krankheit.« Disraeli gab zurück:»Das, mein Herr, hängt davon ab, ob ich mich an meine Prinzipien halte oder an Ihre Geliebte.«

Einem sehr handfesten Zwischenruf sah sich der ehemalige amerikanische Präsident William Howard Taft gegenüber, als jemand einen Kohlkopf nach ihm warf. Taft konnte dem Wurfgeschoss entgehen und meinte trocken:»Offenbar hat einer meiner Gegner den Kopf verloren.«

Nancy Astor, die erste Frau, die einen Sitz im Britischen Unterhaus ergattern konnte, war eine ausdrückliche Verfechterin der Frauenrechte. Während einer Rede, die sie zu diesem Thema hielt, unterbrach sie ein Zwischenrufer mit Bemerkungen zu ihren zahlreichen Armbändern und Halsketten. Er rief:»Lady Astor, mit dem ganzen Blech, das Sie mit sich herumtragen, gäben Sie einen guten Wasserkessel ab.« Die Antwort der Lady war kurz und niederschmetternd:»Und Sie haben genug Wasser im Kopf, um ihn zu füllen.«

Ein Publikum wiederbeleben

Manchmal merkt man an subtilen Kleinigkeiten, dass bei einem Publikum der Funke einfach nicht überspringt. (Die Leute nicken nicht zustimmend, sie nicken ein.) Wenn Sie Ihre Rede noch retten wollen, müssen Sie die Initiative übernehmen. Ihre Rede wird zum Einsatz in der

Notaufnahme. Sie müssen herausfinden, was mit dem Patienten nicht stimmt, aber zuerst einmal muss er wiederbelebt werden, sonst ist alles zu spät. Werfen wir einen Blick auf einige Wiederbelebungstechniken für ein Publikum im Koma.

Einen Notfallkoffer zusammenstellen

In einen Notfallkoffer für wegdösendes Publikum gehören verschiedene Instrumente, mit denen Sie das Interesse an Ihrer Rede wiederbeleben können. Wie bei einem richtigen Notfallkoffer sind diese Instrumente in ihrer Wirkungskraft abgestuft und reichen von Verbandmaterial bis hin zu Adrenalinspritzen. Sie müssen wissen, wie Sie diese Instrumente bei dem vor Ihnen sitzenden Publikum anwenden. Ich habe mir angewöhnt, ein sterbendes Publikum in eine von drei Kategorien einzuordnen, die ich als Stadien bezeichne.

Erstes Stadium: Die Zuhörer achten noch auf Sie, aber sie blicken gelangweilt oder verwirrt drein

Ihre Zuhörer sehen Ihnen noch beim Reden zu, aber Sie merken, dass Sie keinen Draht zu ihnen haben. Sie zappeln herum. Sie reagieren nicht. Was können Sie tun? Sie müssen aus dem aktuellen Redemuster ausscheren. Sprechen Sie die Zuhörer direkt an, als befänden Sie sich in einem Gespräch mit ihnen. Fragen Sie, ob sie verstehen, worüber Sie sprechen. Fragen Sie, ob Sie ein anderes Beispiel wählen sollen. Oder machen Sie deutlich, dass Sie etwas Wichtiges sagen werden. Stellen Sie den Nutzen Ihrer Rede deutlich heraus, damit sie wissen, worum es Ihnen geht. (»Jetzt werde ich Ihnen den einzigen sicheren Weg erläutern, wie Sie verhindern können, in den nächsten zwei Jahren entlassen zu werden.«)

Sie können auch etwas sagen, von dem Sie glauben, dass man Ihnen dafür Applaus spenden wird. (Der Energieschub, der durch das Klatschen entsteht, verhindert das Einsetzen der Lethargie.) Was aber, wenn der erwartet Applaus nicht kommt? Sagen Sie beispielsweise: »Oh, ich glaube, Sie halten das für weniger wichtig als ich.« Wenn sie lachen, haben Sie eine Verbindung hergestellt. Wenn nicht, sind Sie auch nicht schlimmer dran als vorher.

 Nach Ansicht des Comedy-Trainers John Cantu kann man seine Chancen auf Applaus enorm verbessern, indem man dem Publikum einige Fragen stellt und es bittet, mit Applaus zu antworten statt mit Handzeichen. (»Wie viele von Ihnen können das Ende meiner Rede kaum erwarten?« Tosender Beifall.)

Zweites Stadium: Die Aufmerksamkeit lässt nach

Das Publikum fängt an, wegzudösen. Die Leute starren an die Decke, aus dem Fenster, auf die Uhr. Das Einzige, wo sie nicht hinblicken, ist das Rednerpult. Es gibt da etwas ganz Einfaches, was Sie tun können, um dem Publikum wieder ein wenig Leben einzuhauchen, und effektiv ist es dazu: Bitten Sie die Zuhörer, sich von ihren Stühlen zu erheben. Sagen Sie etwa: »Sie sitzen jetzt schon eine ganze Weile. Ich glaube, wir können alle ein paar kleine Dehnübungen vertragen. Stehen Sie doch einmal auf ... Gut, nun setzen Sie sich wieder hin. Fühlen Sie sich besser?« Sie werden überrascht sein, wie ein bisschen Dehnen und Strecken das Energieniveau im Saal ansteigen lässt. Aber Vorsicht! Der Effekt lässt schnell wieder nach. Nachdem sich alle wieder gesetzt haben, sind sie etwa ein bis zwei Minuten aufmerksam bei der Sache. In diese Bresche müssen Sie springen. Das ist Ihre Chance, mit aufregenden, dynamischen Inhalten Ihre Rede wieder zum Laufen zu bringen. Wenn Sie das nicht schaffen, werden Sie das Publikum wieder verlieren.

Drittes Stadium: Alarmstufe Rot - sie fallen gleich ins Koma

Das Publikum schläft ein oder fällt in einen tranceartigen Zustand oder ist einfach betäubt. Sie haben keine Zeit mehr, sie zu bitten, aufzustehen oder zu applaudieren. Sie müssen sofort etwas tun, was die Zuhörer aus ihrer Benommenheit reißt. Es muss laut sein oder dramatisch oder beides. Hier ein paar Vorschläge:

✔ Schlagen Sie mit der Faust auf das Rednerpult.

✔ Schlagen Sie sich auf die Brust wie ein Gorilla.

✔ Halten Sie das Mikrofon an einen Lautsprecher, um eine schrille Rückkopplung zu verursachen.

✔ Winken Sie mit einem 20-Euro-Schein und zerreißen Sie ihn.

✔ Werfen Sie Ihre Notizen auf den Boden.

Das sollte genügen, das Publikum aufzuwecken. Wichtig ist jedoch, dass Sie diese Aktionen in Ihre Rede einbinden, damit sie auch einen Sinn machen. Sonst sieht es so aus, als wollten Sie die Zuhörer nur aufwecken. (Sie können ja nicht einfach zugeben, dass Sie die Leute aufwecken wollen. Das würden sie Ihnen verübeln. Es muss so aussehen, als würden Sie ganz normal Ihre Rede halten und ein Teil davon wäre eben etwas lauter und hätte sie zufällig geweckt.)

Hauen Sie zum Beispiel mit der Faust auf das Rednerpult. (Am besten, direkt neben das Mikrofon, da ist es am lautesten.) Das Geräusch binden Sie dann unauffällig in Ihre Bemerkungen ein. »So schlägt Ihr Herz, wenn Sie zu einem Vorstellungsgespräch gehen.« »Solche Geräusche gibt ein Auto von sich, nachdem Sie 150 Euro gespart haben, weil Sie es in eine Billigwerkstatt gegeben haben.«

Freiwillige aus dem Publikum

Eine der besten Möglichkeiten, einem Publikum auf die Sprünge zu helfen, ist die Beteiligung des Publikums. Da packen Sie die Leute bei ihrem Ego. Sie identifizieren sich mit demjenigen, der auf der Bühne vor ihnen steht. Plötzlich wird Ihre Rede viel persönlicher.

 Es ist leichter, einen Freiwilligen zu finden, wenn Sie schon vorher mit einigen Zuschauern zusammengetroffen sind. Immer wenn ich vorhatte, einen Freiwilligen auf die Bühne zu bitten, meldete sich jemand, mit dem ich mich vorher schon kurz unterhalten hatte. Warum das so ist? Das weiß ich genauso wenig wie Sie. Vielleicht entsteht eine Art Verbindung. Die betreffende Person empfindet so etwas wie Freundschaft und fühlt sich verpflichtet zu helfen. Wer weiß? Ich kann Ihnen nur sagen, dass es immer wieder so passiert.

Teil V

Verbreitete Redesituationen und -anlässe

The 5th Wave   By Rich Tennant

»Wegen technischer Probleme mit dem automatischen
Video-Tracking müssen wir leider ein wenig improvisieren.
Wenn Sie also im Verlauf der Videokonferenz etwas sagen möchten,
rufen Sie bitte ›Hier, Rocko‹ und warten Sie, bis Rollo seine Pfoten
auf Ihre Knie gelegt hat, bevor Sie sprechen.«

In diesem Teil ...   Wir leben im Zeitalter der Informationstechnologie. Das öffentliche Reden ist einer von vielen Informationskanälen, derer wir
uns bedienen. Ob Sie also regelmäßig öffentlich reden oder
nicht, die meisten Menschen müssen damit rechnen, immer
mal wieder ein paar Worte an eine Gruppe von Zuhörern richten zu müssen – manchmal auch ganz kurzfristig. In diesem
Teil des Buches beschäftigen wir uns mit verbreiteten Redesituationen und -anlässen und wie man damit umgeht. Das fängt
bei Stadt- und Gemeinderäten an und endet bei internationalen
Zuhörern am globalen Arbeitsplatz. Ich werde auch auf Diskus-
sionen, Reden aus dem Stegreif, Podiumsdiskussionen, Gespräche am runden Tisch, Ankündigungen anderer Redner und
die Teilnahme an virtuellen Sitzungen eingehen.

Vor Gremien sprechen

In diesem Kapitel

▷ Die Regeln kennenlernen

▷ Wirkungsvoll und überzeugend sprechen

▷ Das Publikum nicht vor den Kopf stoßen

Bürgerbeteiligung und Mitwirkung müssen keine leeren Worthülsen bleiben, auch wenn viele Politiker und Amtsträger gelegentlich den Eindruck erwecken, es sei ihnen lieber so. Wir haben nun einmal das Recht, unsere Ansichten frei zu äußern, das gilt auch vor öffentlichen Gremien. Gelegenheiten dazu kann man beispielsweise in öffentlichen Anhörungen vor kommunalen Ausschüssen wahrnehmen, wenn man persönlich von bestimmten Planungen oder Maßnahmen betroffen ist. Auch sonst geben die Gemeindeordnungen durchaus Ansätze her, Bürgern das Recht einzuräumen, sich zu Fragen der Gemeindepolitik zu äußern. Modellinitiativen im Rahmen des Projekts Bürgerhaushalt haben vor einigen Jahren durchaus ermutigende Ergebnisse erzielt. In einigen Parteien gibt es sogar Bestrebungen, Bürgern ein grundsätzliches Rederecht in verschiedenen kommunalen Gremien einzuräumen. Ob Sie nun vor einem kommunalen Ausschuss, einer Schulpflegschaftssitzung oder einer Planungskommission sprechen, in diesem Kapitel geht es um die Frage, wie Sie Ihre Position am wirkungsvollsten vertreten. Zumindest möchte ich Ihnen ersparen, dass man mit unheilverheißenden Gegenständen nach Ihnen wirft.

Nichts geht ohne Regeln

Sie mögen zwar nicht immer befolgt werden, aber es gibt Regeln für Reden vor öffentlichen Gremien. In der Regel lassen sich diese Regeln auf der Website der jeweiligen Institution oder durch einen Telefonanruf ermitteln. Im konkreten Fall sollten Sie sich immer an die jeweiligen Regeln der betreffenden Institution halten. In den folgenden Abschnitten gehe ich auf einige allgemeine Regeln ein, die Ihnen die Planung Ihrer Bemerkungen oder Reden erleichtern.

Die Rednerliste

Bei aller Verschiedenheit der öffentlichen Gremien, Kommissionen oder Ausschüsse verlangen doch die meisten, dass man sich in eine Rednerliste aufnehmen lässt, wenn man zu Wort kommen möchte. Dies erlaubt dem Gremium, den Ablauf einer Versammlung umfassend zu planen und den Rednern angemessene Redezeit zuzuteilen (in der Reihenfolge ihres Eintrags in die Liste).

In der Regel trägt man sich dazu mit Angabe der persönlichen Daten in eine Liste ein. Wie weit man sich im Voraus um einen solchen Eintrag bemühen muss, hängt von den spezifischen Regeln der Versammlung ab.

Gegen die Uhr

»Die Zeit vergeht – sie weiß es nicht besser«, schreibt Erich Kästner in _Das doppelte Lottchen_. Sie sollten besser wissen, dass Ihre Zeit als Redner streng limitiert ist. Die meisten öffentlichen Gremien geben Ihnen zwei bis fünf Minuten. Am weitesten verbreitet ist eine Redezeit von drei Minuten. Manche Gremien machen auf das Ende der Redezeit mit einem akustischen Signal aufmerksam, es kann aber auch vorkommen, dass man Ihnen einfach das Mikrofon abschaltet.

Gehen Sie nicht davon aus, dass Sie die angesetzte Zeit auch zu Ihrer Verfügung haben. Wenn sich ungewöhnlich viele Redner gemeldet haben, kann es passieren, dass die Redezeit auf eine Minute (oder weniger) gekürzt wird. Für die Verantwortlichen ist das sinnvoll. Sie wollen so vielen Bürgern wie möglich die Möglichkeit geben, zu Wort zu kommen. (Auch wenn das bedeutet, dass man seine brillanten Einsichten auf 60 Sekunden komprimieren muss.)

Wenn Sie eine Gruppe vertreten, kann Ihre kurze Redezeit unter Umständen verlängert werden. Fragen Sie im Zweifelsfall danach.

Visuelle Hilfsmittel

Visuelle Hilfsmittel wie Fotos, Karten und grafische Darstellungen sind immer dann willkommen, wenn sie Ihren Bemerkungen Klarheit verschaffen. Am besten kleben Sie Fotos auf einen Karton und stellen diesen auf eine Staffelei. Besonders hilfreich sind Fotos oder Karten, wenn es um ortsspezifische Bedingungen geht, etwa in einer bestimmten Straße oder Wohngegend. Wichtig ist, dass man seine Requisiten sofort zur Hand hat, sobald man an der Reihe ist. Die Zeit läuft unerbittlich, und wenn Sie erst noch mit Ihrem Material herumfummeln müssen, haben Sie schon an Einfluss verloren, bevor Sie überhaupt den Mund aufgemacht haben.

Wie sieht es mit moderner Präsentation aus? PowerPoint? Videos? Dias? Overheadfolien? Wenn es Ihrer Argumentation dient, keine Frage. Denken Sie nur daran, rechtzeitig vorab zu klären, wie es vor Ort mit den technischen Voraussetzungen aussieht. Nicht alle Versammlungsorte sind gleich ausgestattet. Während die einen auf dem neuesten Stand sind und Sie nur fragen müssen, ob Sie die technische Ausrüstung nutzen können, haben andere nur eine Taschenlampe, die Sie ausleihen können, um mit der Hand ein Schattentheater vorzuführen.

Wenn technische Geräte vorhanden sind, müssen Sie abklären, wie die Reservierung geregelt ist, wer die Geräte bedient und ob Sie Ihre Ansprache mit den Leuten im »Kontrollraum« absprechen müssen. All das muss klar sein, bevor Sie den Mund aufmachen.

Optimale Wirkung erzielen

Wenn Sie vor einem Gremium, einem Rat oder einer Kommission sprechen, müssen Sie sich schon etwas ins Zeug legen. Sie müssen herausfinden, wann die entsprechende Veranstaltung stattfindet. Sie müssen an dieser Veranstaltung teilnehmen. Sie müssen sich rechtzeitig in die Rednerliste eintragen. Und Sie müssen etwas zu sagen haben. Wenn Sie schon all diese Anstrengungen auf sich nehmen, sollte Ihre Rede so überzeugend wie möglich sein. Sie müssen sich gut vorbereiten und Ihr Anliegen optimal vertreten. Die folgenden Abschnitte zeigen, wie Sie das machen.

Die Vorbereitung

Ob Sie wollen oder nicht, Sie müssen sich auf eine Rede vor einem öffentlichen Gremium vorbereiten. Das muss gar nicht so lange dauern, wie Sie befürchten. Mit Hilfe der folgenden Tipps können Sie Ihre Zeit optimal nutzen:

✔ **Recherchieren Sie.** Für welches Problem oder Projekt Sie auch immer öffentlich eintreten wollen, das jeweilige Gremium setzt sich sicher nicht zum ersten Mal mit dieser Situation auseinander. Stellen Sie sich vor, Sie sind nicht der Erste, der sich wegen der Haushaltskürzungen beschwert, unter denen die Schule Ihrer Kinder zu leiden hat. Recherchieren Sie die Geschichte Ihres Falles. Suchen Sie im Zeitungsarchiv Ihrer Lokalzeitung. Suchen Sie im Internet. Nur wenn Sie die Hintergründe der bisherigen Entwicklung kennen, können Sie vermeiden, mit alten Ideen und Argumenten aufzuwarten, die bereits früher abgelehnt worden sind.

Wenn Sie diesen Teil erledigt haben, vergewissern Sie sich gründlich, wie der aktuelle Stand der Dinge ist. Hat sich die Situation im Anschluss an Ihre Recherche verändert? Prüfen Sie die Faktenlage, damit Sie sicher sind, wovon Sie reden, bevor Sie öffentlich das Wort ergreifen. Verlassen Sie sich um Himmels willen nicht darauf, was Ihnen Ihr Nachbar im Vertrauen zugeflüstert hat.

✔ **Notieren Sie Ihre wichtigsten Punkte.** Wenn Sie etwas, das Sie im Kopf haben, aufschreiben, passiert etwas Wundersames: Plötzlich fällt Ihnen auf, an welcher Stelle Ihre Argumente nicht stichhaltig sind, wo sie besser untermauert werden müssen oder wie man sie durch eine veränderte Anordnung überzeugender erscheinen lassen kann. Anders ausgedrückt, können Sie beim Aufschreiben der wichtigsten Punkte Ihre Argumente noch einmal überdenken. Ein angenehmer Nebeneffekt ist, dass Sie sich dann besser merken können, was Sie sagen wollen, wenn Sie endlich an der Reihe sind.

✔ **Üben Sie Ihre Rede und Ihr Timing.** Auch wenn Sie ein großartiger Stegreifredner sind, sollten Sie Ihre Rede üben. Sie können dabei feststellen, wie Sie klingen. Im Bedarfsfall können Sie dann noch Änderungen vornehmen, bevor Sie vor das Gremium treten. Darüber hinaus entwickeln Sie beim Üben ein besseres Gefühl für das Timing. Das ist ganz wichtig, wenn man nur drei Minuten zur Verfügung hat. Denken Sie daran, am Ende Ihrer Redezeit dreht man Ihnen unter Umständen einfach den Hahn beziehungsweise das Mikrofon ab. Sie sollten also besser sicherstellen, dass Sie alle Punkte und Argumente in der erlaubten Redezeit vorbringen können.

✔ **Füllen Sie den Saal.** Machen Sie sich Sorgen, eine Handvoll Fremder könnte Ihnen die kalte Schulter zeigen? Sorgen Sie einfach dafür, dass bekannte Gesichter im Publikum sitzen. Laden Sie Leute ein, die Sie kennen, Freunde, Nachbarn, wen auch immer. Nichts macht mehr Mut, als in bekannte Gesichter zu blicken, wenn man vor einem offiziellen Gremium steht.

✔ **Nutzen Sie die Redezeit kreativ.** Drei Minuten sind nicht viel, wenn es um komplexe Fragen wie Schulschließung, Neueröffnung einer Mülldeponie oder Ansiedlung neuer großer Supermärkte am Ort geht. Das sind keine Kleinigkeiten, und in drei Minuten kann man es kaum schaffen, das Für und Wider erschöpfend darzustellen. Da ist ein wenig Kreativität gefragt. Verteilen Sie Ihre Argumente auf andere Leute, die Ihre Position unterstützen. Wenn fünf Personen jeweils drei Minuten lang über verschiedene Aspekte des jeweiligen Problems reden, hören sich die Mitglieder des Gremiums Ihre Position 15 Minuten lang an statt nur drei Minuten. Sie müssen nur darauf achten, dass es keine inhaltlichen Überschneidungen gibt.

Die Botschaft rüberbringen

Sie haben nur wenig Redezeit. Das heißt, Sie müssen Ihre Argumente kurz und bündig deutlich machen. Das heißt auch, dass Sie Ihre Bemerkungen auf einen Hauptgedanken konzentrieren sollten. Wenn Sie über ein Bündel von Problemen oder Projekten sprechen wollen, wählen Sie besser eines aus. Über die anderen können Sie im Rahmen anderer Veranstaltungen sprechen. Sie sind gekommen, um Ihre Botschaft an den Mann zu bringen, das ist im Moment das Wichtigste. Wenn Sie gut vorbereitet sind, ist das ein Leichtes, solange Sie sich an die folgenden Richtlinien halten:

✔ **Sprechen Sie ins Mikrofon.** Ein überflüssiger Hinweis? Sie würden sich wundern, wie viele Leute das Mikrofon vergessen, vor allem wenn sie sich stark emotional für die Sache engagieren, die sie vortragen wollen. Wenn Sie nicht ins Mikrofon sprechen, wird man Sie nicht mehr richtig hören. Das ist besonders ärgerlich, wenn öffentliche Anhörungen im Regionalfernsehen übertragen werden und vor den Bildschirmen keiner mitkriegt, was Sie denn wollen. Mitunter sind die Zuhörer zu Hause einflussreicher als die im Sitzungssaal.

✔ **Geben Sie Ihren Namen und Ihre Position an.** Sagen Sie zunächst, wer Sie sind und wo Sie wohnen. Das ist nicht nur für alle Anwesenden interessant, sondern muss auch für das Protokoll festgehalten werden. Legen Sie dann dar, warum Sie das Wort ergreifen und welche Position Sie in der betreffenden Frage einnehmen.

✔ **Legen Sie neue Informationen auf den Tisch.** Gremien, die sich weigern, Ihre Sichtweise der Dinge anzuerkennen, beschweren sich oft mit den Worten: »Das haben wir schon tausend Mal gehört.« Wenn es Ihnen auch so ergeht, haben Sie bloß dieselben alten Argumente vorgebracht. Damit erreichen Sie nichts. Diese Argumente sind in diesem Gremium bereits erwogen und für nicht stichhaltig befunden worden. Sie müssen schon mit _neuen_ Informationen kommen. Präsentieren Sie eine neue Studie, neue Daten oder eine neue Statistik, die Ihre Ansichten untermauern – dafür interessieren sich die Mitglieder des Gremiums.

Fangen Sie mit etwas Positivem an. Wenn Sie andere von Ihrer Sichtweise überzeugen wollen, sollten Sie zunächst auf Gemeinsamkeiten hinweisen. Dadurch stellen Sie eine positive Beziehung zu den Mitgliedern des Gremiums her. Fallen Sie
nicht gleich mit Beschwerden über sie her. Wenn Sie mit einem positiven Aspekt
anfangen, wird deutlich, dass Sie um eine konstruktive Mitarbeit bemüht sind. Sie
wollen das Bestehende nicht zerstören. Sie wollen es nur verbessern. Tun Sie sich
den Gefallen. Man wird Ihren Argumenten viel offener begegnen.

Sagen Sie, was Sie wollen. Möchten Sie das Gremium überzeugen, etwas Bestimm-
tes zu tun? Sollen sie Geld für Ihr Projekt zur Verfügung stellen? Mit Ihren Ansichten übereinstimmen? Ihre Ideen unterstützen? Sagen Sie es klar und deutlich.
Dieser Tipp mag Sie verwundern, aber Sie wären überrascht, wie oft dieser wichtige
Schritt vergessen wird. Bei Verkäufern nennt man das »um einen Auftrag bitten«.
Bitten Sie die Mitglieder des Gremiums um den Auftrag. Gehen Sie nicht davon
aus, dass alle wissen, was Sie wollen. Sagen Sie es ohne Umschweife, nachdem Sie
Ihr Statement abgegeben haben. Sagen Sie:»Und deshalb schlage ich Ihnen vor,
mit Ja zu stimmen.«

✔ **Bieten Sie eine klare Alternative an.** Argumente gegen eine Sache allein überzeugen
niemand. Wenn Sie nicht möchten, dass Ihre Gemeinde Parkgebühren einführt, machen
Sie auf eine andere Einnahmequelle aufmerksam. Bieten Sie immer eine vernünftige Alternative an.

✔ **Achten Sie auf den Grundsatz der Verhältnismäßigkeit.** Ein Loch vor Ihrer Haustür ist
etwas ganz anderes als ein Loch in der Gemeindekasse. Sicher haben Sie das Recht, alles
anzusprechen, was Ihnen Sorgen bereitet, Sie müssen aber auch zugestehen, dass manche
Probleme wichtiger sind als andere. Hier ein Hinweis: Etwas, das alle betrifft, ist wahrscheinlich wichtiger als etwas, das nur Sie betrifft.

Geben Sie Informationsunterlagen aus. Die meisten Gremien bevorzugen Tischvorlagen, denen sie wichtige Informationen entnehmen können. Halten Sie genug
Exemplare bereit, damit jedes Mitglied eins in den Händen hat. Wenn Sie es mit
einem oder mehreren Gegenspielern zu tun haben, sollten Sie auch für diese eine
Tischvorlage bereithalten.

Fünf Dinge, die Amtsträger nicht mögen

Egal über welches Projekt oder Problem Sie vor einem Gremium sprechen, Sie wollen das, was
alle Redner wollen. Sie wollen, dass man Ihre Ansichten teilt. Es ist schon anspruchsvoll genug,
seine Position mit Argumenten zu verfechten. Da muss man sich die Sache nicht noch zusätzlich erschweren, indem man Verhaltensweisen an den Tag legt, die Mitgliedern des jeweiligen
Gremiums sicher mögen. Sie versuchen zwar, unvoreingenommen zu sein, aber letztlich sind
sie auch nur Menschen. Ich habe fünf solcher Verhaltensweisen zusammengestellt und sage
Ihnen auch, wie man sie vermeidet.

Wiederholungen

Versetzen Sie sich in die Lage der Gremiumsmitglieder. Würden Sie sich gerne immer und immer wieder dieselbe Leier anhören? Sehen Sie. Das Gremium will es auch nicht. Sie wollen nicht hören, dass Sie in Ihren drei Minuten Ihre eigenen Worte oder die Ihrer Vorredner wiederholen. Was also tun, wenn Frau Bisecken-Kletterath Ihr Argument vor Ihnen vorgebracht hat? Wenn Sie an der Reihe sind, sagen Sie einfach, dass Sie mit Frau Bisecken-Kletterath einer Meinung sind, und setzen sich dann wieder hin. Es bringt Ihrer Sache gar nichts, wenn Sie die Argumente noch einmal wiederholen. Es kann das Gremium sogar gegen Sie einnehmen.

Unvorbereitet erscheinen

Bei öffentlichen Sitzungen ist die Zeit immer knapp bemessen. Die Tagesordnung quillt über. Viele schwierige Fragen müssen abgearbeitet werden. Und viele Leute haben sich im Vorfeld dieser Sitzung viel Arbeit gemacht. Da kann es nicht verwundern, dass niemand jemanden anhören will, der nicht vorbereitet hat. Das verärgert nicht nur alle Anwesenden, es lässt Sie auch ganz schlecht aussehen. Sie vermitteln damit den Eindruck, dass die Sache Ihrer Mühe nicht wert war – sonst hätten Sie sich sicher vorbereitet.

Emotional werden

Viele Fragen und Probleme, die vor ein Gremium gebracht werden, sind hochemotional. Dennoch erzielen diejenigen Redner die größte Wirkung, die rational und geschäftsmäßig auftreten. Man hat oft den Eindruck, dass zu viele Redner öffentliche Anhörungen als Therapiesitzung betrachten. Wenn Sie einfach nur Dampf ablassen wollen, machen Sie das besser zu Hause oder bei Freunden. Bleiben Sie lieber ruhig und gelassen. Wer mit stürmischen Angriffen oder emotionalen Tiraden daherkommt, ist gleich unten durch.

Unverschämt werden

Sie kennen wahrscheinlich die Redewendung, dass man sich nicht profiliert, indem man andere schlecht aussehen lässt. Viele Leute versuchen es trotzdem – besonders vor öffentlichen Gremien. Es funktioniert nicht.

Notorische Nörgler

Notorische Nörgler erkannt man leicht daran, dass sie häufig an öffentlichen Anhörungen teilnehmen. Sie tragen sich in jede greifbare Rednerliste ein. Sie hören sich gerne reden. Und sie beschweren sich oft. Viele Gremien müssen sich mit notorischen Nörglern herumschlagen. Wenn Sie ernst genommen werden wollen, sollten Sie den Eindruck vermeiden, ein solcher Nörgler zu sein. Wer sich bei jeder Gelegenheit beklagt, dem klopft man bald nur noch aufmunternd auf die Schulter und ignoriert ihn.

Stegreifreden und Ankündigung anderer Redner

16

In diesem Kapitel

▷ Eine Rede aus dem Ärmel schütteln

▷ Andere Redner ankündigen

Die meisten Leute denken bei dem Wort »Rede« an jemanden, der allein vor einem Publikum steht, eine sorgfältig vorbereitete Rede hält und einige wichtige Gedanken vorbringt. Damit ist aber nur ein Bereich dessen abgedeckt, was sich hinter dem Begriff »Rede« verbirgt. Es kommt vor, dass man eine Rede aus dem Stegreif halten muss. Oder man wird gebeten, einen anderen Redner anzukündigen. In diesem Kapitel werden Sie erfahren, wie man auch diese beiden Situationen erfolgreich meistert.

Sagen Sie ein paar Worte: Stegreifreden

»Sagen Sie ein paar Worte.« Dieser Satz lässt selbst die tapfersten Herzen in die Hose rutschen. Sehen Sie darin eine Chance. Wirklich. Jeder weiß, dass Sie keine Zeit hatten, sich vorzubereiten. Niemand erwartet, dass Sie es Richard von Weizsäcker gleichtun. Sie müssen weit weniger leisten. Darin liegt Ihre Chance. Wenn Sie irgendetwas auch nur annähernd Organisiertes und Intelligentes sagen können, wird man Sie für ein Genie halten.

Natürlich können Sie für einen solchen Erfolg auch etwas tun. Zunächst einmal müssen Sie daran denken, dass man Sie nicht bitten wird, aus dem Stegreif etwas zu einem Thema zu sagen, von dem Sie keine Ahnung haben. Das verschafft Ihnen schon einmal einen Vorsprung. Darüber hinaus müssen Sie darauf vorbereit sein, dass man Sie fragt. Die nachfolgenden Abschnitte helfen Ihnen, sich so gut wie möglich auf Ihre nächste Stegreifrede einzustellen.

Vorbereitet sein

Sicher, das Hauptmerkmal einer Stegreifrede besteht darin, dass man vorher nicht weiß, dass man gebeten wird, eine Rede zu halten. Das heißt aber nicht, dass man nicht damit *rechnen* sollte, möglicherweise gefragt zu werden. Denken Sie nur an die Verleihung des Deutschen Fernsehpreises oder an die Oscar-Verleihung. Nur einer kann zum besten männlichen Schauspieler erkoren werden, aber alle Nominierten haben irgendwo einen Zettel in der Tasche. Nehmen Sie sich ein Beispiel an den Profis: Bereiten Sie sich darauf vor, Ihre Stimme zu erheben.

Wie können Sie vorhersehen, dass Sie möglicherweise gebeten werden, Ihre Weisheit laut kund zu tun? Das sagt Ihnen der gesunde Menschenverstand. Gehen Sie zu einer Veranstaltung, bei der ein Freund, ein Mitarbeiter oder ein Verwandter geehrt wird? Da kann es gut sein, dass Sie um eine kleine Ansprache oder eine kurze Würdigung gebeten werden könnten.

Nehmen Sie an einer geschäftlichen Sitzung teil? Was steht auf der Tagesordnung? Möglicherweise werden Punkte angesprochen, auf deren Diskussion Sie sich besser vorbereiten sollten – auch wenn Sie *nicht* auf der Rednerliste stehen. Überlegen Sie, welche Probleme zur Sprache kommen könnten. Würde man Sie um eine Stellungnahme bitten?

Zeit schinden

Ein altes Sprichwort sagt: »Am schnellsten vergeht die Zeit im Urlaub und bei kurzfristigen Darlehen.« Ich hätte da noch einen dritten Vorschlag: Wenn man gebeten wird, eine kurze Ansprache zu halten. Die Zeit zwischen den Worten »Sagen Sie doch ein paar Worte« und dem Beginn dieser kurzen Ansprache kann schneller vorbei sein als ein Gebet bei einer Atheisten-Tagung. Dennoch ist diese Zeit entscheidend für den Erfolg Ihrer improvisierten Ansprache. Nur in diesem Moment können Sie Ihre Rede planen und strukturieren.

Sie müssen daran interessiert sein, diese Phase so lange wie möglich auszudehnen. Dafür ist (fast) jedes Mittel recht. Die folgenden Vorschläge sollen Ihnen auf die Sprünge helfen.

Bedeutungsvolle Pausen

Wenn Sie gebeten werden, ein paar Worte zu sagen, verlangt niemand von Ihnen, dass Sie sofort loslegen. Sie können einen Moment innehalten und nachdenken. Damit erhöht sich auch Ihre Glaubwürdigkeit. Ihre Zuhörer nehmen an, dass Sie Ihre Worte sorgfältig überlegen und nicht einfach das zum Besten geben, was Ihnen als Erstes in den Kopf geschossen ist. (Was wissen die schon!) Sie können sogar eine kleine Show hinlegen. Neigen Sie den Kopf ein wenig zur Seite. Runzeln Sie die Stirn. Machen Sie Ihren Zuhörern ganz deutlich, dass sie gerade Zeuge Ihres unglaublich intensiven Nachdenkens sind.

Die Frage wiederholen

Das ist zwar eine fast abgedroschene Verzögerungstaktik, aber sie hat noch einen anderen Sinn als das bloße Zeitschinden. Es macht keinen Sinn, sich eine Stegreifrede aus dem Hirn zu pressen, wenn sich dann herausstellt, dass Sie das falsche Thema gewählt haben. Wiederholen Sie die Frage in eigenen Worten und lassen Sie sich bestätigen, dass Sie richtig verstanden haben.

Allzweck-Zitate aus dem Ärmel ziehen

Es kann nie schaden, ein paar Zitate auf Lager zu haben, mit denen man so gut wie *jede* Stegreifrede beginnen kann. Das macht nicht nur einen guten Eindruck, sondern verschafft Ihnen noch ein bisschen mehr Zeit zu überlegen, was Sie eigentlich sagen wollen. Behalten Sie die folgenden Zitate im Hinterkopf:

»_Um es mit Robert Frost zu sagen:_ ›_Das menschliche Gehirn ist ein wunderbares Organ. Es nimmt gleich mit dem Aufstehen die Arbeit auf und stellt sie erst ein, wenn man gebeten wird, eine Rede zu halten._‹«

»_Um es mit Richard Nixon zu sagen:_ ›_Eines sollte völlig klar sein._‹ _In diesem Zusammenhang meine ich Ihre Frage._«

»_Um es mit Gotthold Ephraim Lessing zu sagen: Wo das Herz reden darf, braucht es keiner vorbereiten_«

»_Keine Sorge, ich halte mich an die Maxime Martin Luthers: Tritt frisch auf, tu's Maul auf, hör bald auf_«

Gedanken ordnen

Von Samuel Johnson stammt der folgende Satz: »Ein Mann, der weiß, dass er in zwei Wochen am Galgen baumelt, kann sich wunderbar konzentrieren.« Nun, wenn Sie wissen, dass Sie in 20 Sekunden eine Rede halten sollen, werden Sie sich vielleicht auch fühlen, als sollten Sie gehängt werden. Da ist Konzentration genau das, was Sie brauchen.

Eine schnelle Entscheidung treffen

 Mit der Bitte um eine improvisierte Ansprache verbindet sich beinahe untrennbar der Mythos des völligen Blackouts. Das Gegenteil ist der Fall. Die meisten Leute werden von Ideen beinahe überrannt, von denen die meisten ihren Zweck gut erfüllen würden. Sie müssen einfach eine Idee auswählen und dann dabei bleiben. Das ist das ganze Geheimnis. Entscheiden Sie sich für einen Hauptgedanken – schnell.

Ein Gestaltungsmuster wählen

Wenn Sie sich für einen Hauptgedanken entschieden haben, müssen Sie Ihre Rede strukturieren. Welche Unterpunkte stellen Sie sich vor? Wie möchten Sie diese Unterpunkte untermauern? Haben Sie Beispiele oder Anekdoten im Kopf? Sie müssen sich für eine Struktur entscheiden – Anhaltspunkte, nach denen Sie Ihre Informationen ordnen können. Da gibt es zwei gängige Ansätze:

✔ **Orientieren Sie sich an Ihrem Schlussgedanken.** Entscheiden Sie sich für einen Schluss und ordnen Sie alle Informationen so an, dass sie auf diesen Schluss hinarbeiten. Beginnen Sie dann zu sprechen. Alles, was Sie sagen, sollte Ihre Botschaft auf den gewählten Schluss hin ausrichten.

✔ **Wählen Sie ein Standardmuster.** Nehmen Sie eines der Standardmuster – Vergangenheit-Gegenwart-Zukunft, Problem-Lösung oder Ursache-Wirkung – und passen Sie diese Struktur schnell an Ihre Botschaft an. Viele Redner fühlen sich mit der chronologischen Anordnung am wohlsten.

Eine Einleitung finden

Es gibt viele Möglichkeiten, eine Stegreifrede zu beginnen. Sollten Ihre Zuhörer jedoch nicht wissen, dass Sie improvisieren, haben Sie nur eine Wahl – Sie müssen es ihnen sagen, und zwar ganz deutlich. Andernfalls legen sie an Ihre Worte eine zu hohe Messlatte an. Wenn Sie schon eine Rede aus dem Ärmel schütteln, wollen Sie sicher nicht, dass man Sie beurteilt, als hätten Sie sich monatelang darauf vorbereiten können.

Sie könnten etwa sagen »Ich bin gerade erst gebeten worden, ein paar Worte zu sagen. Ich hoffe, Sie werden es mir nachsehen, wenn ich mich dem Thema nicht in der Ausführlichkeit widme, wie ich es sonst zu tun pflege. Wenn Sie also Fragen haben, zögern Sie nicht, sich im Anschluss an mich zu wenden.«

In der Regel merken die Zuhörer, dass Sie aus dem Stegreif sprechen. Wie also fangen Sie an?

✔ **Schließen Sie an Vorredner an.** Das ist wahrscheinlich die einfachste Einleitung. Sie reagieren einfach darauf, was schon gesagt worden ist.

✔ **Seien Sie ehrlich.** Wenn Sie nicht viel über ein Thema wissen, sollten Sie einräumen, dass Sie kein Fachmann sind. Bieten Sie dann an, was Sie zur Diskussion beitragen können. Sollten Sie völlig im Dunkeln tappen, bieten Sie an, sich zu informieren und Ihre Kenntnisse zu einem späteren Zeitpunkt mitzuteilen.

✔ **Erzählen Sie eine persönliche Anekdote.** Kramen Sie in Ihrem Gedächtnis nach einer Geschichte, die mit dem betreffenden Thema zu tun hat und Ihre Gedanken untermauert. »Das erinnert mich an die Zeit, in der ich für das Unternehmen XY gearbeitet habe. Wir standen vor einem ähnlichen Problem ...«

✔ **Wechseln Sie das Thema.** Das machen Politiker besonders gern. Man fragt sie nach ihrer Meinung zur Erhöhung der Mehrwertsteuer und sie erzählen Ihnen etwas völlig anderes.

 Ein letzter Rat zum Thema Einleitung. Eines sollten Sie nie: sich entschuldigen. Wofür sollten Sie sich entschuldigen? Dass Sie keine bis ins letzte Detail ausgeklügelte Rede in der Tasche haben? Das ist eine Stegreifrede. Die werden nun mal aus dem Ärmel geschüttelt.

Ein Ende finden

Hören Sie auf, wenn Sie fertig sind. Das versteht sich von selbst, meinen Sie? Das mag sein, aber die meisten Leute kriegen das nicht hin. Der Fehler, den Stegreifredner am häufigsten machen, ist zu weit auszuschweifen. Wenn Sie diesen Fehler vermeiden möchten, sollten Sie wissen, wo Sie hin wollen. Achten Sie darauf, dass Sie sich in Ihrer knappen Vorbereitungsphase über den Schluss Ihrer Rede klar werden. Daran müssen Sie sich dann nur noch halten. Wenn Sie am Schluss angelangt sind, hören Sie auf – so einfach ist das.

Andere Redner ankündigen

Eine andere Bitte, mit der man vielleicht an Sie herantritt, ist die Ankündigung eines anderen Redners. Wenn diese Aufgabe an Sie herangetragen wird, müssen Sie einige besondere Regeln beachten. Bei der Ankündigung eines Redners geht es darum, die Person des Redners und sein Thema vorzustellen. Es sind aber noch einige andere Dinge damit verbunden. Eine gute Einführung sollte das Publikum auf Betriebstemperatur bringen und die Zuhörer auf den Redner neugierig machen. Sie sollte für eine positive Grundstimmung sorgen und nicht etwa den Redner entmutigen. (Die meisten Redner sind auch ohne den zusätzlichen Druck einer lausigen Ankündigung nervös genug.)

 Wenn man Sie bittet, jemanden anzukündigen, sollten Sie sich genug Zeit für diese anspruchsvolle Aufgabe nehmen. Von dem positiven Licht, in das Sie den Redner stellen, fällt auch etwas auf Sie zurück.

 ### Interview-Checkliste

Ein Interview mit der Person, die Sie ankündigen sollen, ist die beste Möglichkeit, an das benötigte Material zu kommen. Mit den folgenden Fragen können Sie Ihr Interview beginnen.

✔ Warum halten Sie diese Rede?

✔ Was wollen Sie mit Ihrer Rede erreichen?

✔ Welche Erfahrungen haben Sie bezüglich des Themas Ihrer Rede?

✔ Was hat Ihr Interesse an diesem Thema geweckt?

✔ Wer kann mir ein paar schöne Geschichten über Sie erzählen?

✔ Nennen Sie mir zwei oder drei wichtige Punkte, die das Publikum über Sie wissen sollte. Nennen Sie mir zwei oder drei wichtige Punkte, die das Publikum über Ihre Rede wissen sollte.

✔ Gehören Sie irgendwelchen interessanten Organisationen an?

✔ Haben Sie Hobbys?

✔ Gibt es irgendetwas, was ich unbedingt beziehungsweise auf keinen Fall erwähnen sollte?

✔ Gibt es noch etwas, was ich Sie Ihrer Meinung fragen sollte?

Informationen über den Redner sammeln

Der Schlüssel zu einer angemessenen Ankündigung sind entsprechende Informationen. Ihre Ankündigung steht und fällt mit diesen Informationen. Das kann problematisch sein, wenn Sie nur die offizielle Unternehmensbiografie des jeweiligen Redners zur Verfügung haben.

Finden Sie zunächst heraus, ob es nicht andere schriftliche Quellen gibt, die etwas über den Redner aussagen. Gibt es ein Profil in einer Firmenzeitung oder einem Newsletter? Lässt sich in einer Lokalzeitung etwas über ihn nachlesen? Schießen Sie beim Sammeln von Informationen ruhig über das Ziel hinaus. Sie können sich dann einfach das herauspicken, was am besten für den aktuellen Anlass passt.

Es gibt nichts Schriftliches? Keine Panik. Sie sind ja noch am Anfang. Dann schreiten Sie jetzt zum Interview. Befragen Sie den Redner. Befragen Sie Leute, die ihn kennen. (Oder befragen Sie Leute, die ihn kannten. Eine der interessantesten Ankündigungen, die ich je gehört habe, enthielt Zitate von einigen Ex-Freundinnen des Redners.) Sprechen Sie mit Freunden, Verwandten und Mitarbeitern. Auch an Klienten und Kunden können Sie sich wenden. Von all diesen Leuten können Sie gute Geschichten und Zitate erwarten.

Einen Redner (und sich selbst) gut aussehen lassen

Wie Sie einen Redner ankündigen, sagt auch sehr viel über Sie selbst aus. Mit Hilfe der folgenden Tipps können Sie dafür sorgen, dass Sie beide ein gutes Bild abgeben.

Die Sache interessant machen

Jeder kann sich den Lebenslauf eines Redners greifen, sich auf die Bühne stellen und ihn verlesen. Aber das ist ziemlich langweilig und bringt dem Redner und den Zuhörern überhaupt nichts. Man merkt dabei nur, dass Sie sich nicht die Zeit genommen haben, eine vernünftige Ankündigung zu schreiben, die für gute Laune sorgt und das Publikum in Stimmung bringt.

 Lassen Sie den Redner lebendig werden. Zitieren Sie ihn. Erzählen Sie ein paar Anekdoten. Präsentieren Sie ihn als menschliches Wesen, nicht als Lebenslauf.

Das heißt natürlich nicht, dass Sie die Leistungen des Redners ungewürdigt lassen sollen. Wählen Sie einige wichtige Meilensteine aus und machen Sie deutlich, wo die Verbindungen zum Thema der Rede zu finden sind. Die Zuhörer wollen wissen, worüber der Redner spricht und was ihn dafür besonders qualifiziert. Sagen Sie es ihnen.

Das Kind beim richtigen Namen nennen

 Nichts ist peinlicher, als den Namen der anzukündigenden Person falsch auszusprechen. Dabei verlieren Sie an Glaubwürdigkeit. Sie wirken schludrig, töricht und unvorbereitet.

Kurz und gut

Eine Ankündigung sollte kurz und herzlich sein. Bei einem Staatsoberhaupt oder einem ähnlichen Würdenträger kann das schon einmal drei bis vier Minuten in Anspruch nehmen. (Das ist aber auch das höchste der Gefühle.) Für alle anderen reichen ein bis zwei Minute völlig aus.

Absprache mit der anzukündigenden Person

Sprechen Sie mit der Person, die Sie ankündigen werden, ab, welche Informationen Sie verwenden. Achten Sie darauf, dass Sie keine Falschmeldungen unter die Leute bringen, und fragen Sie, ob irgendetwas weggelassen werden soll.

Zum Publikum sprechen

Jemand erhebt sich, geht zum Rednerpult, nimmt ein paar Notizen aus der Tasche und kündigt einen Redner an. Dabei sieht er nur den Redner an. Diesen Fehler kann man oft beobachten. Machen Sie das nicht. Wenn Sie jemanden ankündigen, wenden Sie sich an das Publikum. Auch wenn Sie alles ablesen, sollten Sie Ihren Blick zwischendurch auf die Zuhörer richten.

Ankündigen, ob es eine Fragerunde geben wird

Die Zuhörer wollen wissen, ob sie Fragen stellen können. Bietet der Redner die Gelegenheit zu einer Fragerunde im Anschluss an seine Rede? Oder müssen die Zuhörer ihm später ein Gespräch aufdrängen? Wie dem auch sei, wenn Sie diese Frage bei Ihrer Ankündigung beantworten, ersparen Sie dem Redner, darauf einzugehen.

Fehler vermeiden

Manchmal ist der einfachste Weg, etwas richtig zu machen, dass man nichts falsch macht. Die folgenden Hinweise sollen Ihnen helfen, bei Ihrer Ankündigung keine Fehler zu machen.

✔ **Nehmen Sie nicht die Rede vorweg.** Sie sollen nur ankündigen, worüber der Redner spricht, nicht mehr und nicht weniger. Gehen Sie dabei nicht in die Details, sonst bleibt für den Redner nichts mehr übrig.

✔ **Halten Sie keine eigene Rede.** Noch einmal, Sie sollen nur ankündigen, worüber der Redner spricht. Ihre Ansichten zum Thema mögen ja faszinierend sein, aber die Leute sind nicht gekommen, um sie zu hören. Nur weil Sie an einem Mikrofon stehen, müssen Sie keine Rede halten. Machen Sie Ihre Ankündigung und verschwinden Sie dann wieder.

✔ **Machen Sie keine übertriebenen Versprechungen.** Das Publikum soll auf den Redner und sein Thema gespannt sein – aber überspannen Sie den Bogen nicht. Wenn Sie die Erwartungen der Zuhörer zu weit in die Höhe schrauben, machen Sie dem Redner das Leben nur unnötig schwer. Wenn Sie ihn als brillanten Rhetoriker hinstellen, der die Leute zum Lachen bringt, sie gleichzeitig zu Tränen rührt und ihr Leben verändern wird, kann er nur daran scheitern. Bauen Sie Spannung auf, aber übertreiben Sie es nicht.

✔ **Geraten Sie nicht ins Schwärmen.** Ich weiß nicht, wem Ihre Schwärmerei peinlicher ist, dem angekündigten Redner oder dem Publikum. In jedem Fall geben Sie sich damit der Lächerlichkeit preis. Natürlich sollen Sie den Redner loben, aber nicht über den grünen Klee.

✔ **Improvisieren Sie nicht.** Sie haben lange recherchiert. Sie haben ein paar tolle Geschichten über den Redner in petto. Sie haben seine Leistungen auf das Thema des Abends zugeschnitten. Jetzt vermasseln Sie nicht alles, indem Sie improvisieren. Schreiben Sie Ihre Ankündigung auf und halten sie sich daran.

Podiumsdiskussionen und Gespräche am runden Tisch

In diesem Kapitel

▸ An einer Podiumsdiskussion teilnehmen

▸ Das Wort bei einem Gespräch am runden Tisch ergreifen

*P*odiumsdiskussionen und Gespräche am runden Tisch stellen die Teilnehmer vor ganz eigene Herausforderungen. Dennoch erscheinen immer noch viele Teilnehmer unvorbereitet zu solchen Veranstaltungen. Warum? Sie betrachten sie nicht als öffentliche Redesituationen und wissen nicht, wie sie sich vorbereiten sollen. Dieses Kapitel macht Sie nicht nur auf die Herausforderungen aufmerksam, die auf Sie zukommen, sondern zeigt Ihnen auch, wie Sie damit fertig werden.

Podiumsdiskussionen

Oft sagen Leute, die keinen rechten Spaß am Redenhalten haben, dass sie lieber im Rahmen einer Podiumsdiskussion sprechen würden als alleine am Rednerpult zu stehen. Zugegeben, Teilnehmer einer Podiumsdiskussion müssen nicht so lange reden und können unangenehme Fragen aus dem Publikum an einen Mitstreiter weitergeben. Und natürlich können Sie glänzen, wenn Sie mit den Herausforderungen einer Podiumsdiskussion zurechtkommen. Aber wenn nicht, bleibt Ihnen nur der Abglanz der anderen Diskussionsteilnehmer.

Den unausweichlichen Vergleich bestehen

Im Vergleich mit einem Einzelredner haben die Teilnehmer an einer Podiumsdiskussion viel weniger Einfluss auf ihre Botschaft und ihre Wirkung auf das Publikum, weil dieses die einzelnen Teilnehmer und ihre Beiträge miteinander vergleicht. Damit Sie die richtige Strategie für Ihre Podiumsdiskussion wählen, sollten Sie sich die folgenden Fragen stellen – und beantworten.

Wer nimmt noch teil?

Es liegt auf der Hand, das man sich dafür interessiert, wer noch mit auf dem Podium sitzt. Dennoch machen sich viele Leute überraschenderweise überhaupt keine Gedanken über diese Frage. Es ist aber wichtig zu wissen, wer noch an der Diskussion teilnimmt. Wie wollen Sie sonst Einfluss auf die Vergleiche des Publikums nehmen, wenn Sie nicht wissen, mit wem Sie verglichen werden?

Finden Sie so viel wie möglich über die anderen Diskussionsteilnehmer heraus: Name, Qualifikation, Beruf, Kenntnisse zum Thema, Ruf als Redner und so weiter. Und fragen Sie auch gleich nach dem Moderator. Gibt es einen? Wenn ja, müssen Sie auch über diese Person alles in Erfahrung bringen.

Welche Regeln gibt es?

Podiumsdiskussionen haben immer Regeln. (Zugegeben, manchmal sieht man eine, die keine Regeln zu haben scheint, aber das ist kein schöner Anblick.) Sie müssen diese Regeln kennen. Gibt jeder Teilnehmer sein Statement ab, bevor das Publikum die Möglichkeit erhält, Fragen zu stellen? Oder werden Fragen gestellt, nachdem jeder Teilnehmer zur Sache gesprochen hat? Wird von den Teilnehmern überhaupt ein Statement erwartet? Wie viel Zeit ist für die gesamte Diskussion angesetzt? Wie viel Zeit kann jeder Teilnehmer für sich beanspruchen? Gibt es einen Moderator? Wie ist die technische Ausstattung? Hat jeder Teilnehmer ein Mikrofon oder wird eins herumgereicht? Ob Sie nun die Regeln befolgen, dehnen oder brechen wollen, Sie müssen sie in jedem Fall erst einmal kennen.

Wer spricht wann?

Die Reihenfolge, in der die Diskussionsteilnehmer zu Wort kommen, ist entscheidend für ihre Wahrnehmung durch das Publikum. Beachten Sie die folgenden Aspekte:

✔ **Erster Wortbeitrag:** Wenn man als Erster zu Wort kommt, hat das den Vorteil, dass man nicht mit den anderen verglichen werden kann – jedenfalls fürs Erste. Wenn also einige beredte Teilnehmer mit Ihnen in einer Runde sitzen, macht es Sinn, wenn Sie als Erster sprechen. Ein weiterer Vorteil ist, dass der erste Wortbeitrag den Ton für die gesamte Diskussion vorgeben kann. Machen Sie den Anfang und setzen Sie mit einem gut struktu-rierten Beitrag den Maßstab. Das Publikum erwartet dann von den anderen Teilnehmern wenigstens eine gleich gute Leistung. Ein Nachteil des ersten Wortbeitrags liegt darin, dass man nicht auf die anderen Teilnehmer reagieren kann, denn die haben ja noch nichts gesagt.

✔ **Letzter Wortbeitrag:** Ist man der Letzte in der Reihe, hat man den großen Vorteil, dass man die Beiträge aller anderen Teilnehmer kommentieren kann. Auf diese Weise kann man in der Gestaltung der Diskussion den entscheidenden Schlusspunkt setzen. Diese Position ist zudem am besten geeignet, wenn man unvorbereitet ist. Man kann seine Bemerkungen im Kopf formulieren, während die anderen gerade sprechen und Kommentare zu den Beiträgen der anderen abgeben.

✔ **Mittlere Wortbeiträge:** Der Vorteil der mittleren Positionen ist darin zu sehen, dass man die Vorredner kommentieren und dennoch Maßstäbe für die nachfolgenden Teilnehmer setzen kann. Von Nachteil ist dagegen, dass man im Hin und Her untergeht. Es ist nun einmal ein psychologisches Prinzip, dass der Mensch sich am besten an das erinnert, was er als Erstes und als Letztes wahrgenommen hat. Bei einer Podiumsdiskussion sind das der erste und der letzte Wortbeitrag.

Was muss man noch beachten?

Wie groß ist das Podium? Zu welcher Tageszeit findet die Diskussion statt? Die Antworten auf diese Fragen haben unter Umständen Einfluss auf Ihre Entscheidung, wann Sie zu Wort kommen wollen (wenn Sie denn eine Wahl haben). Bei einem großen Podium mit vielen Teilnehmern erhöht sich die Wahrscheinlichkeit, dass die Zuhörer bereits erschöpft sind, wenn der letzte Teilnehmer das Wort hat. Auch bei Podiumsdiskussionen am späten Nachmittag werden sich die Zuhörer nicht mehr so auf den letzten Teilnehmer konzentrieren (sie werden sich allenfalls fragen, wann endlich Schluss ist, damit sie etwas essen können). Am frühen Morgen dagegen ist das Publikum einer Podiumsdiskussion möglicherweise noch nicht ganz wach, wenn der erste Teilnehmer sich zu Wort meldet.

Die Kontrolle über die eigene Botschaft behalten

Bei Podiumsdiskussionen ist es oft schwer, die eigene Botschaft so unter das Volk zu bringen, wie man das gerne möchte. Sie wollen darauf sicher so viel Einfluss haben wie möglich. Wenn Sie die folgenden Punkte beachten, können Sie dieses Ziel besser erreichen.

Warum nehmen Sie teil?

Die Antwort auf diese Frage bestimmt Ihre Strategie. Nehmen Sie an der Podiumsdiskussion teil, weil Sie dem Moderator einen Gefallen tun wollen? Präsentieren Sie primär sich selbst und Ihre Ideen? Vertreten Sie ein Unternehmen oder eine Organisation? Wollen Sie Eindruck machen, und wenn ja auf wen? Sie müssen wissen, was Sie erreichen wollen.

Die Botschaft vorbereiten

Bei jeder Rede müssen Sie entscheiden, wie Sie es schaffen, dass Ihre Botschaft Ihren Zuhörern im Gedächtnis haften bleibt. Bei einer Podiumsdiskussion ist dieses Ziel noch schwieriger zu erreichen, weil die anderen ja auch »ihren Senf dazugeben«. Das Publikum wird mit den Botschaften Ihrer Mitstreiter bombardiert. Und auch aus dem Publikum selbst können Fragen und Anregungen kommen, die von Ihren Kernvorstellungen weiter weg führen. Ihre Botschaft ist dem Wettbewerb ausgesetzt. Sie müssen also wirkungsvoll, überzeugend und punktgenau sein.

Ermitteln Sie zunächst, wer im Publikum sitzt. Zu welchem Unternehmen gehören die Zuhörer? Welchen Beruf haben sie? In welcher Position arbeiten sie? Sie können dann in Ihren Äußerungen bereits auf die Interessen Ihrer Zuhörer eingehen, so dass diese mit ihren Anliegen nicht bis zur Fragerunde warten müssen.

Überlegen Sie, wo Sie eventuell Angriffsflächen bieten. Sie müssen die anderen Teilnehmer oder das Publikum ja nicht einladen, Ihre gesamte Botschaft durch einen Angriff auf einen einzigen Punkt zu versenken, insbesondere wenn Sie wissen, dass dieser Angriff kommen wird. Nehmen Sie möglichen Angreifern den Wind aus den Segeln, indem Sie den fraglichen Punkt bereits vor der Fragerunde ansprechen.

Hören Sie den anderen Diskussionsteilnehmern aufmerksam zu, wirklich aufmerksam. Bereiten Sie sich darauf vor, bestimmte Äußerungen später aufzugreifen. Dies ist besonders wirkungsvoll, wenn Sie auch noch die Namen der Teilnehmer parat haben (»Wie Herr Walterscheid und Frau Bisecken-Kletterath bereits erwähnten ...«).

Das richtige Timing

Teilnehmer an Podiumsdiskussionen haben viele Möglichkeiten, Informationen zum Besten zu geben, etwa wenn sie ihr Standpunkt abgeben, wenn sie Fragen anderer Teilnehmer oder aus dem Publikum beantworten und auch wenn sie an die Antwort eines Mitstreiters auf eine Zuhörerfrage noch eine Bemerkung anhängen. Aber nicht alle diese Möglichkeiten sind gleichwertig. Je nachdem, was Sie sagen wollen, eignen sich bestimmte Gelegenheiten besser als andere.

Wenn es um wichtige Informationen für die Zuhörer geht, preschen Sie nicht gleich damit vor. Lassen Sie den Dingen ihren Lauf und lernen Sie erst einmal die anderen Diskussionsteilnehmer kennen. Warten Sie aber auch nicht bis zum Schluss. Es könnte sein, dass die Zeit nicht reicht oder die Zuhörer bereits damit beschäftigt sind, ihre Siebensachen zu packen, damit sie später schnell den Saal verlassen können. Wichtige Informationen sind dann am wirkungsvollsten, wenn das Publikum Ihnen bereits ein paar Minuten oder ein paar Mal zugehört hat.

In den Bereich des richtigen Timings spielt auch die Frage, wem das Publikum einen bestimmten Gedanken zuschreibt. Das ist nicht immer der Diskussionsteilnehmer, der ihn zuerst geäußert hat. Meist ist es so, dass er dem Teilnehmer zugeordnet wird, der ihn als Zweiter aufgreift und dann fortführt. Indem er den Gedanken weiter ausarbeitet und in andere Worte fasst, macht er ihn sich zu eigen. Die Zuhörer vergessen dabei, dass jemand anders den Gedanken vorher schon erwähnt hatte. Denken Sie daran, wenn Sie Ihre Perlen in die Runde werfen. Wenn Sie einen Rohdiamanten dabei haben, sollten Sie nicht darauf warten, dass ein anderer ihn schleift. Das geht auf Ihre Kosten.

Beim Timing geht es schließlich auch darum, wie viel man sagt. Wenn Sie jedes Mal das Wort ergreifen, wenn eine Frage oder ein Problem zur Sprache gebracht wird, erscheinen Sie als Wichtigtuer. Ihre Antworten verlieren dadurch an Wirkung, und man hört Ihnen nicht mehr richtig zu. Machen Sie den Mund gar nicht auf, wirken Sie schwach und überflüssig – falls sich überhaupt jemand daran erinnert, dass Sie anwesend sind. Achten Sie also auf sich selbst. Machen Sie sich bewusst, wie viel Redezeit Sie beanspruchen. Behaupten Sie sich, aber reden Sie nicht alles nieder.

Gekonnt vortragen

Man kann das Publikum schnell vergessen, wenn man mit einem anderen Diskussionsteilnehmer die Klingen kreuzt. Das ist ein Fehler. Sie sollten den Blick oder Ihr Gesicht überwiegend dem Publikum zuwenden. Richten Sie Ihr Augenmerk jeweils auf einen anderen Teil des Raumes, wenn Sie Fragen beantworten. Vermitteln Sie allen Anwesenden das Gefühl, Sie sprächen mit ihnen.

Werden Sie kein Opfer der Mikrofonplatzierung. Wenn für alle Teilnehmer nur ein Mikrofon zur Verfügung steht, müssen Sie darauf achten, dass Sie Zugang dazu haben. Und beugen Sie sich bitte nicht nach vorn, wenn Sie hineinsprechen. Heben Sie es hoch und führen Sie es zum Mund. Zu oft sieht man Sprecher, die sich verbeugen, als stünden sie vor dem Altar des Mikrofons. Sie haben es nicht mit einem anbetungswürdigen Objekt zu tun. Sie sagen, wo es langgeht, nicht das Mikrofon.

Das Zusammenspiel mit den anderen Diskussionsteilnehmern

Ihr Zusammenspiel mit den anderen Teilnehmern wirkt sich stark darauf aus, wie Sie vom Publikum wahrgenommen werden. Jeder geht davon aus, dass die Teilnehmer an einer Diskussion unterschiedliche Auffassungen vertreten. (Sonst wäre eine Podiumsdiskussion auch ziemlich langweilig.) Entscheidend ist, *wie* man anderer Auffassung ist. Drei Worte möchte ich Ihnen in diesem Zusammenhang mit auf den Weg geben: Seien Sie diplomatisch.

Wenn Sie einen anderen Diskussionsteilnehmer auf eine Ungenauigkeit hinweisen wollen, machen Sie das etwa so:»Ich kann nachvollziehen, dass die Erfahrungen von Herrn Knapps ihn zu solchen Schlussfolgerungen bewogen haben. Ich habe aber die Erfahrung gemacht, dass ...« Sagen Sie nicht, Herr Knapps sei ein Idiot. Das Publikum wird Sie schon verstehen.

Sie sollten auch wissen, von welcher Seite Sie auf Unterstützung hoffen können. Welche Diskussionsteilnehmer sind Ihre Verbündeten? Wer unterstützt Ihre Positionen? Die Kommunikationsexpertin Barbara Howard nennt das»seine Sekundanten kennen«. Anders ausgedrückt: Wer wird Ihnen bei Ihren Vorstößen»sekundieren«.»Wenn Sie als Erster eine bestimmte Position beziehen, müssen Sie wissen, von wem Sie Unterstützung erwarten können«, erklärt sie.»Und dann müssen Sie denjenigen dazu zwingen, diese Unterstützung auch zu gewähren.« Dazu schlägt sie zwei Vorgehensweisen vor. Sie können sich zum einen nonverbal an Ihren »Sekundanten« wenden, Blickkontakt herstellen und ihn dadurch»nötigen«, Sie zu unterstützen. Zum anderen können Sie aber auch etwas wie»Herr Gnacht, können Sie sich dem anschließen?« sagen. Die Hauptsache ist, Sie überlassen nichts dem Zufall. Stellen Sie nicht einfach Ihre These in den Raum und hoffen dann, dass Ihnen schon jemand zu Hilfe eilen wird. Lassen Sie eilen.

Fragen beantworten, wenn man nicht gefragt wird

Wenn es um die Beantwortung von Fragen aus dem Publikum geht, stehen die Teilnehmer an einer Podiumsdiskussion im Rampenlicht. Das ist Ihre Chance, sich hervorzutun. Aber was ist, wenn alle anderen Diskussionsteilnehmer gefragt werden und von Ihnen niemand etwas wissen will? Keine Sorge. Das heißt lediglich, dass Sie ein bisschen Trittbrettfahrer spielen müssen. Wenn ein anderer Teilnehmer seine Antwort zu Ende geführt hat, springen Sie einfach auf und hängen Ihr Statement an:»Ich würde dem, was Frau Bisecken-Kletterath gesagt hat, gerne noch etwas hinzufügen ...« Ist das aggressiv? Ja. Aber es ist besser, als hinterher in der Ecke zu sitzen und sich zu wünschen, es hätte Sie jemand etwas gefragt. Wenn Sie Eindruck machen wollen, müssen Sie auch zu Wort kommen.

Das Zusammenspiel mit dem Moderator

 Was Moderatoren von Podiumsdiskussionen betrifft, so habe ich eine gute und eine schlechte Nachricht für Sie. Die gute ist, dass ein guter Moderator eine Podiumsdiskussion zum reinsten Vergnügen werden lassen kann. Die schlechte ist, dass sehr viele Moderatoren nicht den blassesten Schimmer haben. Sie sehen ihre Aufgabe lediglich darin, die Diskussionsteilnehmer vorzustellen. Wenn es Ärger gibt – das Publikum stellt unangemessene Fragen, die Teilnehmer werden aufeinander los –, taucht der Moderator einfach ab. Manchmal setzen sie auch noch die Vorstellung der Teilnehmer in den Sand.

Gehen Sie einfach davon aus, dass ein Moderator inkompetent ist, und freuen Sie sich, wenn Sie einen von der guten Sorte erwischen. Das bedeutet aber, dass Sie vorbereitet sein müssen. Vorbereitet, sich dem Publikum selbst vorzustellen. Vorbereitet, einzuschreiten, wenn die anderen Diskussionsteilnehmer Ihnen die Redezeit stehlen. Vorbereitet, das Mikrofon zu ergreifen. Vorbereitet, rechtzeitig fertig zu werden wenn Sie auf einen guten Moderator treffen, der ein strenges Regiment führt.

Ein Ass im Ärmel haben

Clevere Diskussionsteilnehmer haben immer ein Ass im Ärmel: den markanten Spruch. Das ist ein kurzer, prägnanter Satz oder Ausdruck, der die Aufmerksamkeit der Zuhörer auf sich zieht. Der Begriff stammt aus dem Nachrichtenbereich beim und Fernsehen und Rundfunk: Ein Reporter führt ein einstündiges Interview; davon sieht oder hört man in den Nachrichten dann 30 Sekunden, in denen nur die markanten Stellen Platz finden.

Gespräche am runden Tisch

Ein der Podiumsdiskussion verwandtes Redeformat ist der so genannte Runde Tisch, auch als Roundtablegespräch oder Gespräch am runden Tisch bezeichnet. Nein, man muss dabei nicht unbedingt an einem runden Tisch sitzen.

Worum es beim Runden Tisch geht

Wie bei einer Podiumsdiskussion sitzen auch beim Gespräch am runden Tisch mehrere Teilnehmer mit einem Moderator beisammen. Die Diskussion ist aber informeller, ermutigt zur Interaktion unter den Teilnehmern und kommt ohne Publikum aus.

Man kann das Gespräch am runden Tisch am besten als eine geführte Unterhaltung beschreiben. Die Teilnehmer, die aufgrund ihrer Sachkenntnis ausgewählt wurden, diskutieren über ein bestimmtes Thema oder einen Themenbereich. Wie der Ausdruck »Runder Tisch« andeutet, sitzen alle Teilnehmer mit dem Gesicht zueinander. (Oft sitzen sie an einem eckigen Tisch. Es geht ja hauptsächlich darum, dass alle an der Diskussion teilnehmen können.)

Die Unterhaltung wird von einem Moderator geleitet, der die Diskussion fördert und dafür sorgt, dass die Tagesordnung eingehalten wird. Der Moderator ist dafür verantwortlich, dass die Diskussion pünktlich anfängt und endet. Er stellt die Teilnehmer vor, achtet darauf, dass sie beim Thema bleiben und fasst die Diskussion zusammen. Darüber hinaus achtet er darauf, dass alle Teilnehmer auch zu Wort kommen.

»Der Hauptunterschied zwischen einer Podiumsdiskussion und einem Gespräch am runden Tisch ist, dass die Teilnehmer des Letzteren sich gegenseitig Fragen stellen sollen«, führt Scott Fivash an, der als Herausgeber zweier Business-Magazine regelmäßig Gespräche am runden Tisch für Geschäftsleute ausrichtet.

»Unser Format ist Standard«, stellt er fest. »Ein Moderator führt in das jeweilige Thema ein. Dann stellen sich die Teilnehmer reihum vor und geben einen Kommentar ab.« Die Tagesordnung wird dabei vorher verteilt, damit die Teilnehmer sich darauf einstellen können.

Der andere große Unterschied zwischen Podiumsdiskussion und Gespräch am runden Tisch ist die Struktur. Die Teilnehmer an einer Podiumsdiskussion richten ihre halb-formalen Äußerungen an ein Publikum. Die Teilnehmer an einem Runden Tisch sprechen sich gegenseitig an und haben möglicherweise kein Publikum. Der Sinn eines Runden Tisches ist schließlich, dass Fachleute im Rahmen eines Gesprächs Einsichten in das jeweilige Thema gewinnen.

Beim Runden Tisch glänzen

Die Teilnehmer an einem Runden Tisch werden zwar nach ihrer Expertise ausgewählt, aber der Begriff »Experte« ist durchaus relativ. Man muss kein Hirnchirurg oder Astrophysiker sein, um als Experte zu gelten. Bei Gesprächen am runden Tisch kann es um vielfältige Themenbereiche gehen, ob es nun darum geht, wie man sein unmittelbares Lebensumfeld verbessern kann oder wie man finanzielle Mittel für die Schule auftreibt. Wenn man Sie fragt, ob Sie an einem Runden Tisch teilnehmen möchten, sollten Sie die einige Tipps beherzigen.

✔ **Bereiten Sie ein paar Punkte vor.** Oft beteiligen sich diejenigen am meisten an einer Diskussion, die sich am besten vorbereitet haben. Er empfiehlt deshalb, sich drei oder vier Punkte zu notieren, die man zur Sprache bringen möchte, bevor der Runde Tisch anfängt. Die kann man dann anbringen, sobald sich die Gelegenheit ergibt.

✔ **Erzählen Sie Geschichten.** Jeder mag kleine Anekdoten. Achten Sie darauf, dass sie kurz sind und den Nagel auf den Kopf treffen.

✔ **Bereiten Sie sich darauf vor, Fragen zu stellen.** Man erwartet von Teilnehmern am Runden Tisch, dass sie Fragen stellen. Das ist schließlich einer der größten Vorteile dieser Gesprächsform. Die Teilnehmer an einem Runden Tischen erwarten auch, Antworten zu erhalten. Im Verlauf der Diskussion fragen sie einander etwa: »Wie ist man in Ihrem Unternehmen mit dieser Situation umgegangen?« Wenn Sie wissen, wer sonst noch an dem jeweiligen Runden Tisch teilnimmt, können Sie Ihre Fragen vorbereiten, damit Sie sie jederzeit stellen können.

✔ **Finden Sie einen geeigneten Einstieg für Ihre Fragen.** Die beste Gelegenheit, eine Frage zu einem bestimmten Thema zu stellen, ist dann, wenn das Thema diskutiert wird. Was aber, wenn Sie diese Chance nicht haben, weil Ihr Thema nicht zur Sprache kommt? Sie haben es selbst in der Hand, einem bestimmten Teilnehmer eine bestimmte Frage zu stellen. Leiten Sie am Ende einer Ihrer Äußerungen einfach zu Ihrer Frage über, indem Sie etwa sagen: »Aber was ich von Herrn Soundso gerne wüsste ist, wie sein Unternehmen solche Rekord-Verkaufszahlen erreichen konnte.«

✔ **Erkennen Sie die Chancen für Vernetzungen.** Ein Runder Tisch bietet mehr als den Gedankenaustausch. Sie können dort auch wertvolle Beziehungen zu den anderen Teilnehmern knüpfen. Man kann sich gegenseitig kennenlernen, indem man einfach bestimmte Fragen untereinander diskutiert. Diese Beziehungen kann man nach dem Gespräch am runden Tisch ausbauen und pflegen.

Debatten

In diesem Kapitel

▶ Grundlegendes

▶ Eine befürwortende Position einnehmen

▶ Eine gegnerische Position einnehmen

▶ Gegner widerlegen

▶ Mit sechs Techniken den Sieg erringen

Seit die Höhlenmenschen die Sprache entdeckten, sind wir Menschen in der Lage, die Meinung anderer Menschen zu ändern. Jemanden zu etwas überreden ist wahrscheinlich das zweitälteste Gewerbe der Welt. Egal worüber oder mit wem Sie sprechen, die Fähigkeit zu debattieren ist unerlässlich, wenn Sie mit Ihren Vorstellungen Anklang finden wollen.

Die Grundlagen

Wie man es auch dreht und wendet, Debatten haben immer mit Veränderungen zu tun. Die Kontrahenten wollen jeweils, dass die andere Seite und das Publikum auf ihre Linie einschwenken. Damit die Meinungen zivilisiert aufeinanderprallen können, braucht es einen formalen Rahmen. Bevor Sie aber losziehen, andere Leute zu überzeugen, sollten Sie einen Blick auf die im Folgenden zusammengestellten Grundlagen werfen.

Debatten, Debatten und Debatten

Man über drei Dinge debattieren: Werte, politische Inhalte und Fakten. Bei der Debatte über Werte geht es um die Priorität verschiedener Wertvorstellungen. Bei politischen Debatten geht es darum, ob man in einer bestimmten Weise handeln soll und die Debatten über Fakten decken alles Übrige ab. (Darunter fiele etwa auch eine Debatte über die Frage, ob es UFOs gibt.)

Am häufigsten stehen politische Inhalte zur Debatte. Ich möchte mich deshalb hier auf diese Kategorie beschränken. Sie kennen diese Art der Debatte aus der Politik (»Wir müssen die Mehrwertsteuer erhöhen.« – »Wir dürfen die Steuern nicht weiter erhöhen.«). Im Grunde funktioniert das so: Die eine Seite benennt ein Problem und schlägt eine Lösung vor. Die andere Seite argumentiert, es solle alles beim Alten bleiben. Die Seite, die Veränderungen möchte, hat die Beweislast. Warum? Weil Menschen Veränderungen grundsätzlich skeptisch gegenüberstehen (»Das haben wir schon immer ...«). Veränderungen bringen Anstrengungen und Risiken mit sich. Wer also Veränderungen herbeiführen will, muss schlüssig darlegen, dass sie unumgänglich sind.

Wichtige Begriffe rund um Debatten

Es gibt einige spezielle Begriffe im Zusammenhang mit Debatten, die Sie kennen sollten:

✔ **Befürworter:** Das ist die Seite, die für eine Veränderung argumentiert. Sie muss einen Entwurf vorlegen, wie die Veränderung bewerkstelligt werden soll und darlegen, dass die Umsetzung dieses Entwurfs Vorteile bringt.

✔ **Gegner:** Das ist die Seite, die gegen eine Veränderung argumentiert (oder für den Status quo.)

✔ **Entwurf:** Das Konzept, das von den Befürwortern argumentativ unterstützt und von den Gegnern argumentativ bekämpft wird. Ein Beispiel: Die Regierung soll neue Technologien verstärkt fördern.

✔ **Konstruktive Rede:** Dabei handelt es sich um eine einleitende Rede, in der Probleme erörtert und die Argumente der jeweiligen Seite dargelegt werden.

✔ **Gegenrede:** Das sind die darauf folgenden Reden, in denen die Argumente gegen die eigene Position auseinandergepflückt und die Stichhaltigkeit der eigenen Argumente untermauert werden.

Argumente mit Beweisen untermauern

Der Schlüssel zum Erfolg liegt bei Debatten häufig auf der Ebene der Beweise, mit denen man seine Argumente unterstützt. »Wenn beide Seiten gute Argumente haben«, erklärt Shawn Whalen, »entscheidet die Qualität der Beweise über Erfolg oder Misserfolg.«

✔ **Wörtliche und sinngemäße Zitate:** In Debatten werden Beweise meist in Form wörtlicher oder sinngemäßer Zitate eingebracht. Statistiken beispielsweise werden oft paraphrasiert. (Die *Neue Spezial* berichtet, dass in Castrop-Rauxel sechs von zehn Aliens keinen Parkplatz für ihr UFO finden.)

 »Oft wären die Kontrahenten in einer Debatte besser beraten, wörtliche Zitate zu verwenden«, rät Whalen. »Eine sinngemäße Wiedergabe verlangt mehr geistige Anstrengung vom Redner und setzt ihn zusätzlichem Druck aus. Ein wörtliches Zitat ist einfacher.« (Wenn auch das wortwörtliche Verlesen von Zitaten oft kritisiert wird, ist es in Debatten doch gängige Praxis.)

 Angaben zur Quelle: Wenn Sie eine führende Autorität zur Unterstützung Ihres Arguments zitieren, ist das ein prima Beweis, oder? Nicht unbedingt. Wenn einige Ihrer Zuhörer die Autorität nicht kennen, reicht es nicht aus, bloß ihren Namen zu nennen. Sie sollten deshalb auch sagen, in welcher Weise Ihre Quelle besonders qualifiziert ist. Handelt es sich um einen Nobelpreisträger? Einen Professor? Einen Doktor? Die Qualifikation macht glaubwürdig, nicht allein der Name.

Als Befürworter argumentieren

Als Befürworter sprechen Sie sich für die jeweilige Lösung aus. Sie versuchen, Ihren Zuhörern zu erklären, dass der Status quo unmöglich beibehalten werden kann. Darüber hinaus plädieren Sie dafür, dass Ihr Entwurf zur Durchführung der gewünschten Veränderungen umgesetzt wird, weil sich daraus Verbesserungen ergeben.

Die grundsätzliche Relevanz darlegen

Die Befürworter haben keine Chance, die Debatte zu gewinnen, wenn sie nicht die grundsätzliche Relevanz eines Problems nachweisen können. Die Vernunft verlangt nun einmal, dass die Frage nach der Relevanz beantwortet wird, bevor man sich die Mühe macht, über die Notwendigkeit von Veränderungen nachzudenken. Dabei geht es um die folgenden drei Aspekte:

✔ **Signifikanz:** Hier geht es darum, ein Problem zu definieren und herauszustellen, dass es so bedeutsam ist, dass man alle Anstrengungen unternehmen muss, die Dinge geradezurücken. Damit untermauern die Befürworter die Notwendigkeit ihres Lösungsvorschlags. (Wird der Vorschlag umgesetzt, bringt das nur Vorteile, weil das Problem gelöst und alles viel besser wird.)

✔ **Inhärenz:** Hier geht es darum zu beweisen, dass das Problem bestimmten Umständen innewohnt. Es wird sich nicht von selbst lösen oder verschwinden. Ohne Veränderungen wird es weiter bestehen.

✔ **Lösungsdichte:** Die Lösungsdichte bezieht sich darauf, inwieweit der Lösungsvorschlag das Problem lösen wird. Sie müssen beweisen, dass Ihr Entwurf funktioniert. Welche Schritte werden unternommen? Was werden Sie tun? Wie viel Zeit brauchen Sie? Hier müssen Sie konkret werden.

 Ihr Entwurf muss das Problem nicht vollständig lösen, aber zumindest den überwiegenden Teil. (Ihre Gegner werden versuchen darzulegen, dass Ihr Entwurf so wenig zur Lösung des Problems beiträgt, dass er die Mühe nicht wert ist.)

Ergänzende Taktiken

Mit den folgenden Taktiken können Sie Ihr Anliegen wirkungsvoller unterstützen.

✔ **Ordnen Sie Ihre Argumente.** Wenn Sie zwischen den Argumenten hin und her springen, ist es schwer, Ihrer Argumentation zu folgen. Wählen Sie eine Reihenfolge, die Ihren Zuhörern sinnvoll erscheint. Machen Sie es ihnen leicht, mit Ihnen übereinzustimmen.

 Weisen Sie auf eventuelle Beweislücken hin. Wenn Sie wissen, dass Sie Schwierigkeiten haben, einige Ihrer Argumente zu untermauern, können Sie damit rechnen, dass das auch Ihren Gegnern und Zuhörern auffallen wird. Gehen Sie nicht einfach darüber hinweg. Es ist strategisch unklug, darauf zu hoffen, dass niemandem die Lücke auffällt. Bemühen Sie sich lieber um bessere Beweise oder passen Sie Ihre Argumentation entsprechend an.

✔ **Nehmen Sie die Argumente Ihrer Gegner vorweg.** Nicht ohne Grund lernt man als Anwalt, einen Fall von beiden Seiten aus zu betrachten und vertreten. (Das hat _nicht_ nur etwas damit zu tun, dass sich so auch die Klientel vergrößern lässt.) Wenn Sie sich denken können, was Ihre Gegner erwidern werden, können Sie Ihre eigene Argumentation wirkungsvoller gestalten. Wo werden Ihre Gegner zuerst den Hebel ansetzen? Was werden sie behaupten? Wenn Sie Ihre Sache mit den Augen der gegnerischen Seite betrachten, können Sie Ihre Argumente auf mögliche Schwachpunkte hin abklopfen.

Gegen die Befürworter argumentieren

Die Gegner sind gewöhnlich daran interessiert, dass der Status quo erhalten bleibt. Sie wenden sich daher oft grundsätzlich gegen die Notwendigkeit von Veränderungen. Angriffspunkte sind dabei immer die spezifischen Veränderungen, die von den Befürwortern angestrebt werden.

Einen Nachteil konstruieren

Eine traditionelle Strategie der gegnerischen Seite ist die Behauptung, dass die Umsetzung des Entwurfs der Befürworter Nachteile mit sich bringt. Anders ausgedrückt: Der Entwurf verschlimmert die Probleme oder schafft neue. In jedem Fall ist es besser, alles beim Alten zu lassen.

Ein Nachteil setzt sich aus drei Komponenten zusammen: Verknüpfung, Auswirkung und Eindeutigkeit. Verknüpfung besagt, dass der Entwurf zur Konsequenz X führen wird. Auswirkung heißt, dass die Konsequenz X nachteilig ist. Und Eindeutigkeit meint, dass die Konsequenz X nicht eintreten wird, wenn der Entwurf nicht umgesetzt wird.

Das klingt ein wenig abstrakt. Shawn Whalen hat dazu ein Beispiel. Die Befürworter legen einen Entwurf vor, nach dem die Kfz-Steuer in Kalifornien abgeschafft werden soll, um die Bedingungen für die Wirtschaft zu verbessern. Die Gegner halten dem entgegen, dass der Entwurf einen entscheidenden Nachteil habe. Verknüpfung: Die Abschaffung der Kfz-Steuer treibt die Städte in den Bankrott. Auswirkung: Die bankrotten Städte verschlechtern das Wirtschaftklima nur weiter. Eindeutigkeit: Die Städte werden nicht bankrott, wenn der Entwurf nicht umgesetzt wird. Der Entwurf zur Abschaffung der Kfz-Steuer führt eindeutig zum Bankrott der Städte.

»Mit Hilfe dieses Nachteils lässt sich die Welt des Entwurfs von der Welt des Status quo trennen«, kommentiert Whalen. »Die dargestellte Verknüpfung und die nachfolgende Auswirkung lassen den Eindruck entstehen, dass alles gut ist, solange wir nichts verändern. Der Entwurf bringt eine Veränderung mit sich, die zur Konsequenz X führt, die wiederum schlecht ist.«

Einen Gegenentwurf auf die Beine stellen

Was ist, wenn der Status quo wirklich so schlecht ist, wie die Befürworter beklagen? Wie verteidigt man einen unbestreitbar schlechten Zustand gegen den Entwurf der Befürworter einer

Veränderung? Ganz einfach. Man stellt einen eigenen Entwurf vor. Anschließend richtet man seine Argumentation darauf aus nachzuweisen, dass dieser Gegenentwurf die bessere Lösung ist, jedenfalls eine bessere als der Entwurf der Befürworter.

Indem die Gegner einräumen, dass der Status quo nicht hinnehmbar ist, verändern sie den Charakter der Debatte grundlegend. Die Auseinandersetzung dreht sich jetzt nicht mehr um die Frage Entwurf oder Status quo, sondern um Entwurf oder Gegenentwurf.

 Ein Gegenentwurf muss genauso untermauert werden wie der Entwurf der Befürworter. Die Gegner müssen herausarbeiten, dass ihr Gegenentwurf das Problem wirklich angeht und funktionieren wird. (Mehr darüber im Abschnitt »Als Befürworter argumentieren« weiter vorn in diesem Kapitel.)

Die grundsätzliche Relevanz bestreiten

Die Befürworter müssen in drei Bereichen die grundsätzliche Relevanz des jeweiligen Problems nachweisen (Signifikanz, Inhärenz und Lösungsdichte), um eine Debatte zu rechtfertigen und gewinnen zu können. Für die Gegner heißt das, sie können ihrerseits gewinnen, wenn sie die grundsätzliche Relevanz in einem Punkt erfolgreich in Frage stellen. Und das macht man so:

✔ **Die Signifikanz in Frage stellen:** Die Gegner führen an, dass das von den Befürwortern benannte Problem gar nicht existiert oder so unbedeutend ist, dass man nicht weiter darüber reden muss.

✔ **Die Inhärenz in Frage stellen:** Die Gegner argumentieren, dass das Problem auch ohne die von den Befürwortern geplanten Veränderungen gelöst werden kann. Es wird bereits durch den Status quo gelöst, der Lösungsprozess braucht aber noch Zeit.

✔ **Die Lösungsdichte in Frage stellen:** Die Gegner vertreten die Ansicht, dass der Entwurf der Befürworter das Problem nicht lösen wird, und zwar deshalb, weil er unausgereift ist, nur eine von mehreren Ursachen des Problems aufgreift, nicht umsetzbar ist oder Hindernisse nicht berücksichtigt, die seiner Umsetzung im Wege stehen. Sie merken, worauf ich hinaus will.

 Wollen Sie den Befürwortern das Leben wirklich schwer machen? Fragen Sie, welchen prozentualen Anteil des Problems der Entwurf lösen wird. (Wahrscheinlich wird niemand wagen, 100 Prozent zu sagen, weil die Beweise für eine solche Prognose meist nicht ausreichen.) Wenn Ihnen eine Zahl genannt wird, können Sie so lange weiterbohren, bis nicht mehr viel davon übrig bleibt.

Weitere Angriffsziele

Hier sind weitere Möglichkeiten, die Argumente der Befürworter unter Beschuss zu nehmen:

✔ **Die Beweise abklopfen:** Prüfen Sie, ob die Beweise die Forderungen der Befürworter wirklich unterstützen. Eine vorgelegte Studie beispielsweise könnte nachgewiesen haben, dass ein Medikament Menschen mit einer bestimmten Blutgruppe bei Erkältungen hilft. Das bedeutet also nicht, dass es allen Menschen hilft, die an einer Erkältung leiden. Suchen Sie in den Beweisen nach Einschränkungen.

 **Die Qualifikation der Beweisquellen in Zweifel ziehen:** Noch einmal zurück zu der eben genannten Studie. Wer hat die Studie durchgeführt? Wie glaubwürdig ist sie? Wenn die Befürworter nichts über die Qualifikation ihrer Quellen sagen, sollten die Gegner gezielt danach fragen.

✔ **Den Spieß umdrehen:** Richten Sie die Stoßkraft der Argumente des Gegners gegen ihn selbst. Wenn zum Beispiel die Befürworter behaupten, ihr Entwurf bringe einen Vorteil, drehen die Gegner dieses Argument herum und behaupten ihrerseits, der Entwurf bringe nicht nur einen Vorteil, sondern auch einen Nachteil mit sich.

Ein Beispiel: Die Befürworter führen an, dass die Umsetzung ihres Entwurfs zur Senkung der Medikamentenpreise die Zahl der an der Armutsgrenze lebenden Senioren verringern würde. Die Gegner greifen dieses Argument auf und behaupten nun, dass sich dadurch nicht nur die Zahl der an der Armutsgrenze lebenden Senioren verringern würde, sondern dass sich auch die Zahl der Senioren erhöhen würde, die Medikamente missbrauchen.

Gegen Reden reden

Die Gegenrede ist der hitzige Teil einer Debatte. Die Redezeit ist wesentlich kürzer als bei den konstruktiven Reden. Sie müssen dabei Ihre eigenen Argumente weiterführen, sie gleichzeitig gegen Angriffe verteidigen und die Argumente der Gegner angreifen. Wen sie als Gewinner einer Debatte empfinden, entscheiden viele Zuhörer nach dem Auftreten der Kontrahenten in der Aussprache. Wenn Sie die folgenden Hinweise beachten, werden Sie vorn liegen.

Einen Überblick geben

Eine besondere Schwierigkeit bei der Gegenrede ist es, seine Zeit so einzuteilen, dass man die wichtigsten Argumente abdeckt. Eine typische Gegenrede dauert etwa sechs Minuten. Es ist üblich, mit einem Überblick zu beginnen, der die eigenen Hauptargumente und die Gegenargumente zusammenfasst. Zu betonen gilt es dabei, warum die eigenen Argumente die Oberhand gewinnen sollten. »Der Überblick gestaltet die Debatte zu Ihren Gunsten«, erläutert Shawn Whalen. »Sie vergleichen Ihre Argumente mit denen Ihrer Gegner und drücken dem Ganzen Ihren Stempel auf.« Etwa ein Sechstel (oder ein bisschen weniger) Ihrer Zeit sollten Sie für den Überblick verwenden. Bei einer Gegenrede von sechs Minuten sind das zwischen 45 Sekunden und einer Minute.

Sagen, wo es langgeht

Nach dem Überblick sollten Sie genau angeben, worauf Sie in Ihrer restlichen Redezeit eingehen werden. Sie sagen, wo es langgeht. Das kann etwa so klingen: »Um Ihnen zu zeigen, dass mein Überblick korrekt ist, werde ich im restlichen Teil meiner Rede auf dieses Argument und jenes Argument und schließlich auf das abschließende Argument näher eingehen.« Auf diese Weise können die Zuhörer Ihnen besser folgen. Ein weiterer Vorteil dabei ist, dass Sie Ihr Anliegen besser und logischer strukturieren.

Geordnet vorgehen

Arbeiten Sie die Argumente Ihrer Gegner Stück für Stück ab und gehen Sie darauf ein. Auf diese Weise stellen Sie sicher, dass Sie alle wichtigen Gegenargumente mit einer passenden Antwort bedenken. Das ist besonders wichtig, wenn Sie nicht der letzte Redner sind. »Der Supergau tritt ein, wenn Sie Ihre Gegenrede beendet haben und der letzte Redner hält Ihnen dann vor, dass Sie einen großen Fehler gemacht und zu einem wichtigen Argument nicht Stellung bezogen haben«, erklärt Shawn Whalen. Wenn Sie sich die Gegenargumente eines nach dem anderen gründlich vornehmen, können Sie diesen Fehler vermeiden.

Gegenargumente vorwegnehmen

Verteidigen Sie Ihr Anliegen gegen die Argumente Ihrer Gegner, indem Sie deren Argumente vorwegnehmen. Das hat einen ähnlichen Effekt wie eine Impfung. Wenn Ihre Gegner später mit ihren Argumenten kommen, bleibt die erhoffte Wirkung aus, weil Sie sie geschwächt haben. Die Vorwegnahme ist eine besonders wichtige Taktik, wenn Sie nicht der letzte Redner der Debatte sind. Wenn Ihre Gegner das letzte Wort haben, müssen Sie deren Argumente vorwegnehmen und entkräften.

Beweise nicht wiederholen

Sie haben nicht genug Zeit, in Ihrer Gegenrede die bereits vorgebrachten Argumente Wort für Wort zu wiederholen. Sie können sich allenfalls noch einmal darauf beziehen oder die entsprechenden Schlüsselbegriffe erwähnen. Sie sollten sich aber lieber darauf konzentrieren, die Bedeutsamkeit Ihrer Argumente herauszustellen, anstatt sie noch einmal zu untermauern.

Gegenentwürfe angreifen

Wenn Ihre Gegner einen Gegenentwurf präsentiert haben, müssen Sie diesen in Ihrer Gegenrede attackieren. Denken Sie daran: Der Gegenentwurf muss den gleichen Ansprüchen an Relevanz und Plausibilität genügen wie Ihr eigener Entwurf. Zu den üblichen Angriffsstrategien gehört es deshalb, die Lösungsdichte des Gegenentwurfs in Frage zu stellen – die Probleme werden damit nicht gelöst. Die Befürworter können auch argumentieren, dass der Gegenentwurf Nachteile mit sich bringt, etwa Schäden verursacht, die ihr eigener Entwurf nicht mit sich bringt. Oder aber sie behaupten, dass sich Entwurf und Gegenentwurf nicht gegenseitig ausschließen. Beide Entwürfe könnten umgesetzt werden.

Auf sechs verschiedene Arten den Gegner schlagen

Im Laufe der Geschichte haben Philosophen, Rechtsgelehrte und Teenager immer wieder an Strategien getüftelt, mit denen man Debatten gewinnen kann. Im Folgenden möchte ich Ihnen ein paar Strategien vorstellen, mit denen Sie über Ihre Gegner triumphieren werden.

Die Struktur der Argumentation beachten

Viele Anfänger machen in Debatten den Fehler, ihre Argumente ineinander zu verschachteln. »Die Argumentation beginnt mit einem Punkt, streift aber auch einen anderen, und schließlich vermengen sich die beiden miteinander«, erläutert Shawn Whalen. »Am Ende vergessen die Kontrahenten, dass es sich eigentlich um zwei verschiedene Argumente handelte.«

»Wenn Sie mehrere Argumente vorbringen, sollten Sie Ihren Gegnern nicht ermöglichen, diese auf ein Argument zu reduzieren, denn dann kann leichter darauf pariert werden«, rät Whalen. Achten Sie also auf die Struktur Ihrer Argumentation, damit Sie Ihre Argumente während der Debatte sauber voneinander getrennt halten.

Je mehr verschiedene Argumente Sie gegen Ihre Kontrahenten vorbringen, desto schwieriger wird es für die Gegner, mit dieser Vielfalt umzugehen.

Die Redezeit optimal nutzen

Es ist in Debatten immer schwierig, die Zeit effektiv zu nutzen, weil Sie nicht viel davon zur Verfügung haben. Deshalb sollten Sie sich bei der Nutzung Ihrer Redezeit darauf konzentrieren, so viele wirksame Argumente wie möglich vorzutragen. Je mehr Argumente Sie haben, desto größerer Druck lastet auf Ihren Gegnern, denn sie müssen mehr Zeit in die Beantwortung Ihrer Argumente investieren und haben weniger Zeit für ihre eigene Argumentation.

Es gibt im Wesentlichen zwei Techniken, mit denen man in der Kürze der Zeit möglichst viele Argumente vorbringen kann:

✔ **Schnell sprechen:** Viele Redner sprechen in Debatten wesentlich schneller als bei einer normalen Unterhaltung. Das gestattet ihnen, mehr Argumente vorzubringen. Das funktioniert zwar, wenn im Publikum andere debattenerprobte Redner sitzen, ist aber weniger sinnvoll, wenn Sie vor dem »gemeinen Volk« sprechen (etwa bei einer Debatte zwischen Wahlkampfkandidaten). Ein »normales« Publikum würde sich bei diesem Tempo eher an Dieter Thomas Heck erinnert fühlen und befremdet oder gar verärgert sein.

✔ **Weniger Worte machen:** Die andere Möglichkeit, in kurzer Zeit mehr Argumente vorzubringen, besteht darin, einfach weniger Worte zu gebrauchen. »Verdichten Sie das, was Sie sagen wollen, in möglichst kurze Sätze«, bestätigt Whalen. »Der Schlüssel zur Sprachökonomie liegt in einfachen und präzisen Formulierungen.« Einen Großteil dieser Arbeit können Sie in der Vorbereitung auf eine Debatte leisten. Sprechen Sie Ihre Argumente laut vor sich hin und formulieren Sie sie so lange um, bis sie möglichst kurz sind.

 Auch die Entscheidung darüber, ob Sie wörtlich oder sinngemäß zitieren (siehe den Abschnitt »Argumente mit Beweisen untermauern« weiter vorn in diesem Kapitel), kann man unter dem Gesichtspunkt der Sprachökonomie betrachten. Wenn man ein langes Zitat kurz umschreiben kann, spart man Redezeit, die man dann wiederum für andere Argumente oder Beweise nutzen kann.

Üben

Jeder weiß, dass man mit Übung weiterkommt, aber die Leute, die am meisten darauf angewiesen wären, machen am seltensten Gebrauch davon – die Experten. »Experten kennen sich in ihrem Fachgebiet bis in die kleinsten Verästelungen aus«, erklärt Shawn Whalen. »Deshalb meinen sie, sie müssten für eine Debatte nicht üben.«

Das ist ein großer Fehler! Experten mögen ihr Metier ja verstehen, aber ihre Zuhörer nicht. »Im Verlaufe einer Debatte wird dann schnell deutlich, dass die Zuhörer der Argumentation des Experten nicht folgen können«, führt Whalen aus. »Am Ende muss der Experte viel Zeit aufwenden, um ein möglicherweise kleines Detail zu erklären, und kommt nicht mehr dazu, seine Sichtweise umfassend darzustellen.«

Whalens Rat: Üben Sie, die Substanz Ihrer wichtigsten Argumente in eine allgemeinverständliche Sprache zu übersetzen. Damit vermeiden Sie, Sachverhalte mehrfach erklären zu müssen.

Die eigenen Argumente früh einbringen

Im Wesentlichen sollten Sie Ihre Argumente im Verlauf Ihrer konstruktiven Rede ausgebreitet haben. Dort präsentieren Sie auch den größten Teil Ihrer Beweise. In der Gegenrede können Sie sich dann darauf konzentrieren, die Argumente Ihrer Gegner zu entkräften und Ihre eigenen stärker zu akzentuieren.

Argumente nicht wiederholen

Sie haben nur wenig Zeit, für Ihre Sache einzutreten. Argumente zu wiederholen verbraucht die Zeit, die Sie besser für weitere Argumente verwenden würden. Mit der Wiederholung von Argumenten spielen Sie nur Ihren Gegnern in die Hände. Die müssen sich dann nachher mit weniger Argumenten herumschlagen. Wenn ein Argument wichtig ist, sagen Sie das und erklären Sie warum. Es wird nicht dadurch noch wichtiger, dass Sie es wiederholen.

Schlachten verlieren, um den Krieg zu gewinnen

Behalten Sie das große Ganze im Auge, wenn Sie für Ihre Sache eintreten. Ein fähiger Debattenredner wird der Gegenseite lieber kleinere Punkte überlassen, als am Ende zu wenig Zeit zu haben, auf wichtige Argumente einzugehen.

Häufige logische Fehlschlüsse

Ein Fehlschluss ist ein Denkfehler. In einer Debatte weisen sich die Kontrahenten gerne gegenseitig auf ihre Fehlschlüsse hin. Ich habe im Folgenden die am häufigsten vorkommenden Fehlschlüsse zusammengestellt, die Leuten unterlaufen, die miteinander streiten. (Die mit lateinischen Bezeichnungen kann man während einer Unterhaltung wunderbar wie zufällig einfließen lassen.)

✔ **Ablenkungsmanöver:** Völlig irrelevanter Punkt, der zur Ablenkung vorgebracht wird.

✔ **Anonyme Autorität:** Die Autorität, die das Argument untermauert, wird verschwiegen.

✔ **Argumentum ad baculum:** Einschüchterung des Gegners.

✔ **Argumentum ad hominem:** Angriff auf die Person des Redners statt auf seine Argumente. (Mein persönlicher Favorit)

✔ **Argumentum ad ignoratium:** Ein Argument wird für gültig erklärt, weil es keine Gegenbeweise gibt.

✔ **Argumentum ad populum:** Jeder ist überzeugt davon. Deshalb muss es stimmen.

✔ **Berufung auf eine Autorität:** Die zitierte Autorität ist nicht wirklich eine.

✔ **Falsche Analogie:** Die miteinander verglichenen Objekte weisen mehr Unterschiede als Gemeinsamkeiten auf.

✔ **Inkonsistenz:** Jemand stellt zwei Behauptungen auf, die einander widersprechen.

✔ **Nicht repräsentatives Beispiel:** Das Beispiel repräsentiert nicht die Merkmale der Grundgesamtheit, der es entnommen wurde.

✔ **Post hoc ergo propter hoc:** Die Behauptung, dass das Ereignis A das Ereignis B verursacht hat, weil A sich vor B ereignete.

✔ **Strohmann:** Fehlinterpretation und Schwächung der Position des Gegners und nachfolgender Angriff auf diese falsch interpretierte Position.

✔ **Zirkelschluss:** Die Schlussfolgerung aus einem Argument tauchte vorher bereits als Voraussetzung auf.

Vor internationalem Publikum reden

In diesem Kapitel

▶ Sich über andere Kulturen informieren

▶ Die Botschaft rüberbringen

▶ Deutlich machen, was Sie sagen wollen

▶ Sich auf einen Dolmetscher verlassen

Die meisten Leute würden sich nicht in ein Auto setzen, wenn sie keine Ahnung hätten, wozu die ganzen Hebel und Knöpfe und das Steuer da sind, weil sie zu Recht befürchten mussten, an der nächsten Wand zu landen. Dabei würden sie sich selbst, dem Auto und anderen Menschen Schaden zufügen. Wenn es ums Reden vor einem Publikum aus einem anderen Kulturkreis geht, von dem sie keine Ahnung haben, sind sie dagegen weniger zimperlich. Dabei kann das genauso gefährlich sein.

Wenn Sie nichts über den kulturellen Hintergrund Ihrer Zuhörer wissen, ist die Wahrscheinlichkeit, dass Sie unbeabsichtigt jemanden verletzen, beleidigen oder gegen sich aufbringen, viel größer. Ihre Rede erleidet Schiffbruch und Sie schaden sich selbst, Ihrem Anliegen und Ihrem Publikum. Ein beschädigtes Verhältnis zum Publikum ist manchmal schwerer wieder zu reparieren als ein kaputtes Auto. Dieses Kapitel ist für Sie eine Art Versicherungspolice, mit der Sie sicherstellen können, dass Ihre Welt nicht mit anderen Welten zusammenstößt und dabei irreparable Schäden anrichtet.

Die Kultur der Zuhörer erforschen

Wie kommen Sie an Informationen über andere Kulturen? Fragen Sie jemand, der aus dem jeweiligen Kulturkreis kommt. Die meisten Menschen sind erfreut, wenn sie von ihrem Heimatland und ihrer Kultur erzählen können. Wenn Sie mit ihnen darüber sprechen, worüber Sie reden wollen, können sie Ihnen dabei helfen, möglichen Fettnäpfchen auszuweichen. Sie können Ihnen auch einen Einblick in die Denkweise Ihres Publikums verschaffen. Mit diesen Informationen ausgestattet können Sie dann Ihre Rede so gestalten, dass Ihre Zuhörer sie genießen und schätzen.

Vor einigen Jahren hielt ich eine Rede vor philippinischen Versicherungsangestellten in Manila. Zum Glück hatte ich einen von dort stammenden Freund, der meine gesamte Rede durchsehen konnte. Er machte mich auf die Passagen aufmerksam, die zu sehr auf den amerikanischen Kontinent zugeschnitten waren und in Manila nicht auf Verständnis stoßen würden. Darüber hinaus versorgte er mich mit reichhaltigen Informationen über die Kultur, Geschichte und

Politik der Philippinen. So war ich in der Lage, mich in meiner Rede auf Menschen, Orte und aktuelle Ereignisse zu beziehen, die meinen Zuhörern vertraut und wichtig waren.

Was aber, wenn Sie keinen Freund zur Hand haben, der Ihnen helfen kann? Finden Sie jemanden, der es kann. Kennen Sie jemanden, der in dem jeweiligen Land einen Verwandten oder Bekannten hat? Kennen Sie jemanden an einer Universität oder Schule? Viele Hochschulen beschäftigen Professoren aus dem Ausland. Kennen Sie jemanden, der in einem international operierenden Unternehmen arbeitet? Fragen Sie, ob dort jemand Kontakt zu einer Person aus dem Land herstellen kann, in dem Sie Ihre Rede halten werden. Und vergessen Sie auch nicht, die Person um Hilfe zu fragen, die Ihre Rede vermittelt hat.

 Verwechseln Sie Kenntnisse über die Kultur eines Landes nicht mit den gängigen Klischees, die über eine Kultur im Umlauf sind. Nur weil Sie ein paar Fernsehsendungen oder Filme gesehen haben, können Sie nicht davon ausgehen, die Kultur eines Landes zu verstehen. Finden Sie heraus, wie sie wirklich ist. Sie ersparen sich und anderen viele Peinlichkeiten.

Die Botschaft passend aufbereiten

In den folgenden Abschnitten finden Sie einige wichtige Regeln, die Sie beachten sollten, wenn Sie eine Rede vor einem ausländischen Publikum halten wollen.

Am besten ganz einfach

Wenn Sie vor einem ausländischen Publikum sprechen, dessen Muttersprache nicht die Ihre ist, sind brillante rhetorische Kunstgriffe, vertrackte Satzstrukturen und komplex verpackte Botschaften nicht angezeigt. Überfordern Sie Ihr Publikum nicht. Wichtig sind kurze Sätze, ein einfaches Vokabular und klare Übergänge, damit Ihre Zuhörer verfolgen können, wann Sie zum nächsten Punkt kommen. Nur dann haben Sie eine Chance, auf Verständnis zu stoßen statt auf Verwirrung. (Das heißt _nicht_, dass Sie so tun müssen, als hätten Sie es mit Zweijährigen zu tun.)

Jemanden aus dem Kulturkreis der Zuhörer zitieren

Jedes Land und jede Kultur verehrt eigene Helden. Autoren. Künstler. Wissenschaftler. Staatsmänner. Bauen Sie ein Zitat eines von Ihren Zuhörern bewunderten Menschen in Ihre Rede ein. Ihre Zuhörer werden Ihnen hoch anrechnen, dass Sie sich die Mühe gemacht haben, etwas über ihre Kultur in Erfahrung zu bringen.

 Quetschen Sie nicht um jeden Preis ein solches Zitat in Ihre Rede. Es sollte schon zu einem Gedanken Ihrer Rede passen. Sonst hat das Publikum schnell den Eindruck, dass Sie sich nur lieb Kind machen wollen.

Inhalt und Stil an den kulturellen Rahmen anpassen

Amerikanische Zuhörer sind etwas oberflächlicher als europäische. Das betrifft sowohl den Stil als auch den Inhalt einer Rede. »In den USA bevorzugen die Zuhörer Redner, die ihr Thema leidenschaftlich vertreten«, erläutert Dr. Weiner, »man mag dort energiegeladene Redner, die viel in Bewegung sind und vielfältig gestikulieren. In Europa betrachten die Zuhörer dies eher als Zeichen von Oberflächlichkeit – im Sinne von zu viel Stil und zu wenig Substanz. Wenn Sie in Europa zu euphorisch auftreten, legt man Ihnen das schnell als Mangel an Tiefgang aus.«

Dieser Unterschied gilt auch für den Inhalt. Europäer bevorzugen detailreicheres Beweismaterial, also Fakten und Statistiken. In den USA stehen die Leute mehr auf Beweise in Form von Anekdoten. »Liefern Sie Ihren Zuhörern Geschichten in Ihrer Rede und die Zahlen als Tischvorlagen«, rät Dr. Weiner.

Die Kürze macht's

Es ist mitunter schon anstrengend, einer Rede in der eigenen Muttersprache zu folgen. Wie viel anstrengender muss es da sein, wenn man einer Rede in einer anderen Sprache folgen muss. Sie sollten deshalb Ihre Rede so kurz wie möglich halten. Wenn Sie dennoch viel zu sagen haben, empfiehlt es sich, Pausen für die Zuhörer einzuplanen.

Weltweit gültige Beispiele verwenden

Beziehen sich alle Beispiele und Bezüge in Ihrer Rede auf Ihr eigenes Land? Wenn ja, könnte das in anderen Ländern wichtigtuerisch und arrogant wirken. Bemühen Sie sich um Beispiele aus anderen Teilen der Welt oder erkennen Sie wenigstens an, dass es solche Beispiele gibt. (Sie hatten eben keine Zeit mehr für eine intensivere Recherche.) Sie können die Sympathie ausländischer Zuhörer nicht gewinnen, wenn Sie (auch unbeabsichtigt) den Eindruck erwecken, Ihr Land sei dem ihrigen überlegen.

Es gibt mehr als ein Amerika

Die in den USA lebende Bevölkerung wird oft als Amerikaner bezeichnet. Das verärgert die Menschen in Zentral- und Südamerika. Sie sind auch Amerikaner.

Vorsicht beim Humor

Weshalb ist etwas komisch? Dieser Frage könnte man problemlos eine Dissertation widmen (es gibt in der Tat viele zu diesem Thema). Kurz gesagt wurzelt der Humor eines Landes in seinen kulturellen Werten. Was in einer Kultur komisch ist, wird in einer anderen todernst genommen. Wenn Sie sich nicht sehr gut mit einer Kultur auskennen, sollten Sie auf humoristische Einlagen lieber verzichten, es sei denn, Sie sind sicher, dass es sich um kulturübergreifenden Humor handelt. Andernfalls riskieren Sie, dass niemand Ihren Witz versteht oder alle beleidigt sind.

Im Notfall lachen

In seiner Zeit als Marketingleiter bei Hewlett-Packard hat Martin Gonzalez Bravo viele Reden in aller Welt gehalten. Er fing dabei immer gleich an: »Es ist schön, bei Ihnen zu sein. Ich bin zwar erst ein paar Tage hier, habe aber ein paar Worte Ihrer Sprache gelernt.« Dann sprach er den folgenden Satz in der jeweiligen Landessprache: »Unter Ihrem Sitz befindet sich für den Notfall eine Rettungsweste.«

»Egal wo ich war, damit erntete ich immer einen Lacher«, erzählt er. »Mehr brauchte es auch nicht, das Eis zu brechen.«

Jeder von uns kennt diesen Satz aus den Sicherheitsanweisungen in Flugzeugen. Dort lernte Bravo ihn auch immer auswendig. »Die Sicherheitsanweisungen sind immer in verschiedenen Sprachen abgedruckt«, erläutert er. »Überall wo ich hingeflogen bin, prägte ich mir diesen Satz in der jeweiligen Landessprache ein.« Um auf Nummer sicher zu gehen, schrieb er sich den Satz auch noch auf und fragte die Mitarbeiter vor Ort, wie man ihn richtig ausspricht.

Bravo stimmt zu, dass Humor in Reden vor ausländischem Publikum ein Risiko sein kann. Sein Einstieg, so meint er, funktionierte, weil er über die kulturellen Grenzen hinaus gültig war. »Jeder, der schon einmal in einem Flugzeug gesessen hat, kennt den Satz«.

Spracheigentümlichkeiten ablegen

Jede Sprache hat ihre umgangssprachlichen Eigenheiten, die für Verwirrung sorgen, wenn man sie wörtlich übersetzt. Lassen Sie die Finger davon. Durchsuchen Sie Ihre Rede danach und ersetzen Sie die betreffenden Ausdrucksweisen.

Nehmen Sie beispielsweise die Redewendung »mit einem goldenen Löffel im Mund geboren«. Im deutschen Sprachraum weiß jeder, dass damit ein Mensch gemeint ist, der in eine wohlhabende Familie hineingeboren wurde. Nicht des Deutschen mächtige Zuhörer könnten jedoch den Eindruck gewinnen, es handelte sich um einen speziellen Geburtsfehler.

Weg mit Fachsprache und Abkürzungen

Fachsprache und Abkürzungen sind schon verwirrend genug, wenn Sie zu Ihren Landsleuten in Ihrer Muttersprache sprechen. Noch schlimmer sind sie, wenn im Publikum Leute sitzen, die in einer anderen Sprache zu Hause sind. Wenn Sie nicht auf Jargon verzichten können, geben Sie Ihren Zuhörern wenigstens eine Definition mit auf den Weg. Und erklären Sie grundsätzlich, was sich hinter Abkürzungen verbirgt. Aber wenn es irgend geht, verzichten Sie auf beides.

Geeignete Sportmetaphern

Metaphern aus dem Bereich des Handballs sind eine feine Sache in den Deutschland, Schweden und einer Handvoll anderer Staaten. In den meisten Ländern dieser Erde spielt man aber kein Handball. Wenn Sie zu Sportmetaphern greifen, wählen Sie am besten eine Sportart, die in dem jeweiligen Land populär ist. Mit Fußball ist man jenseits der USA eigentlich immer gut beraten.

Die richtigen Zahlen

Wenn Sie über Geld und Maße reden, sollten Sie Ihre Zahlen in das in dem jeweiligen Land verwendete System umrechnen. Nicht überall auf der Welt wird das metrische System verwendet.

Vorsicht mit Feiertagen

Ein Feiertag in einem Land ist nicht unbedingt ein Feiertag in einem anderen. Es gibt Feiertage, die zwar den gleichen Namen haben, aber an einem anderen Datum stattfinden und eine andere Bedeutung haben. In mehr als einem Land gibt es zum Beispiel ein Erntedankfest. Aber die Geschichte mit den Pilgervätern und den Indianern gilt nur für die USA. In Deutschland, Großbritannien und den USA gibt es einen Tag der Arbeit. Während dieser Tag in den ersten beiden Ländern am 1. Mai begangen wird, feiern ihn die Nordamerikaner am ersten Montag im September.

Symbolisch gesprochen

Auf den ersten Blick erscheint es eine gute Idee, im Ausland visuelle Hilfsmittel mit vielen grafischen Symbolen zu verwenden. Oft funktioniert das aber gar nicht. Es gibt zwar Symbole, die rund um den Globus verstanden werden (etwa die für Männer und Frauen auf Toilettentüren), aber ansonsten gelten auch hier die Konventionen der jeweiligen Kultur. Ein Sparschwein beispielsweise wird im deutschsprachigen Raum mit Sparen in Verbindung gebracht. In anderen Ländern würde man da eher an ein abstoßendes Tier denken. Und die Geste mit dem Daumen nach oben – in einigen Ländern eine zustimmende Geste – ist in manchen Ländern anstößig. Achten Sie also lieber darauf, dass die Symbole, die Sie verwenden wollen, für Ihr Publikum dasselbe bedeuten wie für Sie.

Vorsicht, Farbe

Ein weiteres potenzielles Fettnäpfchen sind die Farben bei visuellen Hilfsmitteln. Verschiedene Kulturen verbinden mit einigen Farben unterschiedliche Bedeutungen. Im westlichen Kulturkreis beispielsweise ist Weiß die Farbe der Unschuld und Reinheit und wird dementsprechend bei Erstkommunionen und Hochzeiten eingesetzt. In Asien dagegen wird Weiß mit Tod und

Beerdigung assoziiert. Rot steht in den USA für Wut und Aggression. In China ist Rot die Farbe des Glücks. Vergewissern Sie sich, was eine Farbe für Ihr jeweiliges Publikum symbolisiert, bevor Sie Ihre visuellen Hilfsmittel zusammenstellen. Es könnte sonst passieren, dass Sie den Teufel an die Wand malen.

Tolle Tischvorlagen zusammenstellen

Tischvorlagen sind eine schöne Sache, wenn Sie vor Menschen sprechen, die eine andere Muttersprache haben als Sie. Eine schriftliche Zusammenfassung Ihrer Rede wird ihnen helfen, Ihre Botschaft besser zu verstehen, vor allem wenn sie in ihrer Sprache verfasst sind. Stellen Sie in diesem Fall aber sicher, dass die Übersetzung korrekt ist. Und berücksichtigen Sie um Himmels willen eventuelle kulturelle Empfindlichkeiten Ihrer Zuhörer. Bitten Sie am besten jemanden aus dem betreffenden Land, einen Blick auf Ihre Tischvorlagen zu werfen, bevor Sie sie verteilen.

Besonders die folgenden Punkte gilt es zu beachten:

✔ **Datumsangaben:** Verwenden Sie das gängige Landesformat. In Europa ist beispielsweise die Angabe 12/08/06 der 12. August 2006, in den USA ist es der 8. Dezember 2006.

✔ **Telefonnummern:** Wenn Sie Telefonnummern angeben, denken Sie an die Landesvorwahlen. Beachten Sie auch, dass die 800er-Nummern zwar in Deutschland (0800) und den USA (800), nicht aber auch unbedingt in anderen Ländern kostenlos angerufen werden können.

✔ **Währungssymbole:** Das $-Zeichen wird für verschiedene Währungen verwendet, etwa den kanadischen Dollar und den U.S.-Dollar. Machen Sie deutlich, welche Landeswährung Sie meinen, indem Sie dem Zeichen etwa die Buchstaben US (US-$) oder C (C $) voranstellen.

Die Darbietung anpassen

Wenn Sie eine Rede auf internationalem Parkett halten, reicht es nicht aus, eine gut vorbereitete Rede in der Tasche zu haben. Sie müssen sie auch angemessen darbieten. Das heißt, Sie müssen Ihren Redestil den kulturellen Gepflogenheiten des Publikums anpassen. Die folgenden Abschnitte machen Sie mit einigen grundlegenden Regeln vertraut.

Früh genug da sein

Das betrifft nicht nur die Räumlichkeiten, in denen Sie Ihre Rede halten werden (obwohl ich dazu nur raten kann). Reisen Sie rechtzeitig in Ihr Zielland ein, um einen eventuellen Zeitunterschied abzuschütteln und sich an die jeweilige Zeitzone anzupassen.

Demut erkennen lassen

Zuhörer aus einem anderen Kulturkreis gewinnt man am besten für sich, indem man deutlich macht, dass man ihre Kultur ernst nimmt und interessant findet. Sie sind glücklich und fühlen sich geehrt, ihr Gast sein zu dürfen. Abstoßend ist dagegen der gegenteilige Ansatz, nämlich arrogant durchscheinen zu lassen, dass man sich Ihrer Gegenwart glücklich schätzen kann.

Sprachlich fremdgehen

Es ist schon beinahe ein Klischee, dass ein in einem fremden Land auftretender Redner sich mit ein paar Worten in der Landessprache an seine Zuhörer wendet. (Meistens sind das Sätze wie »Ich bin glücklich, heute hier sein zu können«.) Diese Geste zeigt, dass der Redner versucht hat, sich ein wenig von der Sprache seines Gastgeberlandes anzueignen.

Wenn Sie nur einen einzigen Satz lernen wollen, heben Sie ihn besser für den Schluss auf. Wenn Sie es geschafft haben, eine Verbindung zu den Zuhörern herzustellen, können Sie diese mit einem Satz in der Landessprache wunderbar festigen. Schließen Sie beispielsweise mit den folgenden Worten: »Vielen Dank, dass Sie mir heute die Ehre erwiesen haben.«

Wenn Sie mit einem Satz in der Landessprache beginnen wollen, lernen Sie diesen: »Es tut mir leid, dass ich Ihre Sprache nicht spreche.« Das ist wirkungsvoller als eine Begrüßung wie »Ich freue mich, heute hier sein zu können« (siehe die vorstehende Regel über eine demütige Haltung).

Die Speisen des Landes kosten

Wenn Sie anlässlich eines Mittag- oder Abendessens oder eines anderen Ereignisses sprechen, bei dem es auch etwas zu essen gibt, müssen auch Sie etwas essen. Sie können Menschen aus einer anderen Kultur ja sagen, dass Sie sie toll finden, sie lieben und vieles andere mehr. Aber wenn Sie ihr Essen verschmähen, nimmt Ihnen das keiner ab. Sie müssen essen, was Ihre Zuhörer essen. (Deshalb lassen sich Politiker immer dabei fotografieren, wenn sie im Zusammenhang mit einer Rede vor verschiedenen Völkergruppen Heuschrecken, glibberige Fische oder bunt-schillernde Suppen essen.) Wenn Sie also nicht aus gesundheitlichen oder religiösen Gründen eine spezielle Diät einhalten müssen – _bon appétit_.

Langsam sprechen

Lassen Sie es langsam angehen. Sprechen Sie vor Leuten, deren Muttersprache nicht die Ihre ist, nicht in Ihrem normalen Sprechtempo. Lassen Sie Ihren Zuhörern Zeit, Ihre Worte im Geiste zu übersetzen. (Zu langsam sollten Sie aber auch nicht werden, das ist beleidigend – Sie sprechen ja nicht zu Kindern.) Es sollte genügen, die Pausen zwischen den Sätzen geringfügig auszudehnen.

Reaktionen interpretieren

Gehen Sie nicht davon aus, dass Sie die Reaktionen der Zuhörer auf der Grundlage Ihrer Erfahrungen im eigenen Land beurteilen können. In anderen Kulturen kann man völlig anders reagieren. In den USA spricht ein Publikum, das sich Notizen macht, für eine gute Rede. In Japan hingegen gilt es als Zeichen der Höflichkeit, Notizen zu machen, auch bei einer grottenschlechten Rede. Manche Kulturen äußern ihr Gefallen durch Beifall, andere zollen ihren Respekt, indem sie schweigen.

Sie sollten nicht nur die speziellen Reaktionen Ihres Publikums interpretieren lernen, sondern sich auch im Klaren darüber sein, wie Ihre Zuhörer *Ihre* Körpersprache deuten. Seien Sie lieber auf der Hut, wenn Sie Körpersprache in Ihrer Rede einsetzen. Eine in Ihrem Land harmlose Geste kann in einer anderen Kultur ziemlichen Anstoß erregen. Beispiele dazu finden Sie in Kapitel 12.

Das Protokoll befolgen

Außerhalb den USA spielt das Protokoll für Redner oft eine wichtigere Rolle. Manchmal erwartet man von Rednern, dass sie Geschenke machen und annehmen oder Würdenträger im Publikum begrüßen. Wenn Sie nicht riskieren wollen, Ihr Publikum zu brüskieren, sollten Sie sich nach den Traditionen und Bräuchen erkundigen, die zu befolgen man von Ihnen erwartet. Fragen Sie am besten die Person, die Sie für die Rede verpflichtet hat.

Das ausländische Stromnetz

Wenn Sie vorhaben, visuelle Hilfsmittel wie PowerPoint zu nutzen, müssen Sie sich vorher schlau machen, ob Ihre Ausrüstung mit den elektrischen Standards des Gastlandes kompatibel ist. Das ist zwar eigentlich selbstverständlich, wird aber oft vergessen. Geben Sie in eine beliebige Suchmaschine im Internet den Begriff »Spannungskonverter« und das betreffende Land ein. Sie werden finden, was Sie wissen müssen.

Virtuelle Sitzungen: Telefon, Video und Internet

20

In diesem Kapitel

▶ Ein virtuelles Sitzungsformat finden, das Ihren Anforderungen entspricht

▶ Vorbereitung auf eine virtuelle Sitzung

▶ Eine virtuelle Sitzung abhalten

▶ Telekonferenzen wie die Profis veranstalten

*V*irtuelle Sitzungen sind alle Arten von Konferenzen, bei denen sich die Teilnehmer nicht im selben Raum gegenübersitzen. Das kann via Telefon, Video oder Internet geschehen. Manchmal sieht und hört man sich bei solchen Sitzungen gemeinsam Audio- und Videodaten, Dokumente oder andere Informationsmedien an. Die Formate reichen von ausgesprochen interaktiv bis zur Einweg-Übertragung.

Um mich in diesem Bereich auf den neuesten Stand bringen zu lassen, habe ich mich mit Kare Anderson getroffen, einer Expertin, die schon bei vielen virtuellen Konferenzen gesprochen hat. Die ehemalige Journalistin ist heute eine professionelle Rednerin, die über besondere Möglichkeiten redet, miteinander zu kommunizieren und Verbindungen zu schaffen und damit die Bandbreite des menschlichen Miteinanders zu erweitern. Mit ihr habe ich zusammengetragen, was Sie wissen müssen, damit Ihre nächste virtuelle Sitzung ein Erfolg wird.

Welches virtuelle Format soll es sein?

Die Entscheidung, welche Art virtueller Sitzung für Ihre Zwecke am besten geeignet ist, hängt von zahlreichen Kriterien ab.

Zu den Faktoren, die Sie berücksichtigen müssen, gehören die Interaktivität, die Teilnehmerzahl und die Art der zu vermittelnden Informationen. Folgende Beschreibungen der verschiedenen virtuellen Sitzungsformate sollen Ihnen ermöglichen, die für Ihre Zwecke richtige Wahl zu treffen.

✔ **Audiokonferenz:** Von einer Audiokonferenz spricht man, wenn die Sitzungsteilnehmer sich hören, aber weder sehen noch nicht-mündliche Informationen austauschen können, wenn auch solche Informationen natürlich per E-Mail oder herkömmlichem Brief vorher verteilt werden können. Solche Sitzungen funktionieren am besten in kleinen Gruppen und werden über das Telefon abgewickelt. Sie sind dann nützlich, wenn der Austausch grafischer Informationen nicht notwendig ist oder die Teilnehmer sich mit der komplizierteren Technik anderer virtueller Sitzungsformate nicht wohl fühlen.

✔ **Videokonferenz:** Bei einer Videokonferenz handelt es sich um eine Sitzung, bei der sich die Teilnehmer sehen und hören können. Sie erlaubt die Verwendung visueller Materialien wie Diagramme und Grafiken. Videokonferenzen können mit Hilfe dafür eingerichteter Studios oder Räume oder über das Internet als so genanntes Streaming durchgeführt werden. Viele Konzerne und Großunternehmen mit mehreren Standorten verfügen über fest installierte Videokonferenzanlagen. Solche Sitzungen sind dann angesagt, wenn es auch auf die Beobachtung der Körpersprache ankommt oder komplexe Informationen vermittelt werden sollen. Sie haben zudem den Vorteil, dass man sicher sein kann, dass alle Teilnehmer aufmerksam bei der Sache sind.

✔ **Webkonferenz:** Als Webkonferenz bezeichnet man eine Sitzung, in der die Teilnehmer, über das Internet miteinander verbunden, Video-, Audio- und andere Daten wie Dokumente oder PowerPoint-Folien austauschen. Eine kleine Gruppe kann in einer so genannten _Web Collaboration_ an einem gemeinsamen Projekt arbeiten, eine große Gruppe kann in Form einer Einweg-Übertragung Informationen erhalten (_Web Casting_) oder verschiedene Teilnehmer können sich auf einer Website einloggen und an einem Seminar oder einer ähnlichen Veranstaltung teilnehmen, das man _Webinar_ nennt.

Webkonferenzen sind unter anderem deshalb so populär, weil man sie archivieren kann. Man kann sie dann bei Bedarf wieder hervorholen und Mitarbeitern zugänglich machen, die an dem betreffenden Tag nicht anwesend sein konnten. Manche Unternehmen spalten Webkonferenzen auch in kleinere Teile auf und verwenden sie als Trainingsmodule.

✔ **E-Mail-Sitzung:** Bei einer E-Mail-Sitzung senden die Teilnehmer sich gegenseitig E-Mails in Echtzeit. Dabei kann man Dokumente, Grafiken und andere Informationen verteilen, die sich an eine E-Mail anhängen lassen. E-Mail-Sitzungen sind nützlich für die Verteilung von Informationen. Interaktionen in einem größeren Rahmen sind allerdings problematisch.

Nun wissen Sie zwar, worum es sich bei den einzelnen Formen virtueller Sitzungen handelt, haben aber noch nichts über andere wichtige Faktoren wie Technik, Kosten und Ziele erfahren. In den folgenden Abschnitten können Sie nachlesen, wie diese Faktoren die Wahl des für Sie geeigneten Formats beeinflussen können.

Technische Probleme vermeiden

Welches virtuelle Sitzungsformat Sie wählen, wird von der verfügbaren Technologie oder davon abhängen, wie viel Technologie Sie für Ihre Zwecke einsetzen wollen. Kare Anderson empfiehlt, gerade so viel Technologie zu nutzen, dass man das Ziel der jeweiligen Sitzung erreichen kann. »Je komplizierter die Technik, desto mehr kann schiefgehen«, weiß Sie aus Erfahrung. »Je niedriger die Technologieschwelle ist, desto mehr Leute können an einer Sitzung teilnehmen.«

Bedenken Sie folgende Aspekte, bevor Sie sich für eine bestimmte Technologie entscheiden:

✔ **Erfahrung der Teilnehmer:** Der Faktor Mensch spielt eine große Rolle bei der Entscheidung, welche Technologie für eine virtuelle Sitzung am besten geeignet ist. Wenn sich die Mehrzahl der Teilnehmer mit Audiokonferenzen, nicht aber mit Webkonferenzen auskennt, müssen Sie das bei Ihren Überlegungen berücksichtigen. Das bedeutet nicht automatisch, dass Sie sich gegen eine Webkonferenz entscheiden müssen, aber Sie müssen den Teilnehmern in jedem Fall mehr Anleitung geben.

✔ **Bandbreite:** Wenn Sie eine Webkonferenz planen, ist die verfügbare Bandbreite ein wichtiger Faktor. Ein Video-Streaming braucht mehr Bandbreite als ein Audio-Streaming. Sie müssen auch sicherstellen, dass jeder Teilnehmer eine Mindestbandbreite zur Verfügung hat, um die Webkonferenz zufriedenstellend empfangen zu können. Sonst kann es vorkommen, dass einige Teilnehmer einen guten Empfang haben und andere gar keinen. Sprechen Sie sich mit der Abteilung ab, die für die technischen Belange Ihrer virtuellen Sitzungen zuständig ist, und sorgen Sie dafür, dass eine ausreichende Bandbreite zur Verfügung steht.

 Sie können den Audioteil einer Webkonferenz für manche Teilnehmer gegebenenfalls auch über Telefon abwickeln. Das senkt die Anforderungen an die Bandbreite und sorgt für einen besseren Klang.

✔ **Internetanbindung:** Einen großen Einfluss hat auch der jeweilige Anschluss der Teilnehmer an das Internet. Am wenigsten geeignet sind einfache Modemverbindungen. Wenn dann auch nur eine Telefonleitung vorhanden ist, muss sich der betreffende Teilnehmer entscheiden, ob er über den Computer oder über das Telefon an der Sitzung teilnehmen will. Für eine Webkonferenz braucht man schon einen Breitbandanschluss wie DSL, Kabel oder eine Netzwerkanbindung.

 Die Übertragungsgeschwindigkeiten im Internet können je nach Datum und Tageszeit stark schwanken. Wenn möglich, sollten Sie den Tag und die Zeit für Ihre Sitzung so wählen, dass nicht so viel los ist im Web.

Was darf's denn kosten?

Wenn Ihre Entscheidung für ein Sitzungsformat vom Budget diktiert wird, ist eine E-Mail-Konferenz die billigste Lösung. Wenn alle Teilnehmer Zugang zu einem E-Mail-Programm haben, kostet sie praktisch nichts. Am anderen Ende der Skala steht die Videokonferenz, die bei mehreren Standorten recht kostspielig werden kann, insbesondere wenn man die benötigte Technik mieten oder kaufen muss. Dazwischen rangieren Webkonferenzen, die durch das Telefon ergänzt werden können.

Was wollen Sie erreichen?

Der Zweck einer Sitzung spielt eine wichtige Rolle bei der Entscheidung für ein virtuelles Format. Im Folgenden sind einige der gängigen Ziele mit Faktoren aufgelistet, die Sie bedenken sollten:

✔ **Wenn Sie eine Gruppenentscheidung herbeiführen wollen:** Gruppenentscheidungen setzen ein hohes Maß an Interaktion voraus. Man diskutiert Ideen, tauscht Meinungen aus und erreicht einen Konsens. Meist geht das nicht ohne einiges Hin und Her vonstatten.

Deshalb muss für diesen Zweck mindestens eine Zweiwege-Audioübermittlung zur Verfügung stehen. Das heißt, unter einer Telefonkonferenz läuft gar nichts. Dazu könnten dann noch eine Webkonferenz oder eine Videokonferenz kommen. Sich bei diesem Ziel nur auf E-Mails zu stützen, wäre zu langsam und frustrierend.

✔ **Wenn Sie ein Produkt oder eine Dienstleistung verkaufen wollen:** Viele Verkaufs- und Marketingexperten halten visuelle Informationen für einen unverzichtbaren Teil des Verkaufsprozesses. (Sie kennen ja die berüchtigte »Katze im Sack«.) Potenzielle Kunden wollen sehen, was sie für ihr Geld bekommen und von wem sie es bekommen. Auf der anderen Seite sind die Verkäufer daran interessiert, am Verhalten ihrer Kunden etwas ablesen zu können. Eine Videokonferenz ist für diesen Sitzungszweck also die Idealform. Eine Alternative ist eine Webkonferenz mit beiderseitiger Video- und Audioverbindung.

✔ **Wenn Sie Mitarbeiter schulen wollen:** Für Trainingssitzungen sind Webkonferenzen wie geschaffen. Die Übungseinheiten können den Teilnehmern in Form von Video- und Audiodaten zur Verfügung gestellt werden. Wenn die Übungseinheit absolviert ist, können die Teilnehmer über Telefon oder E-Mail Fragen stellen. Eine Alternative ist eine Einweg-Videokonferenz: Die Übungseinheit wird von einem Studio zu den Monitoren der Teilnehmer übertragen. Auch in diesem Fall können die Teilnehmer telefonisch oder per E-Mail Fragen stellen.

✔ **Wenn Sie informieren wollen:** Eine solche Sitzung, bei der die Kommunikation primär in eine Richtung erfolgt, kann per E-Mail abgewickelt werden. Schicken Sie die Informationen einfach an alle, die sie erhalten sollen. Wenn die Informationen sehr wichtig sind und Sie sicher sein wollen, dass sie alle erreicht, können Sie ein Format mit einem höheren Anteil an Information wählen, etwa eine Telefonkonferenz.

Vorbereitungen

Der Schlüssel zu einer erfolgreichen virtuellen Sitzung ist der gleiche wie für eine reale Sitzung: Vorbereitung. Wenn Sie folgende Hinweise beachten, sind Sie für _Ihre_ virtuelle Sitzung gerüstet.

Die Regeln der realen Welt anwenden

Denken Sie daran, dass eine virtuelle Sitzung auch eine Sitzung ist. Wenn Sie also eine effektive virtuelle Sitzung abhalten wollen, müssen Sie sich an denselben Grundregeln orientieren:

✔ **Benennen Sie den Zweck der Sitzung.** Sie müssen wissen, warum Sie eine Sitzung abhalten wollen. Wissen Sie es nicht, sagen Sie die Sitzung ab. Niemand ist scharf auf eine Sitzung, egal ob virtuell oder real, bei der nichts herauskommt. Aus dem Zweck einer Sitzung ergibt sich darüber hinaus, wie sie durchgeführt werden muss.

✔ **Stellen Sie das erforderliche Material vorher zur Verfügung.** Damit eine Sitzung möglichst glatt verläuft, sollten Sie den Teilnehmern die zugrunde liegenden Materialien vorher zugänglich machen. Das ist wichtig für den Erfolg der Sitzung. Zu diesen Materialien gehören üblicherweise:

* **Tagesordnung:** Auch bei virtuellen Sitzungen sorgt eine Tagesordnung dafür, dass die Sitzung nicht aus dem Ruder und reibungslos läuft. Die Tagesordnung sollte über die Ziele der Sitzung und die Reihenfolge der Redner Auskunft geben. So können die Teilnehmer dem Verlauf der Sitzung besser folgen, was besonders bei Audiokonferenzen sinnvoll ist, bei denen man die Redner nicht sieht.

* **Ergänzendes Material:** Ergänzende Materialien wie Redenmitschriften oder Gliederungen, die im Voraus verteilt wurden, helfen den Teilnehmern, den größtmöglichen Nutzen aus einer Sitzung zu ziehen. Diese Materialien können einfach und kostengünstig per E-Mail verschickt werden.

* **PowerPoint-Folien:** Bei Webkonferenzen kann es sinnvoll sein, PowerPoint-Folien bereits im Vorfeld zu verteilen, anstatt sie während der Sitzung zu zeigen.

* **Kontaktinformationen:** Eine Liste mit den Namen, Telefonnummern und E-Mail-Adressen der Teilnehmer sollte verteilt werden, damit man sich untereinander erreichen kann, falls es während der Sitzung zu technischen Problemen kommen sollte.

✔ **Prüfen Sie den Raum:** Es versteht sich eigentlich von selbst, dass man den Raum, in dem eine Sitzung stattfindet, vorher noch einmal inspiziert. Schließlich soll während der Sitzung alles reibungslos funktionieren.

Besondere Aspekte virtueller Sitzungen

Im Unterschied zu realen Sitzungen müssen Sie bei virtuellen Sitzungen folgende besondere Aspekte berücksichtigen:

✔ **Zeitplanung:** Anders als bei einer Sitzung, in der man sich im selben Raum gegenübersitzt, kann eine virtuelle Sitzung verschiedene Zeitzonen überspannen. Das muss bei der Planung der Sitzung berücksichtigt werden. Wenn es möglich ist, sollte der Termin so gelegt werden, dass alle Teilnehmer während ihrer normalen Arbeitszeit daran teilnehmen können. Achten Sie auch darauf, wann die Teilnehmer an den verschiedenen Standorten üblicherweise Pause machen. Versuchen Sie, die Sitzung so zu planen, dass sie für alle Teilnehmer günstig liegt.

✔ **Technologie:** Stellen Sie sicher, dass alle Teilnehmer die für die Sitzung erforderliche technische Ausstattung haben und auch damit umgehen können. Prüfen Sie die Geräte vorher. Prüfen Sie sie noch einmal. Wenn die Geräte nicht funktionieren, wird nichts aus der Sitzung. Halten Sie einen Ausweichplan bereit, falls Geräte während einer Sitzung ausfallen. (Sie können alle Teilnehmer anrufen oder eine Rundmail schicken.) Bei Telefonkonferenzen sollten Sie darauf achten, dass an den Telefongeräten die Anklopffunktion während der Sitzung ausgeschaltet ist.

✔ **Erscheinungsbild:** Wenn Sie bei einer Video- oder Webkonferenz auf einem Bildschirm zu sehen sind, sollten Sie bedenken, dass Ihr Erscheinungsbild mit darüber entscheidet, wie Ihre Botschaft ankommt. Einige Tipps sollen Ihnen helfen, Ihr elektronisches Erscheinungsbild zu verbessern:

- Tragen Sie konservative Kleidung, die nicht von Ihrem Gesicht ablenkt.

- Wählen Sie Pastellfarben statt heller oder kräftiger Farben, sie werden besser übertragen.

- Meiden Sie Streifen, Karos oder gemusterte Kleidung.

- Achten Sie darauf, dass Ihre Kleidung sich gut vom Hintergrund abhebt.

- Der Hintergrund sollte eine kräftige Farbe aufweisen.

- Entfernen Sie Gegenstände im Hintergrund, die ablenken könnten, beispielsweise Bilder, Poster, Pflanzen und so weiter.

An einer virtuellen Sitzung teilnehmen

Die Teilnahme an einer virtuellen Sitzung bedeutet, dass Sie sich damit anfreunden müssen, dass nicht alle Teilnehmer, mit denen Sie es zu tun haben werden, im selben Raum mit Ihnen sitzen. Das kann schon ein merkwürdiges Gefühl sein, wenn Sie jemand sind, der gerne Hände schüttelt und anderen auf die Schulter klopft. Einige Regeln und Tipps sollen Ihnen helfen, mit Ihren virtuellen Kollegen gut auszukommen:

✔ **Fassen Sie sich möglichst kurz.** Viele Leute halten Sitzungen für Zeitverschwendung. Das gilt schon für die Sitzungen, bei denen man sich tatsächlich gegenübersitzt. Bei virtuellen Sitzungen kommt erschwerend hinzu, dass man auf Telefone, Computer oder andere technische Geräte angewiesen ist. Gestalten Sie also Ihre virtuellen Sitzungen am besten kurz und knackig. Sie können sie auch in Abschnitte aufteilen. Statt ein 15-minütiges Video-Streaming komplett anzusehen, machen Sie drei fünfminütige Clips daraus.

✔ **Gestalten Sie die Sitzung so interaktiv wie möglich.** Auch groß angelegte virtuelle Sitzungen können sehr interaktiv sein, wenn Sie das vorher planen. Mit Hilfe von Abstimmungssoftware können Sie beliebig viele Teilnehmer über Fragen abstimmen lassen. Oder stellen Sie einfach Fragen und zählen Sie die E-Mail-Antworten.

✔ **Ermutigen Sie die Teilnehmer zur regen Teilnahme.** Eine Möglichkeit, das interaktive Moment zu verbessern, besteht darin, die Teilnehmer zu einem persönlichen Beitrag aufzufordern. Bei kleineren Sitzungen können Sie damit anfangen, die einzelnen Teilnehmer vorzustellen und sie zu bitten, kurz Hallo zu sagen. Zumindest sollten Sie darauf achten, dass jeder, der das Wort ergreift, vorher seinen Namen nennt.

✔ **Bitten Sie um Antworten.** Die einfachste Möglichkeit, die Teilnehmer zur aktiven Teilnahme zu bewegen, ist die Bitte um eine Antwort. Dabei können Sie auch erfahren, was der Gefragte zu einem bestimmten Aspekt denkt. (Wenn nicht jeder Teilnehmer gleichzeitig im Bild festgehalten wird, kann man die Körpersprache nicht interpretieren.) Um das Fehlen visueller Hinweise auszugleichen, sollten die Redner häufiger um Rückmeldungen bitten, indem sie etwa fragen: »Hat das jemand nicht verstanden?«, »Ist das sinnvoll?«, »Sind Sie damit einverstanden?« oder »Soll ich das vielleicht weiter ausführen?«. Gehen Sie nicht davon aus, dass Schweigen Zustimmung bedeutet.

✔ **Regeln Sie, wie im Falle von Fragen vorgegangen wird.** Bei groß angelegten virtuellen Sitzungen ist die Interaktion per Telefon oder E-Mail unter Umständen eingeschränkt. Das liegt daran, dass der Zeitrahmen es nicht erlaubt, alle Fragen zu beantworten. Nach welchen Gesichtspunkten entscheidet ein Redner aber, welche Fragen er beantwortet und welche nicht? »Derjenige, der eine Sitzung einberuft, stellt die Regeln auf«, meint Kare Anderson. »Sonst werden die Teilnehmer das Vorgehen als unfair empfinden.« Sie rät festzuhalten, wie viele Fragen eingegangen sind, wie viele beantwortet werden können und nach welchen Kriterien entschieden wird. Eine Möglichkeit ist etwa, sehr verschiedenartige Fragen zu berücksichtigen, um möglichst viele Aspekte eines Themas abzudecken.

✔ **Nehmen Sie sich Zeit, Beziehungen aufzubauen.** Bei realen Sitzungen kann man Beziehungen aufbauen, indem man etwas früher kommt oder später geht und noch ein wenig zwanglos miteinander redet. Solche informellen Beziehungen sind für alle Gruppen gut, die sich regelmäßig treffen. Bei virtuellen Sitzungen kann man das ähnlich machen, indem man mit den Teilnehmern vor oder nach der eigentlichen Sitzung über nicht zum beruflichen Bereich gehörende Themen spricht. Fordern Sie die Teilnehmer auf, den anderen etwas über sich zu erzählen. Das ist auch eine gute Möglichkeit, die Zeit zu überbrücken, bis alle zugeschaltet sind.

Tipps für Telefonkonferenzen

Das wohl am weitesten verbreitete virtuelle Sitzungsformat ist die Telefonkonferenz. Sie ist relativ kostengünstig und stützt sich auf eine Technologie, die fast überall vorhanden und bekannt ist – das Telefon. Ihre nächste Telefonkonferenz wird effektiver sein, wenn Sie sich an die gängigen Höflichkeitsregeln halten und Ihrer Stimme ein wenig Farbe verleihen. Merken Sie sich die folgenden Tipps:

✔ Sprechen Sie deutlich.

✔ Antworten Sie kurz und präzise.

✔ Schalten Sie Ihr Telefon stumm, wenn Sie nicht reden.

✔ Nennen Sie Ihren Namen und Ihren Standort, wenn Sie reden.

✔ Lassen Sie erkennen, wenn Sie mit Ihrer Rede fertig sind.

✔ Erklären Sie Hintergrundgeräusche (Mitarbeiter, die sich im Hintergrund bewegen und so weiter).

✔ Wiederholen Sie Fragen, bevor Sie sie beantworten.

✔ Beanspruchen Sie nicht übermäßig viel Redezeit.

✔ Machen Sie eine Pause, damit eine andere Person das Wort ergreifen kann.

✔ Klären Sie komplexe Sachverhalte lieber per E-Mail, sofern Sie nicht auf eine unmittelbare Antwort angewiesen sind.

✔ Lassen Sie Ihre Emotionen ruhig in Ihrer Stimme anklingen.

✔ Verwenden Sie Metaphern und eine bildreiche Sprache, damit die anderen Teilnehmer verstehen, was Sie meinen.

Teil VI

Der Top-Ten-Teil

In diesem Teil ...

Humor kann eine Rede wirkungsvoll unterstützen. In diesem Teil erläutere ich, wie Sie Humor in Ihre Reden einbauen können, selbst wenn Sie zu den Menschen gehören, die keine Witze erzählen können. Damit Sie sich vor Ihrer nächsten Rede noch sicherer fühlen, gebe ich Ihnen darüber hinaus eine Checkliste an die Hand, die Sie durchgehen können, bevor Sie vor Ihre Zuhörer treten.

Zehn Arten von Humor für jedermann

In diesem Kapitel

▷ Persönliche Anekdoten erzählen

▷ Neun weitere Arten von Humor, die nicht komödiantisch präsentiert werden müssen

*H*umor ist ein wirkungsvolles Kommunikationsinstrument. Man kann damit Aufmerksamkeit wecken, eine Verbindung zu seinem Publikum herstellen und seine Rede im Gedächtnis der Zuhörer verankern. Humor baut aber auch Spannungen ab, motiviert die Zuhörer und trägt zum guten Ruf eines Redners bei. Sie können keine Witze erzählen? Das macht gar nichts. Es gibt zahlreiche andere Möglichkeiten, Humor in einer Rede einzubauen.

Persönliche Anekdoten

Eine persönliche Anekdote ist eine Geschichte, die auf tatsächlichen Erlebnissen beruht – entweder eigenen oder denen anderer Personen. Das können Erlebnisse mit Freunden und Verwandten sein, Auseinandersetzungen am Arbeitsplatz, ein Vorfall in der Schule, zu Hause oder sonst irgendwo, eben ein kleiner Ausschnitt aus Ihrem Leben. Solche Geschichten sind eine wahre Goldgrube, was humoristisches Material für Reden anbetrifft. Auch Sie können solche Geschichten erzählen. Über die Präsentation müssen Sie sich also schon mal keine Gedanken machen.

Anstatt diese kleinen Geschichten ohne besonderen Anlass im Freundes- und Bekanntenkreis zum Besten zu geben, setzen Sie sie einfach zielgerichtet ein: Sie unterstreichen damit einen Aspekt, der Ihnen wichtig ist. Ein schönes Beispiel ist die folgende Ansprache des damaligen Vorsitzenden Richters des Berufungsgerichts von South Carolina, Alexander Sanders, anlässlich einer Examensverleihung, an der auch seine Tochter Zoe teilnahm.

> *Ich fühlte mich heute unwillkürlich an ein Erlebnis aus der Zeit erinnert, als Zoe noch ein kleines Mädchen war. Drei Jahre war sie alt, als ich eines Tages von der Arbeit nach Hause kam und einen Haushalt im Ausnahmezustand vorfand. Zoes Schildkröte war gestorben, und Zoe war in Tränen aufgelöst. Ihre Mutter, die sich schon den ganzen Tag mit diesem Problem hatte herumschlagen müssen, übertrug nun mir die Aufgabe, eine Lösung zu finden. Ich arbeitete damals als Anwalt und hatte einen Sitz im Parlament. Sie können mir glauben, ein solches Problem zu lösen kann man von einem Anwalt und Politiker kaum erwarten.*

> *Die Geheimnisse von Leben und Tod offenbaren sich dem menschlichen Geist, wenn überhaupt, nur bruchstückhaft. Ich traute mir nicht zu, einem drei Jahre alten Mädchen*

das Sterben einer Schildkröte zu erklären. Dennoch versuchte ich es. Zunächst schlug ich das Naheliegendste vor: Wir würden einfach in die Tierhandlung gehen und eine andere Schildkröte kaufen, die der verstorbenen glich.

Damit kam ich allerdings nicht weit. Auch Dreijährige haben schon ein Gefühl für die Einzigartigkeit lebender Wesen. Schildkröten sind kein Spielzeug. Man kann nicht eine tote Schildkröte durch ein identisches Exemplar ersetzen. Zoes Tränen flossen weiter.

In meiner Verzweiflung sagte ich schließlich:»Hör zu, lass uns die Schildkröte feierlich beerdigen.« Mit dem Wort»beerdigen« konnte Zoe natürlich noch nichts anfangen. Ich beeilte mich also, es ihr in allen Einzelheiten zu erklären, und stützte mich als gewiefter Anwalt damit auf die bewährte Taktik der Ablenkung. Wenn man in einer bestimmten Frage nicht punkten kann, stürzt man sich auf einen Nebenschauplatz.

»Eine Beerdigung«, fuhr ich fort, »ist ein großes Fest zu Ehren der Schildkröte.« Nun, was ein»Fest« ist, wusste Zoe auch noch nicht. Ich erklärte also schnell weiter. Dabei wechselte ich vom strategischen Repertoire des Anwalts zur Domäne des Politikers, der unverblümten Lüge.»Im Grunde«, führte ich aus, »ist eine Beerdigung wie eine Geburtstagsfete. Wir essen Eis und Kuchen, trinken Limonade und lassen Luftballons platzen. Alle Kinder in der Nachbarschaft kommen zu dir und spielen mit dir. Und das alles, weil deine Schildkröte gestorben ist.«

Ha, jetzt kam die Sache ins Rollen! Zoes Tränen versiegten und nach wenigen Minuten machte sie wieder einen glücklichen und zufriedenen Eindruck. Friede, Freude, Eierkuchen. Sie freute sich auf all das, was passieren würde. Alles, weil ihre Schildkröte gestorben war.

Dann ereignete sich etwas Unvorhergesehenes. Wir sahen nach unten und siehe da, die Schildkröte bewegte sich. Sie war gar nicht tot. Einen Augenblick später krabbelte sie in der Gegend herum wie immer. Da fand weder der Anwalt noch der Politiker irgendwelche Worte.

Ich wusste nicht, was ich sagen sollte. Zoe jedoch traf den Nagel auf den Kopf. Auch wenn es schon über 20 Jahre her ist, weiß ich noch genau, was sie sagte. Mit der ganzen Unschuld ihrer drei Jahre blickte sie zu mir auf und sagte:»Papa«, sagte sie, »Papa, wir müssen sie töten.«

Der Richter wollte mit dieser Geschichte veranschaulichen, was Eltern so alles anstellen, um ihre Kinder glücklich zu machen. Man könnte damit aber auch andere Zusammenhänge unterstreichen, etwa dass man seine Prioritäten kennen sollte, wie man aus einer Situation das Beste herausholt oder dass der erste Eindruck oft täuscht. Sicher fallen Ihnen noch weitere passende Aspekte ein!

Analogien

Eine Analogie ist ein Vergleich zwischen zwei Gegenständen oder Ideen. Eine erheiternde Analogie macht einen solchen Vergleich unterhaltend. Dabei müssen Analogien wegen ihrer Kürze gar nicht besonders präsentiert werden.

Folgendes Beispiel stammt aus einer Rede über die Reform der staatlichen Bankenaufsicht, die Eugene Ludwig, der frühere Währungshüter der USA, gehalten hat:

>*In unseren Tagen Bankenaufseher zu sein, ist so, als wäre man der dem Hundezwinger am nächsten gelegene Hydrant. Man weiß, dass man im Notfall gebraucht wird, aber es ist schon nicht leicht, mit den täglichen Demütigungen umzugehen.«*

Ich möchte nicht leugnen, dass es nicht so leicht ist, sich solche Analogien selbst auszudenken. Aber Sie können getrost die Analogien anderer Leute aufgreifen und an Ihre Anforderungen anpassen. Die Analogie mit der staatlichen Bankenaufsicht und dem Hydranten ist da ein gutes Beispiel. Man kann es auf Sekretärinnen, Manager und jede andere Berufsgruppe anwenden, die wichtig ist, aber nicht so recht gewürdigt wird.

Zitate

Erheiternde Zitate sind nützliche Helfer, wenn es darum geht, die Aufmerksamkeit der Zuhörer zu erringen. Ob das nun an der Prominenz der Zitierten oder an der Faszination zitierwürdiger Aussprüche liegt, sei dahingestellt, das Phänomen bleibt das gleiche: Sobald ein Publikum einen berühmten Namen hört, merkt es auf. Wenn nach dem berühmten Namen ein wirklich lustiges Zitat folgt, haben Sie Ihre Zuhörer im Sack (zumindest für ein paar Sekunden, aber im Computerzeitalter ist das schon eine halbe Ewigkeit).

Dieses witzige Zitat brachte Richard Lidstad, der ehemalige Personalchef von 3M, in einer Rede über den Erfolg:

>*Außerdem müssen Sie wissen, dass ich mich nicht als Intellektuellen betrachte. Daran ist auch gar nichts auszusetzen, denn, wie Sie wissen, sagte Präsident Dwight Eisenhower einmal: ›Ein Intellektueller ist ein Mann, der mit übermäßig vielen Worten mehr sagt, als er weiß.‹«*

Zahlreiche Zitate, nach Persönlichkeiten und Stichwörtern geordnet, können Sie beispielsweise unter `www.zitate.net` kostenlos nachschlagen oder herunterladen.

Cartoons und Karikaturen

Auch Menschen, die darauf bestehen, dass sie keine Witze erzählen können, räumen ein, dass sie eine Karikatur oder einen Cartoon beschreiben können, der in einer Zeitung abgedruckt ist. Man kann das vielfach beobachten. Jemand stößt zu einem Grüppchen Kollegen, die gerade Pause machen. Das Gespräch kommt auf irgendein geschäftliches Thema und einer beschreibt eine Karikatur aus »Die Zeit«, die zu diesem Thema passt. Alle lachen, und das Gespräch wird fortgesetzt. Wenn Sie das auch können (und ich weiß, dass Sie es können), bieten sich Karikaturen und Cartoons auch für Ihre Reden an.

Eine meiner Lieblingskarikaturen zeigt zwei Schiffbrüchige auf einer kleinen Insel. Einer der Gestrandeten hält eine angespülte Flasche in der Hand. Er schaut sich einen Brief an, den er der Flasche entnommen hat, und sagt zu seinem Leidensgenossen: »Eine Einladung von unserem Abiturjahrgang.« Diese Karikatur kann man einflechten, wenn es um Themen wie die unerbittliche Verfolgung eines Ziels, Suchen und Finden oder ein Schicksal geht, dem man nicht entrinnen kann.

Sie können sogar einen ganzen Comic in Ihre Rede einbauen, wenn Sie damit etwas veranschaulichen können. Der an der amerikanische Professor James V. Schall hat einmal einen Ausschnitt aus der bekannten Comic-Serie »Peanuts« in einer Rede mit dem Titel »Über die Verschwendung unserer besten Jahre: Das Christentum ist eine Religion der Freude« verwendet:

Sally und Charlie Brown stehen wie jeden Morgen neben einem Telefonmast und warten auf den Schulbus. Charlie starrt die leere Straße hinunter, während Sally hinter ihm laut sinniert: »Eines Tages wird hier ein Denkmal stehen, und weißt du, was darauf geschrieben steht?« Charlie starrt weiter stumm in die Richtung, aus der der Schulbus kommen wird. Sally fährt fort »Darauf wird stehen ›Hier verschwendete Sally Brown ihre besten Jahre damit, auf den Schulbus zu warten‹ ...« Schließlich dreht sich Charlie herum und blickt sie völlig verblüfft an, während sie ausführt, dass sie viel lieber zehn Minuten länger schlafen würde.

Offenbar war Sally nicht der Meinung, dass zehn Minuten mehr Schlaf jeden Morgen Zeitverschwendung wäre. Die Frage, ob wir unsere Zeit verschwenden, indem wir schlafen oder auf Schulbusse warten, ist jedoch von beträchtlichem Interesse, wenn wir sie aus der Perspektive menschlicher Prioritäten betrachten.

Definitionen

Lustige Definitionen lassen sich leicht in einer Rede einbauen. Wählen Sie einfach ein Wort oder einen Ausdruck aus Ihrer Rede aus und definieren Sie es in amüsanter Weise. Hier ist ein Beispiel aus einer Rede, die Dale Miller als Präsident der Sandoz Crop Protection Corporation vor einer Versammlung von Bankern gehalten hat:

»Ein Zyniker hat einmal einen landwirtschaftlichen Betrieb als ein Stück Land voller Nesseln umgeben von kurzfristigen Wechseln definiert.«

Ein weiteres Beispiel stammt aus einer Rede von Norman Augustine, dem ehemaligen Präsidenten und Vorstandsvorsitzenden von Lockheed-Martin:

»Ich übermittle Ihnen Grüße aus meiner Heimatstadt, ›Amerikas konfusester Stadt‹, Washington D.C., die ich bei anderer Gelegenheit einmal mit einem Diamanten verglichen habe, der von allen Seiten von Realität umgeben ist.«

Wollen Sie eine Formel für die Verwendung lustiger Definitionen in Ihren Reden? Versuchen Sie es mit der »Lexikonmasche«. Sie suchen ein Wort aus, dessen Bedeutung Sie dann im Lexikon nachschlagen und vorlesen. Hier ein Beispiel aus einer Rede über Biotechnologie von Richard Mahoney, dem ehemaligen Aufsichtsratvorsitzenden der Monsanto Company:

»Für die sechs Wochen, die ich da im Labor damit verbrachte, Abschnitte aus RNS-Molekülen herauszutrennen, verlieh man mir eine Urkunde, die mich als offiziellen ›RNS-Abschnittsgesellen‹ betitelte. Ich war schon ein bisschen stolz darauf, bis ich im Lexikon nachschlug, was denn ein Geselle sei: ›Erfahrener, zuverlässiger Arbeiter, im Unterschied zu einem hervorragenden‹«

Wo findet man lustige Definitionen? Die meisten »Zitatenschätze« für Redner enthalten welche. Durchforsten Sie doch mal die Büchereien oder Buchhandlungen an Ihrem Ort. Gute Quellen sind auch Fachblätter und -magazine. Oft findet man dort eine Humor-Rubrik, in der auch amüsante Definitionen aus der Berufswelt der jeweiligen Leser vorgestellt werden.

Abkürzungen und Akronyme

Eine Abkürzung ist meist eine Kombination der ersten Buchstaben mehrerer Wörter. Zwei bekannte (wenn auch langweilige) Beispiele sind DIN (Deutsches Institut für Normung) und DAX (Deutscher Aktienindex). Andere Abkürzungen haben da einen viel höheren Unterhaltungswert. Man kann Abkürzungen in vielfältiger Weise ein wenig Spaß abgewinnen. Die einfachste Möglichkeit ist, die zugrunde liegenden Wörter zu ändern. IBM etwa steht für *International Business Machines*. Dass IBM nicht ganz billig ist, drückt sich in der Interpretation *Ich Bezahle Mehr* aus.

Akronyme sind Abkürzungen, die ein eigenes Wort bilden. Ein Beispiel hierfür ist der Linguistik Server Essen (LINSE), über den man auch Ausgaben der Zeitschrift OBST (Osnabrücker Beiträge zur Sprachwissenschaft) nachlesen kann. Man kann selbst lustige Akronyme bilden, indem man einfach einen witzigen Ausdruck abkürzt. Hier ein Beispiel, aus einer Rede von William Dimma aus seiner Zeit als Vizepräsident bei Royal Lepage Limited stammt:

»Vor zehn oder fünfzehn Jahre war das Thema Firmenethik ein MIDAS-Thema – Mann, Ist Das Aber Schlaffördernd –, aber das ist heute anders und wird sich wohl auch nicht mehr ändern.«

Eine andere Möglichkeit besteht darin, ein negativ besetztes Wort umzudeuten, indem man es als Akronym für etwas Positives vorstellt. Vor kurzem hörte ich, wie ein Netzwerkspezialist, der in seiner Abteilung als Freak verschrien war, darauf bestand, dass FREAK die Abkürzung für »Fachlich Respektierte Elite Allererster Klasse« sei.

Schilder

Haben Sie schon einmal ein Schild gesehen, bei dem Sie lachen mussten? Man findet sie heutzutage an allen Ecken. »Unmögliches wird sofort erledigt – Wunder dauern etwas länger« beispielsweise an der Pinnwand in einem Sekretariat. Oder »Ihre Planungsfehler bringen uns nicht in Bedrängnis« an der Wand in einem Copy- und Druckshop. Das ist Material für Ihre Reden. Beschreiben Sie einfach das Schild und sagen Sie, wo Sie es gesehen haben. Dann müssen Sie es natürlich noch inhaltlich verankern.

Folgendes Beispiel stammt aus einer Rede über Gesundheitsdaten, die James O. Mason gehalten hat:

>*»Neulich fuhr ich durch eine Kleinstadt in Maryland, als ich an einem Büro ein Schild mit der Aufschrift ›Tierarzt und Präparator‹ las. Darunter stand in kleiner Schrift ›Sie kriegen Ihren Liebling auf jeden Fall zurück‹. Ich dachte bei mir, wenn wir Daten sammeln und sie auf die gleiche Art und Weise behandeln würden, dann wären wir alle erfolgreicher. Jeder hätte die Daten, die er gerne hätte, um eine Entscheidung nach eigenem Gusto herbeizuführen.«*

Gesetze

Unsere Welt wird von Gesetzen bestimmt – Bürgerliche Gesetze, Strafgesetze, wissenschaftliche Gesetze. Aber unabhängig davon, wo wir leben, unterliegen wir alle einem höheren Gesetz: Murphys Gesetz. Dieses berühmte Gesetz besagt, dass alles, was nur schieflaufen kann, auch schieflaufen wird. Diese »Mutter aller Gesetze« hat einige Nachkommen hervorgebracht. Es gibt ganze Bücher voller Gesetze im Stile von Murphys Gesetz. Das ist nur gut, denn so finden Sie umso wahrscheinlicher eines, das zu Ihrem Thema passt. Warum Sie das interessieren sollte? Weil lustige Gesetze eine einfache Möglichkeit bieten, Ihre Rede mit einer Prise Humor abzuschmecken.

Hier ein Beispiel aus einer Rede von Norman Augustine, dem ehemaligen Präsidenten von Lockheed-Martin:

>*»Ich habe kürzlich die engen Grenzen der Gesetze verlassen, die das Luftfahrtmanagement beherrschen, und mich den allgemeineren Naturgesetzen gewidmet. Das letzte, mit dem ich mich auseinandergesetzt habe, war ein Gesetz, das auf einer gesicherten empirischen Grundlage zu stehen scheint, nämlich dass ›Tornados durch Campingplätze verursacht werden‹.«*

Grußkarten

Hätten Sie gerne freien Zugang zu Material, das von hochbezahlten Comedy-Schreibern geschrieben wurde? Gehen Sie einfach in einen Kartenladen und durchsuchen Sie die Grußkarten-Ständer. Geburtstagskarten, Jubiläumskarten. Genesungswünsche. Was Sie wollen. Was einst der Welt ernster Gefühlen vorbehalten war, ist nun ein Tummelplatz für fröhliche Albernheiten. Das Gute ist, Sie können sie leicht auf beinahe alles zuschneiden, worüber Sie reden wollen.

Folgendes Beispiel stammt aus der Antrittsrede eines Schulrats in Pennsylvania:

>*»Bilder und Träume haben viel miteinander zu tun. Sie spielen auch bei Schulabschlüssen eine Rolle. Vor ein paar Wochen wollte ich in einem Laden eine Glückwunschkarte für meinen Neffen kaufen, der gerade seinen Schulabschluss geschafft hatte. Ich verbrachte*

einige Zeit damit, durchzulesen, was so auf den Karten stand. Viele hatten etwas mit Träumen zu tun und hörten sich beispielsweise so an:

›Die Ansprüche sind hoch, dein Traum ist noch frisch. Die Welt wartet auf dich. Träum deinen Traum. Versuch's, sei bereit. Kein Ziel ist zu fern, kein Stern ist zu weit!‹

Und dann fand ich meine Lieblingskarte. Auf der Vorderseite der Karte steht die Frage: ›Eine kleine Spende für den Schulabgänger?‹ Und wenn man die Karte dann öffnet, liest man: ›Träum weiter!‹«

Autoaufkleber

Einen großen Durchbruch in der Geschichte der öffentlichen Rede brachte die Erfindung des Autos mit sich. Mit ihr begann eine neue fantastische Quelle für Redner zu sprudeln: Autoaufkleber.

Die Bandbreite ist schier unerschöpflich und reicht von Sprüchen zum Thema Fahrstil (»Wenn Sie das lesen können, fahren Sie zu dicht auf.«) über tiefsinnige Einsichten (»Ich war gerade in Gedanken versunken. Das war Neuland für mich.«) bis hin zu allgemeinen Ratschlägen (»Sei nett zu deinen Kindern. Sie suchen dein Altersheim aus.«), die bisher nur wenigen vergönnte Weisheiten für die Massen zugänglich machen.

Hier ein Beispiel aus einer Rede über Weiterbildung, die Bob Chase als Präsident der National Education Association gehalten hat:

»Grundsätzlich ist jeder für Veränderungen. Aber wenn man die Menschen auffordert, Veränderungen wirklich konkret umzusetzen, ist das etwas ganz anderes. Dann schrecken sie davor zurück. Sie blockieren. Sie kämpfen dagegen an. Ich liebe ja diese Autoaufkleber, auf denen man lesen kann ›Lass uns die Welt verändern. Fang du schon mal an.‹«

Wenn Sie es nicht so mit Autoaufklebern haben, können Sie auch nach witzigen Sprüchen auf T-Shirts, Kaffeebechern und anderen Objekten Ausschau halten, auf die man etwas aufdrucken kann.

So, jetzt können Sie sich nicht mehr damit herausreden, Sie hätten es nicht so mit dem Humor. Wenn Sie keine Witze erzählen können, können Sie es immer noch mit einer persönlichen Anekdote, einer amüsanten Beobachtung, einem witzigen Zitat oder einer der anderen hier vorgestellten Möglichkeiten versuchen – alles ist geeignet, Ihre nächste Rede besser zu machen.

Zehn Dinge, die Sie vor jeder Rede prüfen sollten

22

In diesem Kapitel

▶ Den Raum zu Ihrem Vorteil einrichten

▶ Für den Fall technischer Ausfälle vorsorgen

▶ Ablenkungen vermeiden

Sie bereiten eine fantastische Rede vor. Sie machen einen Probelauf vor Ihren Kollegen. Alle halten Sie für einen genialen Redner. Was soll da noch schiefgehen? Es wird ein unvergesslicher Abend werden. Ihr großer Tag kommt und Sie sind ein wenig aufgekratzt. Sie schnappen sich Ihre unglaublich coolen Dias und begeben sich zu dem Raum, in dem Sie Ihre Rede halten sollen. Das Publikum applaudiert, als Sie den Raum betreten. Aber Sie würden am liebsten im Boden versinken. Das Rednerpult, das Sie verlangt hatten, ist nicht da. Von einem Mikrofon und einem Diaprojektor fehlt ebenfalls jede Spur. Zu allem Überfluss ist die Bestuhlung so angeordnet, dass die Hälfte des Publikums Ihre Bilder ohnehin nicht sehen würde.

Um nicht auch auf einer Bühne ohne die benötigte Technik im Regen zu stehen, sollten Sie Ihre Chancen, eine erfolgreiche Rede zu halten, verbessern, indem Sie sich um folgende Dinge kümmern, *bevor* Sie das Wort an Ihre Zuhörer richten.

Lautsprecheranlage

Gibt es eine Lautsprecheranlage und funktioniert sie auch? Sorgen Sie dafür, dass die Lautstärke so eingestellt ist, dass Sie in jeder Ecke des Raumes gehört werden. Testen Sie das Mikrofon genau an der Stelle, an der Sie es auch verwenden werden. Diese Erfahrung musste ich auf die harte Tour machen. Kurz vor einer Rede vor Abteilungsleitern probierte ich das Mikrofon im vorderen Bereich des Raumes aus. Alles klappte prima. Ich ging aber nicht damit hinter das Rednerpult, an dem ich während meiner Rede stehen würde. Das war ein großer Fehler. Ich hatte kaum die ersten drei Worte gesprochen, da schrillte eine fürchterliche Rückkopplung durch den Raum. Das ist ein Anfang, was? Es stellte sich dann heraus, dass der Übeltäter über mir an der Decke hing – ein metallener Sprinklerkopf.

Vergewissern Sie sich, wie das jeweilige Mikrofon funktioniert. Wissen Sie, wie man es an- und ausschaltet? Wenn es sich um ein Standmikrofon handelt, wissen Sie, wie man es auf die richtige Position einstellt? Verschiedene Mikrofone übertragen Ihre Stimme ganz unterschiedlich. Probieren Sie das zur Verfügung stehende Mikrofon aus, um eine Vorstellung vom jeweiligen Frequenzbereich zu bekommen.

Rednerpult

Gibt es ein Rednerpult oder ein Katheder? Hat es die richtige Größe? Soll das Publikum Sie sehen können? Dann sollten Sie auf jeden Fall größer sein als das Rednerpult oder eine Kiste nehmen, auf die Sie sich stellen können. Wählen Sie ein Rednerpult, das hoch und breit ist. Und in jedem Fall sollte es über eine funktionierende Leselampe verfügen, vor allem wenn Sie den Raum zwischendurch verdunkeln müssen, um Dias vorzuführen. Sie können Ihre Zuhörer nicht mit Ihrer Weisheit erleuchten, wenn das Rednerpult Ihre Notizen im Dunkeln lässt.

Audiovisuelle Geräte

Dia- und Overheadprojektoren kann man nicht oft genug prüfen. Legen Sie ein Dia ein oder eine Folie auf und gehen Sie im Raum umher, während das Bild an die Wand geworfen wird. Kann man es von jeder Ecke des Raumes sehen? Overheadprojektoren versperren oft den Zuhörern die Sicht, die in ihrer Fluchtlinie sitzen. Versuchen Sie in diesem Fall, die Bilder etwas höher an die Leinwand zu projizieren. Und verwenden Sie eine Leinwand. Darauf werden Ihre Folien und Dias weit schärfer abgebildet als auf einer Wand. Viele Dia- und Overheadprojektoren werden mit einer Ersatzbirne geliefert. Erkundigen Sie sich, wo Sie sie im Bedarfsfall finden.

Wenn Sie PowerPoint verwenden, erkundigen Sie sich, ob ein Computer mit installiertem PowerPoint-Programm zur Verfügung steht. Sie müssen auch wissen, wie Sie Ihre Dateien auf den Computer übertragen können (noch besser ist es, wenn Sie Ihr eigenes Notebook mitbringen). Überprüfen Sie, ob für den Beamer die richtigen Kabel (Netzkabel und Verbindungskabel zum Computer) zur Verfügung stehen. Sollten Sie Videoclips zeigen wollen, müssen Sie sicherstellen, dass die dafür erforderliche Technik vorhanden ist und das Video überall im Zuschauerraum gut gesehen und gehört werden kann.

Beleuchtung

Prüfen Sie, ob die »Hausbeleuchtung« funktioniert und den Raum in Ihrem Sinne ausleuchtet. Fragen Sie nach, ob man die Helligkeit regulieren kann. Wenn ja, können Sie diese Möglichkeit nutzen, wenn Sie Dias zeigen.

 Meist muss man das Licht ausmachen, wenn man Dias zeigt. Wenn Ihre Dias aber gut sichtbar sind, können Sie versuchen, das Licht herunterzudimmen, aber nicht ganz auszumachen. Ein wenig Licht erleichtert Ihnen die Interaktion mit den Zuhörern ungemein. Außerdem wird so niemand im Schutz der Dunkelheit wegdösen.

Personal

Wenn andere Leute die technischen Gerätschaften für Sie bedienen, sollten Sie sicher sein, dass sie wissen, was sie da tun. Man muss kein Einstein sein, um einen Diaprojektor zu bedienen, aber man sollte über ein Mindestmaß an Kompetenz verfügen. Bringen Sie unbedingt in Erfahrung, an wen Sie sich im Falle kleinerer oder größerer Katastrophen wenden können – Glühbirne futsch, Mikrofon tot, Rednerpult zusammengefallen.

Strom

Wo sind die Steckdosen im jeweiligen Raum? Sind genug davon da, um alle erforderlichen Geräte anzuschließen? Brauchen Sie einen Adapter (wenn Sie im Ausland sind)? Tun Sie sich einen Gefallen und bringen Sie immer einen Adapter und ein Verlängerungskabel mit (vielleicht auch eine Mehrfachsteckdose). Sie werden es nicht bereuen.

Toiletten

Sie sollten in jedem Fall die Toiletten überprüfen. Wo liegen sie? Sind Papierhandtücher verfügbar? Ist genug Toilettenpapier da? Funktionieren die Toiletten? Das mag banal klingen, aber es kann sehr wichtig werden. Sie können nie wissen, wann Sie eine Toilette brauchen – vor allem wenn Sie nervös sind.

Bestuhlung

Was die Bestuhlung des Raumes betrifft, so gilt es, in jedem Fall drei grundlegende Aspekte zu beachten:

✔ Am wichtigsten: Kann Sie jeder sehen?

✔ Sind die Stühle bequem – sowohl in physischer als auch in psychischer Hinsicht?

✔ Passt die Anordnung der Stühle zur Größe des Raumes, zur Anzahl der Zuhörer und zum Zweck Ihrer Rede passt?

Fangen Sie bei Ihren Überlegungen zunächst mit dem Raum an. Ist es ein Festsaal? Ein Konferenzsaal? Ein großer Sitzungsraum? Ein Hörsaal? Der Raum gibt die Möglichkeiten für die Bestuhlung vor. Sitzen die Zuhörer an Tischen? Wenn ja, handelt es sich um runde oder um eckige Tische? Wenn Sie alle diese Informationen eingeholt haben, können Sie die Sitzgelegenheiten wie ein Puzzle hin und her schieben, bis sie Ihren Vorstellungen entsprechen.

Im Rahmen der räumlichen Gegebenheiten und der vorhandenen Möbel können Sie die Bestuhlung nach der Größe des Raumes und Ihren Absichten gemäß arrangieren. Im Halbkreis angeordnete Stühle etwa bilden einen weniger formalen Rahmen. Bei dieser Anordnung stehen Sie jedem Zuhörer direkt gegenüber. Außerdem können sich die Zuhörer so gegenseitig sehen. Bei mehr als 30 Zuhörern klappt es wahrscheinlich nicht mehr mit einem Halbkreis. Dann können Sie aber eine zweite Stuhlreihe hinter der ersten aufstellen. Sie erhalten einen doppelten Halbkreis, bei dem die Stühle so versetzt stehen, dass die Zuhörer in der zweiten Reihe zwischen denen der ersten Reihe hindurchsehen können. Für noch größere Gruppen oder eine formalere Atmosphäre empfehle ich Sitzreihen wie in der Schule.

Wenn Sie anlässlich eines Frühstücks, eines Mittagessens oder eines Abendessens reden, werden die Zuhörer wahrscheinlich an runden Tischen sitzen. Das bedeutet, dass die Hälfte der Zuhörer Sie nicht sehen wird, weil sie Ihnen den Rücken zudrehen, wenn Sie anfangen zu sprechen. Berücksichtigen Sie diesen Aspekt bei Ihrer Rede. Lassen Sie den Leuten Zeit, ihre Stühle zu drehen, damit sie Sie sehen können.

Mögliche Ablenkungen

Wenn Sie in einem Restaurant, Hotel oder Bürogebäude reden, ist es wahrscheinlich, dass man aus einem der Fenster des Sitzungsraums einen schönen Ausblick hat.

Schlecht für Sie, denn Sie wollen ja, dass das Publikum sich auf Sie konzentriert und nicht auf die Aussicht. Was kann man da machen? Zum einen könnten Sie versuchen, für Ihre Rede ein Zimmer ohne Fenster zu bekommen. Ist das nicht möglich, achten Sie darauf, dass die Gardinen oder Jalousien an den Fenstern geschlossen sind. Notfalls müssen Sie improvisieren. Ich habe schon Redner gesehen, die Tischdecken vor die Fenster gehängt haben, nur um nicht mit der schönen Aussicht konkurrieren zu müssen.

Enorm ablenkend sind auch Geräusche. Wenn Sie anlässlich einer Feierlichkeit mit Verköstigung reden – ein Frühstück, ein Mittag- oder ein Abendessen –, sollten Sie Ihre Rede erst dann beginnen, wenn die Kellner die Tische abgeräumt haben. Das Klappern der Teller ist eine unerträgliche Ablenkung. Wenn die Zeit knapp ist, kann es sein, dass Ihr Auftraggeber möchte, dass Sie anfangen, bevor alle mit dem Essen fertig sind. Versuchen Sie es in diesem Fall mit der folgenden Taktik. Schlagen Sie vor, dass die Kellner den Nachtisch servieren und dann den Raum verlassen. Beginnen Sie dann unmittelbar mit Ihrer Rede. Die Geräusche, die die Anwesenden beim Verzehr des Nachtischs machen, mögen zwar auch nerven, aber das ist nichts im Vergleich zu dem Ablenkungspotenzial im Saal umherlaufender Kellner.

Der Weg zum Veranstaltungsort

Wissen Sie ganz genau, wo Sie Ihre Rede halten werden, wie Sie dorthin kommen und wie lange Sie dafür brauchen? Finden Sie es auf jeden Fall heraus. Es ist schon frappierend, wie wenig Gedanken sich die Leute um solche grundlegenden Fragen machen. Sie verbringen Stunde um Stunde damit, eine tolle Rede auf die Beine zu stellen, und vermasseln dann alles, weil sie zur richtigen Zeit am falschen Ort sind. Es genügt nicht zu wissen, in welchem Hotel Sie reden. Sie müssen den _genauen_ Ort kennen. Warum? Wenn Sie den Raum erst noch suchen müssen, kommen Sie gehetzt und möglicherweise zu spät dort an. Die Zeit, während der Sie sich an den Raum gewöhnen und sich psychisch aufbauen wollten, ist dann dahin.

Ähnliches gilt für den Verkehr und die Parkplatzfrage. Peilen Sie Ihre Zeitplanung nicht über den Daumen. Wie lange Sie brauchen, um von A nach B zu gelangen, hängt auch von der jeweiligen Tageszeit ab. Eine Strecke, für die man im Durchschnitt 30 Minuten braucht, kann während der Hauptverkehrszeit leicht die doppelte Fahrzeit in Anspruch nehmen. Auch Baustellen und Umleitungen sind Zeitfresser. Planen Sie das ein.

Dann ist da noch die Suche nach dem Parkplatz. Bilde ich mir das ein oder braucht man wirklich immer länger, bis man einen Platz gefunden hat, an dem man sein Auto abstellen kann? Sie sollten vorher wissen, wo Sie parken können. Sie sind der Redner. Lassen Sie sich einen Parkplatz am Ort Ihrer Rede reservieren. Das haben Sie sich verdient.

Stichwortverzeichnis

Q

R

S

W

COMPUTERGRUNDLAGEN / BETRIEBSSYSTEME

Außerdem erhältlich:

Mac OS „Tiger"
für Dummies
ISBN 3-527-70182-6

PC Troubleshooting
für Dummies
ISBN 3-527-70104-4

Unix für Dummies
ISBN 3-527-70265-2

SuSE Linux 10.0
für Dummies
ISBN 3-527-70205-9

Windows 2000
Professional
für Dummies
ISBN 3-527-70018-8

Windows XP für Dummies
ISBN 3-527-70264-4

3-527-70069-2   3-527-70127-3   3-527-70150-8

OFFICE

Außerdem erhältlich:

Access 2000 für Dummies
ISBN 3-527-70008-0

Access 2002 für Dummies
ISBN 3-527-70049-8

Access 2003 für Dummies
ISBN 3-527-70116-8

Excel 2000 für Dummies
ISBN 3-527- 70007-2

Excel 2002 für Dummies
ISBN 3-527-70052-8

Excel-Formeln und
-Funktionen für Dummies
ISBN 3-527-70230-X

Office XP für Dummies
ISBN 3-527-70051-X

Office 2000 für Dummies
ISBN 3-527-70009-9

PowerPoint 2003
für Dummies
ISBN 3-527-70119-2

Statistik mit Excel
für Dummies
ISBN 3-527-70169-9

Word 2000 für Dummies
ISBN 3-527-70006-4

Word 2002 für Dummies
ISBN 3-527-70050-1

3-527-70115-X   3-527-70117-6   3-527-70128-1

DATENBANKEN / BÜROSOFTWARE

Außerdem erhältlich:

Crystal Reports 9
für Dummies
ISBN 3-527-70076-5

PHP- und MySQL-
Applikationen
für Dummies
ISBN 3-527-70212-1

Microsoft SQL Server 2005
für Dummies
ISBN 3-527-70289-X

SQL für Dummies
ISBN 3-527-70168-0

Webdatenbanken
für Dummies
ISBN 3-527-70062-5

3-527-70054-4   3-527-70088-9   3-527-70118-4

FÜR DUMMIES

PROGRAMMIERUNG

3-527-70231-8

3-527-70112-5

3-527-70093-5

Außerdem erhältlich:

C++ für Dummies
ISBN 3-527-70172-9

Game Programming
für Dummies
ISBN 3-527-70097-8

Objektorientierte
Programmierung
für Dummies
ISBN 3-52-70057-9

PHP 5 für Dummies
ISBN 3-527-70102-8

PHP- und MySQL-
Applikationen
für Dummies
ISBN 3-527-70212-1

Programmieren
für Dummies
ISBN 3-527-70124-9

VBA für Dummies
ISBN 3-527-70167-2

Visual Basic 6 für Dummies
ISBN 3-527-70091-9

BUSINESS

3-527-70152-4

3-527-70213-X

3-527-70153-2

Außerdem erhältlich:

Businessplan für Dummies
ISBN 3-527-70178-8

Coaching für Dummies
ISBN 3-527-70044-7

Consulting für Dummies
ISBN 3-527-70024-2

Erfolgreich führen
für Dummies
ISBN 3-527-70090-0

Erfolgreich präsentieren
für Dummies
ISBN 3-527-70175-3

Erfolgreich verhandeln
für Dummies
ISBN 3-527-70241-5

Erfolgreich verkaufen
für Dummies
ISBN 3-527-70041-2

Management für Dummies
ISBN 3-527-70240-7

Mein eBay-Shop
für Dummies
ISBN 3-527-70204-0

Mitarbeiter motivieren
für Dummies
ISBN 3-527-70071-4

PR für Dummies
ISBN 3-527-70053-6

Projektmanagement
für Dummies
ISBN 3-527-70048-X

Six Sigma für Dummies
ISBN 3-527-70207-5

RFID für Dummies
ISBN 3-527-70263-6

Statistik mit Excel
für Dummies
ISBN 3-527-70169-9

Zeitmanagement
für Dummies
ISBN 3-527-70092-7

3-527-700171-0

3-527-70177-X

3-527-70108-7

KÖRPER UND GEIST

3-527-70123-0   3-527-70031-5   3-527-70137-0

3-527-70267-9   3-527-70144-3   3-527-70145-1

RELIGION UND GEISTESGESCHICHTE

3-527-70143-5   3-527-70216-4   3-527-70217-2

FÜR

DUMMIES®

BESCHWERDEN ERKENNEN UND KENNEN LERNEN

Alzheimer für Dummies
ISBN 3-527-70283-0

Bluthochdruck für Dummies
ISBN 3-527-70255-5

Diabetes für Dummies
ISBN 3-527-70256-3

Migräne für Dummies
ISBN 3-527-70257-1

Sodbrennen und Reflux für Dummies
ISBN 3-527-70259-8

Rückenschmerzen für Dummies
ISBN 3-527-70266-0